EINFACH LEBEN 3

Katholische Religionslehre

Herausgeber:
Dr. Wolfgang Rieß
Reinhard Schlereth

Erarbeitet von:
Beatrice Dörner
Richard Pahl
Dr. Wolfgang Rieß
Reinhard Schlereth

Ernst Klett Verlag
Stuttgart • Leipzig

Zugelassen als Lehrbuch für den katholischen Religionsunterricht von den Diözesanbischöfen von Freiburg, Rottenburg-Stuttgart und Mainz (nur für den Bistumsanteil im Bundesland Baden-Württemberg).

1. Auflage 1 5 4 3 2 1 | 17 16 15 14 13

Alle Drucke dieser Auflage sind unverändert und können im Unterricht nebeneinander verwendet werden.
Die letzte Zahl bezeichnet das Jahr des Druckes.

Programmbereich Klett-Auer

Herausgeber: Dr. Wolfgang Rieß, Höchberg; Reinhard Schlereth, Rimpar
Autorinnen/Autoren: Beatrice Dörner, Leonberg; Richard Pahl, Leonberg; Dr. Wolfgang Rieß, Höchberg; Reinhard Schlereth, Rimpar

Redaktion: Barbara Nüllmann, Elisabeth Rudolph
Herstellung: Antje Heusing

Gestaltung: kaltner verlagsmedien GmbH, Bobingen
Umschlaggestaltung: kaltner verlagsmedien GmbH, Bobingen
Illustrationen: Steffen Jähde, Berlin
Satz: kaltner verlagsmedien GmbH, Bobingen
Druck: Offizin Andersen Nexö, Leipzig

Printed in Germany
ISBN: 978-3-12-006206-6

9 783120 062066

Inhalt

4. Jesus Christus neu entdecken

5. Weltreligionen in der einen Welt

1. Sterben – Tod – Auferstehung

1. Betrachte das Foto. Welche Gedanken und Gefühle löst es bei dir aus? (vgl. Methode „Bildbetrachtung“ S. 192).

2. Setze das Bild mit dem Thema des Kapitels in Beziehung. Mit welchen Zeichen oder Symbolen würdest du das Bild ergänzen? Begründe.

3. Benenne Synonyme zum Stichwort „sterben“ (vgl. Methode „Synonyme suchen“ S. 196).

Christen hoffen auf die Auferstehung

Hoffnung auf Gott im Tod?

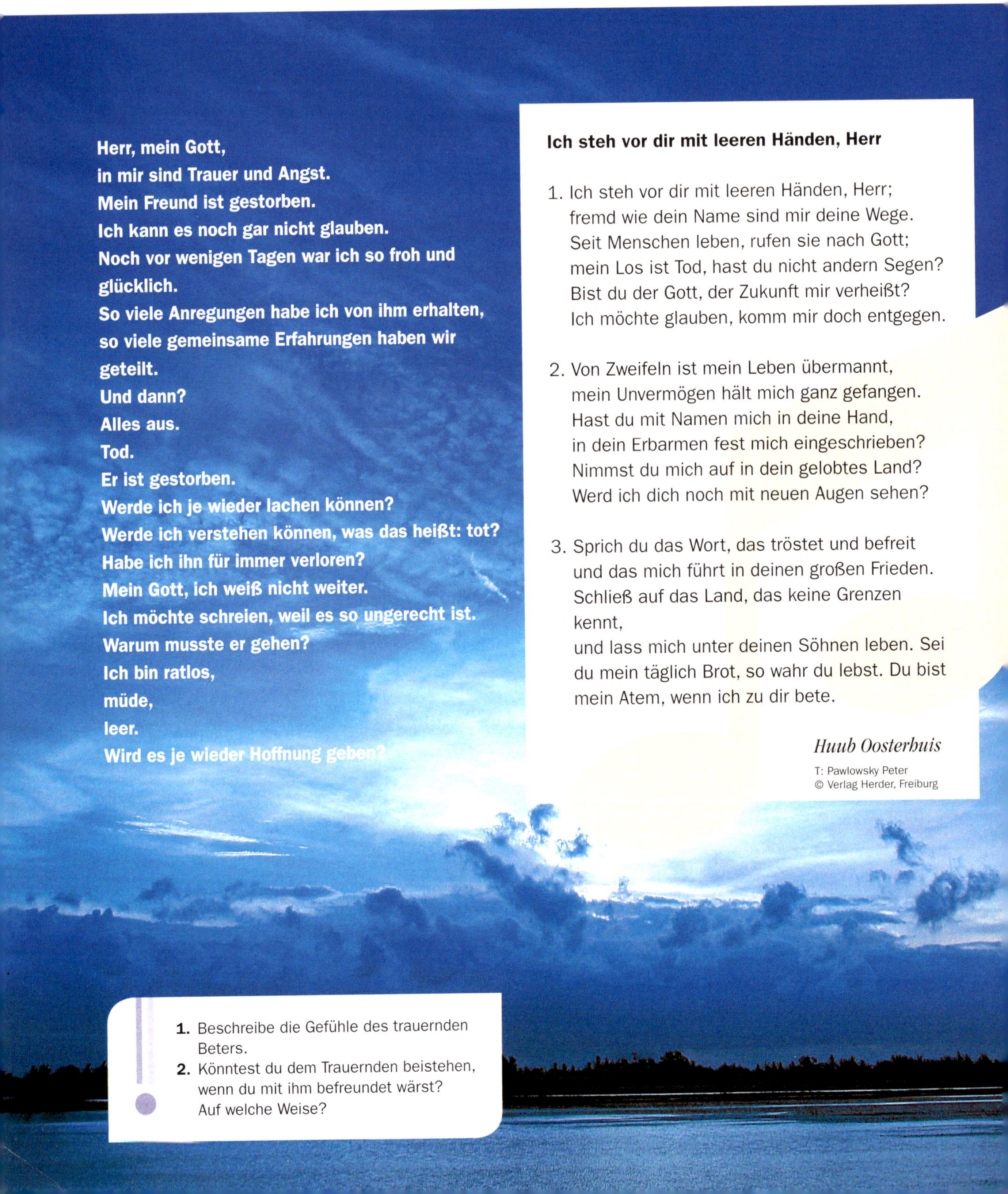

Herr, mein Gott,
in mir sind Trauer und Angst.
Mein Freund ist gestorben.
Ich kann es noch gar nicht glauben.
Noch vor wenigen Tagen war ich so froh und glücklich.
So viele Anregungen habe ich von ihm erhalten,
so viele gemeinsame Erfahrungen haben wir geteilt.
Und dann?
Alles aus.
Tod.
Er ist gestorben.
Werde ich je wieder lachen können?
Werde ich verstehen können, was das heißt: tot?
Habe ich ihn für immer verloren?
Mein Gott, ich weiß nicht weiter.
Ich möchte schreien, weil es so ungerecht ist.
Warum musste er gehen?
Ich bin ratlos,
müde,
leer.
Wird es je wieder Hoffnung geben?

Ich steh vor dir mit leeren Händen, Herr

1. Ich steh vor dir mit leeren Händen, Herr;
fremd wie dein Name sind mir deine Wege.
Seit Menschen leben, rufen sie nach Gott;
mein Los ist Tod, hast du nicht andern Segen?
Bist du der Gott, der Zukunft mir verheißt?
Ich möchte glauben, komm mir doch entgegen.

2. Von Zweifeln ist mein Leben übermannt,
mein Unvermögen hält mich ganz gefangen.
Hast du mit Namen mich in deine Hand,
in dein Erbarmen fest mich eingeschrieben?
Nimmst du mich auf in dein gelobtes Land?
Werd ich dich noch mit neuen Augen sehen?

3. Sprich du das Wort, das tröstet und befreit
und das mich führt in deinen großen Frieden.
Schließ auf das Land, das keine Grenzen kennt,
und lass mich unter deinen Söhnen leben. Sei du mein täglich Brot, so wahr du lebst. Du bist mein Atem, wenn ich zu dir bete.

Huub Oosterhuis

T: Pawlowsky Peter

1. Beschreibe die Gefühle des trauernden Beters.
2. Könntest du dem Trauernden beistehen, wenn du mit ihm befreundet wärst? Auf welche Weise?

Die Auferweckung Jesu als Fundament des Glaubens

Sterben, Tod und Trauer werden von den meisten Menschen als bedrückende Tatsachen wahrgenommen. Und doch verbindet sich auch Hoffnung mit dem Tod: die Hoffnung, dass mit dem Tod nicht alles aus und vorbei ist, die Hoffnung auf die Auferstehung.
Was im Jahr 30 n. Chr. nach Jesu Tod geschah, war entscheidend für die Entwicklung des Glaubens und der jungen Kirche. Der katholische Erwachsenenkatechismus fasst die Ereignisse so zusammen:

Mit dem gewaltsamen und schimpflichen Tod am Kreuz schien alles aus zu sein. (...) Dennoch nahm das Evangelium von Jesus Christus schon bald nach dem Karfreitag mit einer kaum vorstellbaren Dynamik seinen Lauf durch die ganze damals bekannte Welt. Wie konnte es zu diesem Umschwung kommen? Wie kann man diesen kraftvollen, bis heute fortwirkenden Anfang des Christentums erklären?

Gott

Wälz den Stein weg
der mich hindert zu glauben

Ich möchte glauben
dass du das Leben bist
und dass du den Tod überwindest

Ich möchte glauben
dass du bereits damit begonnen und
Jesus zu einem neuen Leben auferweckt hast

Wälz den Stein weg
damit ich glaube und aufstehe
zu einem frohen Leben

Anton Rotzetter

Nach dem übereinstimmenden Zeugnis des Neuen Testaments hat dieser Neuanfang seinen Grund in der Auferweckung Jesu oder, was sachlich dasselbe meint, in seiner Auferstehung. Ohne die Auferstehung wäre, so sagt uns der Apostel Paulus, die Verkündigung leer und der Glaube sinnlos; dann wären wir mit unserer Hoffnung erbärmlicher daran als alle anderen Menschen (vgl. 1 Kor 15,14.19). Die Auferweckung Jesu ist also das Fundament und zusammen mit der Botschaft vom Kreuz das Zentrum des christlichen Glaubens.

Matthias Grünewald: Auferstehung, Isenheimer Altar, Colmar, 1512–1516.

Dem Geheimnis der Auferstehung auf der Spur

Wenn ich in der Bibel lese, um zu verstehen, was die Auferstehung bedeutet, fallen mir Namen ins Auge, Namen von Menschen, die mit Jesus gelebt haben und die nun Zeugnis darüber abgeben, dass Jesus auferstanden ist. Wer sind diese Menschen und was können sie mir sagen?

Sieger Köder: Maria von Magdala am Grab, 1991–92.

Da ist Maria aus Magdala. Sie ist eine von den Frauen, die sich Jesus anschlossen und mit ihm umherzogen. In der Bibel heißt es, Jesus habe sie von sieben Dämonen geheilt und sie habe ihn später mit dem unterstützt, was sie hatte. Maria Magdalena folgt Jesus bis unter das Kreuz. Sie ist nicht nur in guten Tagen bei ihm, als Jesus verehrt wird und seine Lehre viele Anhänger findet. Sie erlebt auch mit, wie Jesus verspottet wird. Als man ihn ans Kreuz nagelt, ist sie es, die zusammen mit anderen Frauen das Leid aushält und nicht wegläuft.

Die Evangelisten erzählen nun, dass dieselben Menschen, die Jesus in seiner schlimmsten Stunde nahe waren, auch die sind, die die Botschaft von der Auferstehung als erste erfahren. Der Evangelist Markus berichtet, wie Maria aus Magdala, Maria, die Mutter des Jakobus, und Salome am Tag nach dem Sabbat aufbrechen, um zum Grab zu gehen.

Für die Frauen ist der verstorbene, der tote Jesus wirklicher als der auferstandene. Schließlich haben sie ihn sterben sehen. Und jetzt sind sie gekommen, um ein Ritual des Abschiednehmens zu vollziehen: die Salbung. Sie wollen für Jesus noch etwas tun und zugleich hilft ihnen das, mit ihrer Trauer umzugehen. Dieser gemeinsame Gang zum Grab ist für sie eine Möglichkeit, Rückschau zu halten, der Katastrophe des Todes ins Gesicht zu schauen und gemeinsam zu trauern.

Auf dem Weg zum Grab machen sie sich Sorgen, wer ihnen den schweren Stein, der das Grab verschließt, wegwälzen könnte. Doch als sie am Grab ankommen, stellen sie fest: Der Stein ist schon weg! Die Frauen sind verwundert und beunruhigt. Was hat das Fehlen des Steines zu bedeuten? Da ist doch etwas passiert. Aber ist es etwas Gutes?

Wie der Evangelist Markus berichtet, zögern die drei Frauen nicht lange. Sie gehen der Sache nach und betreten das Grab. Sie erwarten Jesu Leichnam zu finden – und erschrecken. Jesus ist nicht da. Stattdessen treffen sie auf eine Gestalt in einem weißen Gewand. Dieser himmlische Botschafter teilt ihnen mit, was geschehen ist: „Er ist auferstanden; er ist nicht hier. … Er geht euch voraus nach Galiläa, dort werdet ihr ihn sehen“ (Mk 16,6 f.).

Dieses Erlebnis am Grab Jesu ist der Auftakt zu einer ganzen Reihe weiterer Begegnungen, in denen Jünger nicht nur die Botschaft von der Auferstehung hören, sondern tatsächlich dem Auferstandenen begegnen. Die Frauen, die zum Grab gingen, wirken dabei als die ersten Verkünderinnen der frohen Botschaft. Obwohl sie zunächst erschüttert und erschrocken sind, tragen sie die Botschaft weiter: „Er ist auferstanden!“

Die Evangelien erzählen nun von verschiedenen Begegnungen des Auferstandenen mit den Jüngern. Älter als ihre Darstellungen ist jedoch der Text aus 1 Kor 15,3–9. Hier schreibt Paulus bereits im Jahr 52/53 n. Chr.:

Denn vor allem habe ich euch überliefert,
was auch ich empfangen habe:
Christus ist für unsere Sünden gestorben,
gemäß der Schrift,
und ist begraben worden.
Er ist am dritten Tag auferweckt worden,
gemäß der Schrift,
und erschien dem Kephas, dann den Zwölf.
Danach erschien er mehr als fünfhundert
Brüdern zugleich;
die meisten von ihnen sind noch am Leben,
einige sind entschlafen.
Danach erschien er dem Jakobus,
dann allen Aposteln.
Als Letztem von allen erschien er auch mir,
dem Unerwarteten, der „Missgeburt“.
Denn ich bin der geringste von den Aposteln;
ich bin nicht wert, Apostel genannt zu werden,
weil ich die Kirche Gottes verfolgt habe.

1 Kor 15,3–9

1. Verfasse ein fiktives Interview mit Maria aus Magdala und erzähle, wie sie Jesu Tod und Auferstehung erlebt hat. Verarbeite darin Informationen aus Lk 8,1–3; Mk 15,40 und Mk 16,1–8 (vgl. Methode „Zeitungsinterview“ S. 196).
2. Die Jünger Jesu begegnen dem Auferstandenen mehrfach. Wie erleben sie ihn? Was geht dabei in ihnen vor? Erarbeitet in Gruppenarbeit folgende Bibelstellen: Lk 24,13–35; Lk 24,36–53, Joh 20,19–23 und Joh 20,24–29. Verwendet die Fishbowl-Methode, um euch eure Ergebnisse gegenseitig vorzustellen (vgl. Methode „Fishbowl“ S. 198).
3. Der Pfarrer und Maler Sieger Köder hat in seinem Bild viele Zeichen und Symbole für das aufbrechende Leben verwendet, um zu zeigen, was Auferstehung bedeutet. Beschreibe das Bild und achte dabei auf die dargestellten Dinge und Farben (vgl. Methode „Bildbetrachtung“ S. 192).

Christen hoffen auf die Auferstehung

Der Tod ist nicht das Ende

Jesus war es wichtig, den Menschen Hoffnung zu geben. Bereits vor seinem Tod und seiner Auferstehung lehrte er seine Zuhörer zu vertrauen und auf ein Leben nach dem Tod zu hoffen. Er verkündete:

Gott ist doch kein Gott von Toten, sondern von Lebenden.

Mk 12,27

Ich bin die Auferstehung und das Leben. Wer an mich glaubt, wird leben, auch wenn er stirbt, und jeder, der lebt und an mich glaubt, wird auf ewig nicht sterben.

Joh 11,25-26

Im Haus meines Vaters gibt es viele Wohnungen. Wenn es nicht so wäre, hätte ich dann zu euch gesagt: Ich gehe, um einen Platz für euch vorzubereiten?

Joh 14,2

Der christliche Autor und Theologe Jörg Zink beschreibt seine Hoffnung auf die Auferstehung und ein Leben nach dem Tod so:
„Ich kann nur sagen, wonach ich ausschaue. Für mein Nachdenken ist es wie ein Stern, nach dem einer den Kurs seines Schiffes bestimmt. Für mein Herz ist es mehr: Es ist wie ein Leuchtfeuer, das die Stadt am Ufer der Zeit anzeigt, die mich nach den wenigen Jahren meiner Fahrt aufnehmen wird. Und was mein Leben auf dieser Erde betrifft, so glaube ich an die Zeichensprache, die uns hier gegeben ist und die von dem ganz Unvorstellbaren spricht, das uns beim Abschied von dieser Erde begegnen wird. Ich habe zum Gelingen meines Lebens nichts gegeben und habe alles, was dazu wichtig war, bekommen. So soll ich mich auch nicht davor fürchten, für das, was ich werden soll in Gottes Reich, das zu geben, was doch unwichtig ist: das Leben auf dieser Erde. Da sehe ich dann ein einfaches Bild vor mir: Ich werde an ein Haus kommen, dessen Tür offen steht. Es wird mir einer entgegenkommen und sagen: Komm! Ich weiß nicht, ob alle meine Fragen ihre Antworten finden werden, aber ich darf die Fragen, die ich Gott stellen wollte, vor der Tür ablegen wie ein Gepäck, das ich nicht mehr brauche.
Ich stelle mir vor, dass ich nicht allein sein werde, sondern umgeben von Wesen vielerlei Art, die schaffend und bewahrend für diese Welt wirken. Und ich stelle mir vor, dass ich mit ihnen allen zusammen meinen Weg weitergehen werde und meine Aufgabe im Ganzen des Gottesreichs finde. Ich stelle mir vor, dass ich nicht in Gott versinken werde wie ein Tropfen im Meer, sondern dass ich ein Wesen eigener Gestalt und eigenen Auftrags sein werde. In der Offenbarung des Johannes ist an einer ihrer lichtvollsten Stellen von einem weißen Stein die Rede, den der empfangen wird, der seinen Weg vor Gott zu Ende gegangen ist. Auf ihm werde ein neuer Name stehen, den nur der kennen wird, der ihn empfängt. Eine neue Art von Freiheit und eine neue Art von Gegenwärtigkeit vor Gott wird es sein. Und darauf möchte ich hinleben, bis ich diesen ‚weißen Stein' und damit mich selbst in meiner Hand halte."

1. Jörg Zink verwendet viele Bilder, um seinen Gedanken über das Leben nach dem Tod Ausdruck zu verleihen. Stelle die verschiedenen Bilder dar und interpretiere sie.

Auferstehung bedeutet für mich …

Auferstehen kommt von Aufstehen, zum Leben aufstehen.

Auferstehen mit Leib und Seele – das heißt, ich nehme alles mit: meine Stärken und Schwächen, meine Geschichte, meine Erfahrungen, mein gelebtes Leben.

Bei Gott sein für immer und ewig, das stelle ich mir tröstlich vor.

Mit dem Wort Auferstehung verbinde ich mehr Fragen als Hoffnung.

Auferstehung heißt „weitergehen" und nicht „da weitermachen, wo man vor dem Tod aufgehört hat".

Wichtiger als das Ewige Leben ist mir, dass in diesem Leben Menschen von ihrem Leiden erlöst werden und es ihnen hier und jetzt gut geht.

Annette Bartusch-Goger: Auferstehung, 2003.

Wie können wir uns das Ewige Leben vorstellen?
Der Theologe Karl Rahner schreibt:

Man denkt sich das Ewige Leben, das man schon seltsam als „jenseitig" und „nach" dem Tod weitergehend bezeichnet, zu sehr ausstaffiert mit Wirklichkeiten, die uns hier vertraut sind: als Weiterleben, als Begegnung mit denen, die uns nahe waren, als Freude und Friede, als Gastmahl und Jubel und all das und ähnliches, als nie aufhörend und weitergehend. Ich fürchte, die radikale Unbegreiflichkeit dessen, was mit dem Ewigen Leben wirklich gemeint ist, wird verharmlost, und was wir unmittelbare Gottesschau in diesem Ewigen Leben nennen, wird herabgestuft zu einer erfreulichen Beschäftigung neben anderen, die dieses Leben erfüllen.

1. Nimm Stellung zu den Aussagen, die um das Bild gruppiert sind, und beschreibe deine eigenen Vorstellungen über ein Leben nach dem Tod in einem ähnlich gestalteten Kästchen.
2. Die Künstlerin Annette Bartusch-Goger stellt die neue Wirklichkeit „Auferstehung" dar. Betrachte Farben und Formen und deute sie (vgl. Methode „Bildbetrachtung" S. 192).
3. Erstelle eine Mindmap zum Thema Auferstehung (vgl. Methode „Mindmap" S. 190).
4. Setze den Satz „Gott ist immer größer als unsere Vorstellung von ihm" mit dem Text von Karl Rahner in Beziehung.

Zum Leben aufstehen

Die Klasse sitzt im Stuhlkreis. In der Mitte liegen schwarze Tücher als Symbol für den Tod und hellbunte Tücher als Symbol für das Leben und die Auferstehung. Darauf steht eine Kerze. Haltet ein paar Minuten Stille, bevor ihr zu sprechen beginnt.

1. Sprecher: Manchmal fühle ich mich einfach schlecht. Ich bin richtig down, ich habe das Gefühl, nichts gelingt mir, alles geht schief, nichts mache ich richtig. Ja, ich bin total niedergeschlagen.

2. Sprecher: Da tut es gut, wenn jemand sagt:

3 Sprecher gemeinsam: Steh auf! Weißt du, woher du kommst? Weißt du, wohin du gehst? Einer weiß es! ER weiß es! Steh auf!

2. Sprecher: Weißt du eigentlich, aus was du bestehst? Was von dir übrig bleibt, wenn du einmal gehst? Du hast in dir ganz viele Elemente, von jedem ein bisschen was. Wenn nur eines fehlt, macht das Leben keinen Spaß. Doch dein Wert insgesamt? Schlaffe zehn Euro, mehr ist nicht drin.

4. Sprecher: Ein Krug voller Asche, alles andere geht durch den Kamin. Vor deinem Grab, die Leute, die Freunde, ein letztes Lied, vielleicht auch ein paar Tränen zum üblichen Abschied.

5. Sprecher: Blumen, ein Kranz, ein Souvenir, so will es der Brauch. Etwas Persönliches, ein paar Worte aus dem Bauch: Plattheiten dazu, in der Todesanzeige ein Schwur: Wir vergessen dich nie. Verlass dich darauf! – Nur du bist schon vergessen, noch ehe sie von der Mauer gehen. Das Leben geht weiter, heißt es, man kann sie verstehn.

3 Sprecher gemeinsam: Steh auf! Weißt du, woher du kommst? Weißt du, wohin du gehst? Einer weiß es! ER weiß es! Steh auf!

2. Sprecher: Kann das denn wirklich schon alles gewesen sein?

7. Sprecher: Nein, in dein Leben, da passt viel mehr rein. Sei mit der Billigausgabe nicht zufrieden. Mach was draus. Denk immer daran: Ostern heißt: Das Leben steht auf!

8. Sprecher: Du lebst, du lebst. Aber lebst du richtig und gut? Geht dir das Leben so richtig heiß durchs Blut? Oder passt du dich an? Machst, was alle sonst machen? Der gleiche Film, Rap, Hip Hop, und all die andern Sachen. Wir wissen zwar viel besser als die früher Bescheid. Doch wir fallen in die gleichen, alten Fallen, ja, tut mir leid. The life ist not for sale.

2. Sprecher: Ist das etwa ein Leben, nur zu existieren?

9. Sprecher: Mobil sein, flexibel, arbeiten, um zu funktionieren? Die Wissenschaft legt es uns vor: die Struktur der DNA. Biologische Determination? Total fragwürdig, ist klar. Die Gene, heißt es, legen überwiegend fest, was du kannst und was nicht.

10. Sprecher: Ob ein Schwuler, ein Promi, ein Aussteiger du bist, ein Manager, ein Versager oder ein Genie? Sag, hast du Glück gehabt in dieser Lebenslotterie? Bist du es vielleicht wert, dass man dich klont? Oder heißt es: Um Gottes willen! Mit dem oder der – bleibe die Welt bloß verschont?

3 Sprecher gemeinsam: Steh auf!
Weißt du, woher du kommst?
Weißt du, wohin du gehst?
Einer weiß es! ER weiß es! Steh auf!

11. Sprecher: Nein, es bringt's nicht, der Biologie zu vertrauen oder das Leben auf Technik und Verstand aufzubauen. Dein Leben passt in kein System und keine Theorie. Es ist einmalig, großartig – seit Ostern in der Früh!
The life is not for sale. Have you got it?

3 Sprecher gemeinsam: Steh auf!
Weißt du, woher du kommst?
Weißt du, wohin du gehst?
Einer weiß es! ER weiß es! Steh auf!

12. Sprecher: Er, dieser Jesus! Er zerbrach Fels und Gestein. Er garantiert ein Leben in Fülle, er ganz allein. Ist es wichtig, ob Puma deine Schuhe macht, oder Nike deine Shirts für den Tag oder die Nacht? Egal, zu welchem Hemd man welche Hose trägt: schlapperig groß; hautnah und eng. Ganz schön blöd, das Leben nur zu leben als dummer Konsument, der uncool nur den neuesten Trends nachrennt. Ist doch alles nur Bluff, Schein, Fassade: Kannst du widerstehn, weil du das Wahre, die Tiefe erfahren willst und sehn, was hinter all diesem Glimmer und Glitzer singt? Dein Innerstes, das dich mit Gott zusammen bringt.

3 Sprecher gemeinsam: Steh auf!
Weißt du, woher du kommst?
Weißt du, wohin du gehst?
Einer weiß es! ER weiß es! Steh auf!

13. Sprecher: Hörst du die Botschaft des Tags, dieser österlichen Stunde? Hört ihr es alle in dieser großen Gottesdienstrunde: Gott sagt Ja zu euch, er trägt, er hält euer Leben. Nicht, was du hast, gilt, was du bist, ist ihm wert. So was, hört her, hat vor Christus niemand gehört. Also: Deine Chancen stehen gut, Ostern ist angesagt.

14. Sprecher: Offen liegt für euch alle das Geheimnis vom dritten Tag. Ostern verkündet, da kannst du sicher sein: In deine Sehnsucht, dein Leben, passt noch viel mehr rein. Alles hängt von dir ab, damit es nur besser werden kann. Es hängt an deinem Glauben, Mann oh Mann. Es hängt an deiner Liebe, Frau, darauf vertrau. Auferstehung ist heute, darauf dein Leben bau.

3 Sprecher gemeinsam: Steh auf!
Weißt du, woher du kommst?
Weißt du, wohin du gehst?
Einer weiß es! ER weiß es! Steh auf!

Weißt du noch …

Weißt du, Gott,
es war eine schwere Zeit,
als meine Schwester starb.
Der Unfall riss sie so plötzlich aus unserer Familie.
Lange konnten wir es einfach nicht fassen,
dass sie nicht mehr da ist,
dass sie nicht gleich zur Tür herein kommt.

Am schlimmsten war unsere Trauer
und das Gefühl, dass wir nicht mehr vollständig sind.
Dabei glaube ich, dass es ihr jetzt gut geht.
Ich glaube, dass sie bei dir ist
und dass sie liebevoll verfolgt, was wir tun.

Eigentlich möchte ich gar nicht traurig sein.
Natürlich vermisse ich sie.
Wir erzählen uns Geschichten über sie,
die oft mit den Worten „Weißt du noch …“ beginnen.
Manchmal weinen wir, manchmal lachen wir
und immer hoffen wir, dass es ihr gut geht.
Da, wo sie jetzt ist.
Bei dir, Gott.
In deinem Licht
und deinem Frieden.
Amen

wenn ich gestorben bin

wenn ich gestorben bin
hat sie gewünscht
feiert nicht mich
und auch nicht den Tod
feiert DEN
der ein gott von
lebendigen ist

wenn ich gestorben bin
hat sie gewünscht
zieht euch nicht
dunkel an
das wäre nicht christlich
kleidet euch hell
singt heitere lobgesänge

wenn ich gestorben bin
hat sie gewünscht
preiset das leben
das hart ist und schön
preiset DEN der ein gott
von lebendigen ist

Kurt Marti

1. Wählt einen Text aus und lest ihn mit der Methode „Echo-Lesen“ (vgl. Methode S. 190).

2. Benennt die Gefühle und Hoffnungen, die hier in Bezug auf den Glauben an die Auferstehung ausgedrückt werden.

Ich bekenne meinen Glauben

Es gibt Situationen, da werde ich gefragt, wie ich die Dinge sehe. Kinder fragen ihre Eltern, Freunde wollen wissen, was ihr Kumpel denkt. Ich bin gefragt, Stellung zu beziehen und zu sagen, welche Überzeugung mich erfüllt. Bereits die ersten Christen wurden gefragt, wie sie die Dinge sehen, wie sie die Welt verstehen und was sie glauben. Für sie war die Auferstehung der zentrale Inhalt ihres Glaubens. Zuerst drückte sich dieser nur in Kurzformeln wie „Jesus ist der Christus" oder „Jesus ist der Herr" aus. Dann aber entstanden längere Bekenntnisse. Vor ihrer Taufe bekannten erwachsene Taufbewerber mit diesen Worten ihren Glauben. Heute bekennen Christen in jedem Gottesdienst, bei jeder Taufe ihren Glauben mit einem gemeinsamen Glaubensbekenntnis und damit auch ihre Hoffnung auf die Auferstehung. Das Glaubensbekenntnis, das dabei am häufigsten verwendet wird, ist das Apostolische Glaubensbekenntnis:

*Gott,
ich glaube, dass es dich gibt. Ich weiß nicht, wie du aussiehst. Überhaupt frage ich mich manchmal, was du wohl denkst und von dem hältst, was wir Menschen tun.
Ich stelle mir vor, dass ich eines Tages vor dir stehen werde – dann, wenn ich gestorben bin. Ja, ich glaube an die Auferstehung.
Für mich hat das nichts mit Himmel oder Hölle zu tun. Ich stelle es mir eher wie ein Da-Sein vor: Ich bin da – bei dir. Es ist warm und hell. Meine Fragen sind nicht mehr wichtig, nichts tut mir weh. Alles ist gut.
Wenn es so weit ist, weiß ich, ich bin angekommen.*

Florian, 15 Jahre

Ich glaube an Gott,
den Vater, den Allmächtigen,
den Schöpfer des Himmels und der Erde.

Und an Jesus Christus,
seinen eingeborenen Sohn, unsern Herrn,
empfangen durch den Heiligen Geist,
geboren von der Jungfrau Maria,
gelitten unter Pontius Pilatus,
gekreuzigt, gestorben und begraben,
hinabgestiegen in das Reich des Todes,
am dritten Tage auferstanden von den Toten,
aufgefahren in den Himmel;
er sitzt zur Rechten Gottes,
des allmächtigen Vaters;
von dort wird er kommen,
zu richten die Lebenden und die Toten.

Ich glaube an den Heiligen Geist,
die heilige katholische Kirche,
Gemeinschaft der Heiligen,
Vergebung der Sünden,
Auferstehung der Toten
und das ewige Leben.
Amen.

1. Lest das Apostolische Glaubensbekenntnis – vielleicht können es manche von euch auswendig – und schreibt die Sätze auf, die auf den Glauben an die Auferstehung hinweisen.
2. Sammelt Assoziationen zu den Worten „Auferstehung der Toten" und verfasst dazu ein Akrostichon (vgl. Methoden „Assoziationen sammeln" S. 189 und „Akrostichon" S. 194).
3. Formuliere selbst ein Glaubensbekenntnis. Bringe darin deinen Glauben im Blick auf die Auferstehung zum Ausdruck (vgl. Methode „Gebet verfassen" S. 190). Du kannst dazu auch dein Ergebnis aus Aufgabe 1 auf Seite 11 zu Hilfe nehmen.

Erfahrungen mit Sterben und Tod

Alle Menschen sind sterblich

Felix und Mona sind bei ihrer Großmutter zu Besuch. Sie sitzen im Garten, essen Kuchen und unterhalten sich. Da greift Oma Anna beiläufig zur Zeitung und liest die Todesanzeigen.

Mona: Oma, warum liest du denn immer die Todesanzeigen? Die interessanten Sachen stehen doch weiter vorne!

Oma Anna: Für mich ist das interessant. So jung bin ich ja auch nicht mehr. Vielleicht ist jemand gestorben, den ich kenne. Dann würde ich zur Beerdigung gehen.

Felix: Ich kann ja verstehen, dass du informiert sein möchtest. Aber ich würde mich nicht freiwillig mit dem Tod befassen. Da wird man nur traurig dabei.

Oma Anna: Du hast recht, lustig ist das nicht. Aber der Tod ist nun mal eine Realität des Lebens. Ich werde nicht ewig leben und du auch nicht. Und das ist auch gut so.

Mona: Wie meinst du das: Das ist auch gut so?

Oma Anna: Wisst ihr noch, wie das vor zwei Jahren war, als meine Mutter, eure Uroma, gestorben ist? Sie war 96 Jahre alt und hatte ein langes Leben hinter sich. Alle ihre gleichaltrigen Bekannten und Freunde hatte sie schon überlebt. Da war niemand mehr da, den sie aus ihren jüngeren Jahren kannte.

Felix: Ja, ich erinnere mich. Zum Schluss war Uroma sehr gebrechlich, aber immer noch gut aufgelegt.

Oma Anna: Das stimmt, sie hat immer noch gerne Geschichten erzählt. Aber das Alter wurde ihr auch beschwerlich. Die letzten Monate waren schwer für sie.

Mona: Und dann ist sie gestorben.

Oma Anna: Ja, dann ist sie gestorben und ich denke, sie ist gerne gegangen. Sie hatte ein langes und erfülltes Leben. So möchte ich auch einmal sterben, so, dass ich sagen kann: Das war gut so.

Felix: Oma, rede doch nicht so. Du bist fit und munter. Und das bleibst du hoffentlich noch lange.

Oma Anna: Felix, du meinst es gut. Aber der Gedanke an den Tod macht mir keine Angst. Sicher, ich möchte euch nicht gerne zurücklassen und ich will euch keine Sorgen und keinen Kummer bereiten. Dennoch glaube ich, dass es wichtig ist, den Gedanken an den Tod nicht zu verdrängen. Alle Menschen sind sterblich, auch ich.

Mona: Aber Gedanken an den Tod machen mir Angst. Unfälle, Krebs, da gibt es so viel Unglück und Leid.

Oma Anna: Ja, es gibt schreckliche Todesfälle. Aber ich kann dich beruhigen, die überwiegende Mehrheit der Menschen stirbt, weil sie alt ist.

Felix: Heute stirbt man an Herzinfarkt oder Krebs.

Mona: Woher willst du denn das wissen?

Felix: Ich habe es gelesen. Die häufigste Todesursache sind Herz-Kreislauferkrankungen und die zweithäufigste Krebs. Daran stirbt ungefähr jeder Vierte.

Oma Anna: Wisst ihr, in meiner Jugend sind die meisten Menschen einfach an Altersschwäche gestorben. Heute gibt es für alles einen Namen. Dank der guten medizinischen Versorgung weiß man heute eben besser, woran jemand gestorben ist.

Mona: Ich bleibe dabei, Sterben ist ein ungemütliches Thema.

Felix: Das denkst du nur, weil Jans Vater letztes Schuljahr gestorben ist.

Mona: Das war ja auch sehr traurig. Jan lebt jetzt mit seiner Mutter und seiner Schwester allein. Leicht haben die es jetzt nicht.

Oma Anna: Wenn jemand in jungen Jahren aus dem Leben gerissen wird, ist das immer schwierig. Aber zum Glück ist das nicht die Regel.

Mona: Damals war die ganze Klasse bei der Beerdigung und alle haben geweint.

Oma Anna: Weißt du, was mich da tröstet? Dass ihr eurem Mitschüler beigestanden habt und dass es die Hoffnung gibt auf das ewige Leben. Eines Tages werden wir uns alle beim Vater im Himmel wieder sehen.

Mona: Glaubst du das wirklich? Schön wäre es ja, auch für Jan und seine Familie.

Felix: Ich bleibe dabei: Am besten denkt man gar nicht an den Tod.

Nachtgebet

Junge Leute werden manchmal wach
Und wissen, dass sie sterben müssen.
Dann erschauern sie kurz,
Und sehen verschiedene Bilder,
Und denken: Jeder muss sterben, und
Es ist noch Zeit.

Alte Leute werden manchmal wach
Und wissen, dass sie sterben müssen.
Dann wird ihr Herz bang.
Denn sie haben gelernt,
Dass Niemand weiß, wie Sterben ist,
Dass keiner wiederkam, davon zu künden,
Dass sie allein sind, wenn das Letzte kommt.
Und wenn sie weise sind,
Dann beten sie. Und schlummern weiter.

Carl Zuckmayer, 1964

1. Oma Anna, Mona und Felix stehen unterschiedlich zum Tod. Beschreibe ihre Ansichten.
2. Welche Gedanken und Gefühle verbindest du mit dem Thema „Tod“? Führt in Kleingruppen eine Schreibmeditation zum Stichwort „Tod“ durch (vgl. Methode „Schreibmeditation“ S. 199).
3. Stelle anhand des Gedichtes von C. Zuckmayer dar, wie sich der Blick auf den Tod im Lauf des Lebens verändern kann.

Ich denke manchmal über den Tod nach

René Magritte: Windstille, um 1962.

Auf Wiedersehen, Mama

Der 18. Januar war der bisher schwärzeste Tag in meinem Leben. Während der Weihnachtsfeiertage hatte sich meine Mutter über starken Husten beklagt und wollte den Arzt aufsuchen, damit er ihr passende Medikamente verschreibt. Doch dann kam alles anders: Statt Keuchhusten wurde per Röntgenbild eine Vergrößerung der Lunge festgestellt. Und statt ein paar Tagen Bettruhe wurde sie ins Krankenhaus zu mehreren Untersuchungen eingewiesen. Obwohl niemand etwas Genaues wusste, waren meine Ungewissheit und Sorge unbeschreiblich groß, die innere Anspannung fast unerträglich. Meine Mutter war die Einzige, die sich kaum etwas anmerken ließ. Dann die schreckliche Diagnose: bösartige Metastasen in Lunge und Leber – unheilbarer Krebs!

Für mich brach eine Welt zusammen

Ich wollte schlafen, ganz lange schlafen, nie mehr aufwachen, mich neben sie legen, sie ganz fest halten. Ich wollte in den Himmel, ganz weit weg, alles hinwerfen, ich wollte auch sterben. Obwohl ich nicht wusste, ob man sie nicht doch irgendwie heilen kann. Ich wollte nahe bei ihr sein, ihre Wärme spüren, und konnte doch ihren Anblick nicht ertragen. Zu tief saß der Schock. „Das kann nicht wahr sein. Warum muss uns das treffen? Warum ist das Leben so unfair? Warum kann es nicht jemand anderen treffen? Warum? Ich gehe nie mehr in die Schule, nie mehr!" Im nächsten Augenblick war ich wieder ganz klar im Kopf.

Wie geht es weiter mit ihr?

Mein Vater sprach sofort von Chemotherapie und dass es Möglichkeiten gibt und man darf die Hoffnung nie aufgeben und ... Im nächsten Augenblick brach er fast zusammen. Er konnte seine Wut, seine Trauer, seine Fassungslosigkeit nicht mehr vor mir und meinem Bruder verbergen. Zwei Tage später begann die erste Chemotherapie. Am Vorabend wurden wir kurz aufgeklärt, was dabei mit dem Körper meiner Mutter passiert, was das genau ist und welche Auswirkungen dieses Hammermittel haben wird. Ein paar Tage später war mir klar, welche Folgen eine so harmlos aussehende Infusion hat. „Da bist du kein Mensch mehr, darfst nur in einem mit Jalousien abgedunkelten Raum liegen, musst ständig spucken und fühlst dich, als wärst du ganz weit weg. Als ob eine unüberwindbare Mauer zwischen mir und euch stünde!" Diese Sätze von ihr habe ich behalten. Mama brachte kein Essen mehr runter und niemand, außer die Zeit, konnte ihr helfen. Das Einzige, was ich damals für sie tun konnte, war an ihrem Bett sitzen, ihr neuen Mut zusprechen. (...)

Es gab nur diesen einen Weg

Mama meinte immer, wir sollen so weiter leben wie bisher, in die Schule gehen, Klausuren schreiben, Sport treiben und abends weggehen. Anfangs habe ich sie öfters gefragt, wie sie sich das denn vorstellt, und ihr gesagt, dass ich das nicht so einfach kann. Doch irgendwie gab es nur diesen einen Weg für mich: Entweder du lebst so weiter wie bisher oder du liegst irgendwann als psychisches Wrack in der Klapse. Und das wollte ich nicht. Innerhalb kürzester Zeit hatte ich mir das so stark eingetrichtert, dass man mir meine Trauer und Hilflosigkeit nach außen nicht ansah. Noch heute meinen viele Freunde, Bekannte oder ehemalige Klassenkameraden, dass man mir nichts anmerkte und nichts ahnte, wenn man es nicht wusste.

Ich wollte keine mitleidigen Blicke

Ich wollte nicht mit Samthandschuhen angefasst werden. Ich wollte stark sein und war innerlich so schwach. Doch nur so konnte ich den Zustand ertragen. Seit Beginn der Krankheit unterstützte uns eine Bekannte meiner Eltern. Für mich und die ganze Familie war sie immer ein heller Stern am dunklen Horizont. Nicht nur wegen ihrer beruflichen Qualifikation als Ärztin konnte sie uns in vielen schwierigen Momenten medizinischen Rat geben. Als außenstehende Person sah sie manche Dinge klarer, aber keineswegs nüchtern: Sie saß mit uns im selben Boot.

Was wäre wenn …

Nach zwei „Chemos" stellten die Ärzte fest, dass diese Form der Behandlung anschlug und Erfolg zeigte. Nach zwei weiteren Therapien wurde eine Pause eingelegt, damit sich der Körper erholen konnte. So langsam begann der Sommer. Mama genoss ihre Zeit zu Hause, konnte sich im Garten ihren geliebten Blumen widmen, wurde langsam wieder kräftiger und aß von Tag zu Tag mehr. Das während der Chemotherapien so verhasste Essen schmeckte auf einmal wieder. Für uns alle begann eine Phase der Erleichterung. Wenn wir sie lachen sahen, mussten wir mitlachen. Aber diese Unbeschwertheit und Freude kamen mir nie wie Glück vor, eher wie ein Glücksmoment.

Lebe im Hier und Jetzt

„Du sollst im Hier und Jetzt leben und nicht immer an die Zukunft denken", dachte ich oft. Doch im nächsten Augenblick tobte wieder eine unbändige Angst in mir. Der Gedanke, dass dies ihr letzter Sommer sein würde, war immer so nah und dann wieder ganz weit weg. Vielleicht habe ich ihn auch nur verdrängt. Nach einiger Zeit stand wieder eine Untersuchung an. Dabei wurde festgestellt, dass ein bösartiges Melanom von der Lunge in den Kopf gewandert war. Mit einer Spezialtechnik wurde es vernichtet und alles war wieder gut. Aber nicht lange. Bei einer weiteren Untersuchung im Spätsommer wurden mehrere Melanome im Kopf entdeckt. Die einzige Möglichkeit, sie zu bekämpfen, war eine Strahlentherapie mit zusätzlicher Kortisonbehandlung. Doch langsam wurde mir klar, dass dieses Ungeheuer nicht zu bändigen war und meine Mutter völlig zerstören würde.

Der Krebs ist ein Tod auf Raten

Mit jedem Rückschlag stirbt ein weiterer Teil des Körpers ab, bis irgendwann gar nichts mehr funktioniert. Doch diesen Gedanken konnte ich mir nicht den ganzen Tag vor Augen halten. „Gib niemals die Hoffnung auf. Der da oben weiß schon, was er tut. Gott ist immer bei dir, er beschützt dich, er steht dir bei. So aussichtslos die Situation auch sein mag: Es gibt immer einen Weg." Mit einer Mischung aus Zuversicht, Realismus und Optimismus habe ich die Situation damals überstanden. Um Allerheiligen habe ich mich das erste Mal intensiv mit dem Tod auseinandergesetzt. „Was wäre, wenn sie wirklich irgendwann stirbt? Wenn sie einfach nicht mehr da ist? Wenn wir nicht mehr gemeinsam albern und lachen können? Wenn ich ihr nicht mehr meine Probleme erzählen kann?" Mein Schmerz war so groß, irgendwann konnte ich nicht mehr weinen. Ich fühlte mich so klein, so wehrlos am Boden zerstört. Aber ich wusste, dass ich stark genug bin, um alles zu überstehen: Was auch kommen mag, ich werde es irgendwie schaffen. Durch die anstrengende Strahlentherapie war meine Mutter ständig erschöpft, konnte nur noch liegen. Das Schlimmste war, dass sich der Körper durch die Medikamente total aufblähte und sie ständig einen unbändigen Appetit verspürte: Sie „fraß" das Essen regelrecht in sich hinein, merkte gar nicht mehr, dass sie immer unbeweglicher und unförmiger wurde. Ihr Gesicht hatte die Form einer Birne, die Haare waren wegen der Bestrahlung ausgefallen. Im Gegensatz zur Chemotherapie konnte ich bei der Bestrahlung keine Fortschritte erkennen. Stattdessen wurde ihr Zustand immer schlechter und mein Optimismus schwand von Tag zu Tag.

Nicht mehr die, die ich kannte

Durch den Gehirntumor waren bestimmte Steuerzentren in ihrem Gehirn blockiert oder völlig zerstört worden. Die Feinmotorik funktionierte zum Beispiel gar nicht mehr und die linke Hand konnte sie nicht mehr so bewegen, wie sie wollte. Sie war auf einmal nicht mehr der Mensch, der sie früher war. Nicht mehr die Mutter, die ich kannte. Irgendwie war sie mir fremd geworden. Als ob eine ganz andere Frau vor mir läge. So begann ich mich langsam von ihr zu verabschieden. Immer ein bisschen mehr. Stück für Stück. Ihre Betreuung war zu Hause irgendwann nicht mehr möglich. Sie brauchte rund um die Uhr jemanden, der für sie da war, weil die Familie bereits an die Grenzen der körperlichen und seelischen Belastbarkeit gestoßen war. Deshalb wurde sie ins Krankenhaus eingeliefert.

Tod als Erlösung

Das war der Zeitpunkt, als mir zum ersten Mal der Gedanke kam, dass der Tod bei ihr die Erlösung sein wird, und dass es eigentlich keinen anderen Ausweg gibt. Unter diesen Umständen konnte ich mir ihr Weiterleben nicht mehr vorstellen. Diese furchtbare Krankheit musste irgendwann ein Ende haben. Innerlich plante ich meine Zeit schon ohne sie und schmiedete Zukunftspläne. Eine Zukunft, in der sie nicht mehr vorkam. Ich richtete den Blick nach vorne und es war mir klar, dass es nur besser werden konnte. Meine Hoffnung hatte ich nie aufgegeben, aber es war jetzt eine andere als zu Beginn ihrer Krankheit. Ich machte mir nichts mehr vor und konnte der Realität in die Augen blicken. Irgendwann machte meine Mutter ihre Augen nicht mehr auf. Mama war ganz friedlich eingeschlafen. Sie hatte sich endgültig von dieser Welt verabschiedet und war jetzt an einem Ort, an dem es keinen Schmerz und kein Leid gab. Sie hatte es geschafft und war endgültig erlöst. Diesen Zeitpunkt hatten wir alle herbeigesehnt. Auch wenn das ein Außenstehender niemals begreifen wird.

1. Wie erlebt die Tochter die Krankheit ihrer Mutter? Skizziere ihren Weg und beschreibe ihre Gedanken und Gefühle.
2. Die Kinder möchten der Mutter einen Abschiedsbrief mit ins Grab legen. Versetze dich in die Situation der Tochter/des Sohnes und schreibe einen Brief an die Mutter (vgl. Methode „Brief schreiben“ S. 196).
3. Erlösung bedeutet für einen Christen, dass er mit seinem gelebten Leben in die Ewigkeit Gottes hineingenommen und gerettet wird. – Setze diese Aussage in Beziehung zum Ende der Erzählung.

Das Leben geht nach dem Tod irgendwie weiter

Jack

Heute Morgen um sieben ging das Telefon.
Sie sagten: Dein Freund Jack ist tot.
Ein Laster ist frontal in ihn reingeknallt,
der hatte überholt, trotz Überholverbot.
Zuerst wollte ich das nicht begreifen.
Ich dachte: Das ist'n makabrer Gag.
Mein Freund Jack kann doch nicht so plötzlich sterben,
wir woll'n doch heute Abend noch zusammen weg.
Es war wie ein Faustschlag in den Magen,
diese Nachricht von Jackies Unglück.
Ich versuchte mir vorzustellen,
wie dieser Wagen auf ihn zukam,
und was in Jack vorgeht in diesem Augenblick.
Ein komischer Zufall – erst vor zwei Wochen
haben wir noch über den Tod gesprochen.
Er hatte Angst davor, er meinte, dann ist alles zu spät.
Ich sagte: „Nein, Jack, ich glaube,
dass nach dem Tod das Leben irgendwie weitergeht.
Über den Wolken ist es so schön wie in den Bergen der Antarktis.
Und weiter geht dein Flug vorbei an den Planeten.
Du erreichst die Rock'n'Roll-Galaxis.
Und da siehst du ihn wieder: Jimmy Hendrix.
Ich weiß noch: Als er starb, warst du sehr traurig,
weil's für dich keinen Größeren gab.
Und Buddy Holly singt für dich noch einmal „Peggy Sue".
Du bist froh, dass er auch da ist.
Und zusammen mit deiner neuen Freundin Marylin
hörst du ihm zu.
Brian Jones und Janis Joplin auf dem Nebelpodium,
und bald gehörst auch du zu ihrem Stammpublikum.

Udo Lindenberg

(Bei den Namen im Lied handelt es sich um berühmte Künstler aus der Musik- und Filmwelt, die bereits verstorben sind.)

1. Todesnachrichten sind schrecklich für Menschen. Beschreibe mögliche Gedanken und Reaktionen der Betroffenen. Verfasse einen fiktiven Tagebucheintrag (vgl. Methode „Tagebucheintrag" S. 197).

2. Recherchiere den Ablauf einer katholischen Beerdigung.

Grabgebet für einen 17-Jährigen

Gott, wie könnten wir beten, nach diesem
Schrecken?
Die Worte bleiben uns im Hals stecken.
Beten? Nein schreien möchten wir vor Wut
und Zorn.
Du hast uns den Einzigen genommen.
Wie haben wir dir für den Jungen gedankt,
als er uns vor 17 Jahren geschenkt wurde.
Hast du uns Martin deswegen nach langem
Hoffen und Beten geschenkt, um ihn uns
jetzt zu nehmen, auf grausame Weise zu
nehmen?

Wo war dein Engel am Montagabend?
Wo war dein Schutz und deine Vorsehung?
Du gibst uns keine Antwort, warum Martin über
den Haufen gefahren wurde, in den Tod
gerissen aus dem Kreis seiner Kameraden.
Du schweigst und lässt uns mit seinem
plötzlichen Tod allein.
Das ist einfach zu viel.
Was bist du für ein Gott?

Macht es Sinn, überhaupt mit dir zu sprechen,
unsere Trauer heraus zu lassen,
jetzt, wo wir Martin loslassen müssen
für immer?

Was bleibt uns, die wir zurückbleiben müssen?
Ein „Danke“ für Martin. Ein „Danke“ für die
17 kurzen Lebensjahre:
für seine Fröhlichkeit und seinen Leichtsinn,
für seine Offenheit und sein Vertrauen,
für seine Kameradschaft und die erste
zarte Liebe.
Danke, dass er unser Sohn war und bleiben
wird.
Danke für die Sorgen, die wir uns um ihn
gemacht haben.
Danke für alle Freuden, die
er uns geschenkt hat.

Wie war dir zumute, Gott,
als dein Sohn starb?
Hat es dir das Herz
zerrissen wie uns?
Kann es einen Vater, eine
Mutter geben, die nicht
zutiefst betroffen sind?

Das gibt uns den Mut, ganz
offen mit dir zu reden.
Wir hoffen, dass du uns
verstehst, unsere
Trauer, unser Entsetzen
über das Schreckliche,
unsere Wut, unsere Trostlosigkeit.
Du verstehst, dass wir nichts anderes können,
als dir Vorwürfe zu machen und zugleich zu
ahnen, nein, zu vertrauen, dass Martin in
deine Hände gefallen, dass er bei dir auf-
gehoben ist.
Das wollen wir glauben, auch wenn wir es in
dieser Stunde noch nicht können.

Danke, Gott, dass du uns zugehört hast, uns,
den Eltern, seiner Freundin,
seinen Freunden.
Danke, dass wir diese Worte sagen durften,
so wie es uns ums Herz ist.

Und jetzt lassen wir los, in großem Schmerz
lassen wir Martin los und legen sein Leben
in deine Hände.
Du wirst wissen, warum es gut war, für Martin
und für uns, wir können es nur hoffen.

Roland Breitenbach

1. Beschreibe, welche Gedanken und Gefühle das Grabgebet in dir weckt.

Sterben und Tod in unserer Gesellschaft

Der Tod in Zahlen und Fakten

Lebenserwartung steigt und steigt

Der Alterungsexperte James Vaupel, Direktor am Max-Planck-Institut für demographische Forschung in Rostock, hält es sogar für möglich, dass die Deutschen im Jahr 2050 eine mittlere Lebenserwartung von 90 Jahren haben werden. … Für die Prognosen spricht, dass der Zugewinn an Lebensjahren vor allem durch ein gesünderes Dasein, durch bessere medizinische Versorgung und durch humanere, weniger körperlich verschleißende Arbeit zustande gekommen ist. In all diesen Bereichen sind weitere Verbesserungen zu erwarten.

Aus der Sterbetafel 2006/2008 lässt sich auch ablesen, dass nach den aktuellen Sterblichkeitsverhältnissen statistisch gesehen jeder zweite Mann in Deutschland wenigstens 80 Jahre alt werden und jede zweite Frau sogar ihren 85. Geburtstag erleben kann. Zumindest das 60. Lebensjahr erreichen 94 % der Frauen und 89 % der Männer.

2005 starben 47,3 Prozent aller Verstorbenen im Krankenhaus. In Pflegeeinrichtungen wird der Anteil auf 20 bis 30 Prozent geschätzt, womit der Anteil des Sterbens in der eigenen bzw. in der Wohnung von Verwandten bei 20 bis 30 Prozent liegt.

Bei den 15- bis unter 25-Jährigen ist Suizid nach wie vor die häufigste Todesursache: Im Jahr 2006 starben 18,0 Prozent der männlichen Personen und 11,2 Prozent der weiblichen Personen der Verstorbenen dieser Altersgruppe durch Selbsttötung.

Herz-/Kreislauf-Erkrankungen sind die häufigste Todesursache

WIESBADEN – Im Jahr 2008 verstarben in Deutschland insgesamt 844439 Menschen (397 651 Männer und 446788 Frauen); das waren 2% mehr als im Jahr 2007. Dies teilt das Statistische Bundesamt (Destatis) auf Grundlage der Ergebnisse der Todesursachen- und Bevölkerungsstatistiken mit. Häufigste Todesursache waren dabei Herz-Kreislauferkrankungen. Darunter fasst man eine große Gruppe von Krankheitsbildern zusammen, die das Herz und die Gefäße wie z.B. Venen und Arterien betreffen.
Über ein Viertel aller Verstorbenen (114855 Männer und 99452 Frauen) erlag im Jahr 2008 einem Krebsleiden, der zweithäufigsten Todesursache.

1. Erkläre, woran Menschen in Deutschland sterben. Welche Besonderheiten gibt es in den einzelnen Altersgruppen? Wo sterben die meisten? Welche Veränderungen bzw. Entwicklungen sind feststellbar?
2. Recherchiere im Internet über die Lebenserwartung in Deutschland heute und vergleiche sie mit der von 1900 und 1970. Nutze dafür auch die Angaben des Statistischen Bundesamts oder der Bundeszentrale für politische Bildung (vgl. Methode „Internetrecherche“ S. 189).
3. Überlege, welche Probleme, Chancen und Herausforderungen eine sich verändernde Lebenserwartung mit sich bringt.

Sterben hat sich verändert

Über viele Jahrhunderte hinweg war Sterben etwas, das zum Alltag gehörte. Kleine Kinder starben oft schon als Säuglinge, Mütter bei der Geburt, Infektionskrankheiten rafften Familienmitglieder dahin. Noch vor 100 Jahren gelangte selten jemand ins Erwachsenenalter, ohne im näheren Verwandtenkreis vom Tod eines Angehörigen betroffen zu sein. Der Tod wurde als alltäglicher Begleiter wahrgenommen.

Riten und Rituale halfen, Todessituationen zu bewältigen. Sterbende wurden nicht von anderen abgeschirmt, sondern man besuchte sie, um Abschied zu nehmen oder am Krankenbett für sie zu beten. Der Priester wurde gerufen, um die „letzte Ölung" zu spenden und möglicherweise die Beichte abzunehmen.
War der Kranke verstorben, blieb er oft noch bis zur Beerdigung zu Hause und wurde aufgebahrt. Verwandte, Nachbarn und Bekannte konnten kommen und persönlich von dem Verstorbenen Abschied nehmen. Das ist übrigens auch heute noch möglich. Man darf einen Toten höchstens drei Tage zu Hause behalten. Viele tun das aber nicht, weil sie entweder von dieser Regel nichts wissen oder weil sie eine innere Scheu haben, sich mit dem Tod auseinanderzusetzen.

Die „letzte Ölung" galt über Jahrhunderte hinweg als Sakrament für die Sterbenden. Das Zweite Vatikanische Konzil (1962–1965) nahm hier später eine Änderung vor: das Sakrament erhielt den Namen „Krankensalbung" und darf nicht nur den Sterbenden, sondern allen Kranken und Leidenden gespendet werden (vgl. S. 38 f.).

Holzschnitt der Leipziger „Illustrierten Zeitung" nach einem Gemälde von Jacobus Leisten, 1898.

1. Überlege, welche Bedeutung Sterberituale für Sterbende und ihre Angehörigen hatten.
2. Interviewe Großeltern oder ältere Bekannte zu Ritualen, die es früher rund um das Sterben gab (vgl. Methode „Zeitungsinterview" S. 196).

Was bedeutet uns der Tod?

Was bedeutet uns der Tod? Diese Frage haben Menschen zu unterschiedlichen Zeiten verschieden beantwortet. Das spiegelt sich zum Beispiel auch im geschriebenen Wort wieder. Ein sehr altes Zeugnis, wie der Tod gesehen wurde, ist der Psalm 90. Er ist über 2500 Jahre alt und wurde schon von vielen Menschen gebetet.

Der ewige Gott – der vergängliche Mensch
Herr, du warst unsere Zuflucht von Geschlecht zu Geschlecht.
Ehe die Berge geboren wurden, die Erde entstand und das Weltall, bist du, o Gott, von Ewigkeit zu Ewigkeit.
Du lässt die Menschen zurückkehren zum Staub und sprichst: „Kommt wieder, ihr Menschen!"
Denn tausend Jahre sind für dich wie der Tag, der gestern vergangen ist, wie eine Wache in der Nacht.
Von Jahr zu Jahr säst du die Menschen aus;
sie gleichen dem sprossenden Gras.
Am Morgen grünt es und blüht, am Abend wird es geschnitten und welkt.

Ps 90,1-6

Viele hundert Jahre später setzte sich Johann Wolfgang von Goethe (1749–1832) mit dem Tod auseinander. Er verfasste dieses Gedicht:

Über allen Gipfeln
Ist Ruh,
In allen Wipfeln
Spürest du
Kaum einen Hauch;
Die Vöglein schweigen im Walde.
Warte nur, balde
Ruhest du auch.

Johann Wolfgang von Goethe, 1780

Die Selbstverständlichkeit des Todes und die Sicht auf das Sterben wandelte sich in der Moderne. Das „echte" Sterben vollzieht sich nun eher im Kreis der unmittelbar Betroffenen. Die Zeichen und Symbole, die sich früher mit dem Tod verbanden, sind selten geworden. Man trägt Trauerkleidung oft nur noch zur Beerdigung. Das Trauerjahr, in dem ein Jahr lang Trauerkleidung getragen wurde, gibt es kaum noch. Auch Beerdigungen werden eher in aller Stille vollzogen und ziehen nicht mehr durch Umzüge von der Kirche zum Friedhof die Aufmerksamkeit auf sich. Abschiedsrituale wie das Ausdrücken des Beileids gegenüber den Angehörigen (Kondolenzpflicht) beschränken sich auf das Nötigste. Das Sterben und der Tod sind in unserer Gesellschaft Privatsache geworden.

was kommt nach dem tod?
nach dem tod
kommen die rechnungen
für sarg begräbnis und grab
was kommt nach dem tod?
nach dem tod
kommen die wohnungssucher
und fragen ob die wohnung
erhältlich
was kommt nach dem tod?
nach dem tod
kommt die lebensversicherung
und zahlt die
versicherungssumme
was kommt nach dem tod?

Kurt Marti

1. Vergleiche die Sicht der Dichter auf den Tod und das Sterben. Nenne Bilder, in denen sie vom Tod sprechen.
2. Suche in Gesangbüchern, Gedichtbänden, Popsongs und im Internet weitere historische und aktuelle Texte über den Tod. Beschreibe die Sichtweise der Autoren auf den Tod.

Der Tod und das Sterben in der Kunst

In der Kunst hatte die Darstellung des Todes immer ihren Platz. Besonders häufig wurde der Tod Jesu am Kreuz und auch der Tod von Heiligen dargestellt. Neben der frommen Erinnerung dienten diese Bilder auch dazu, sich an die eigene Vergänglichkeit zu erinnern.

Dass der Tod jeden treffen kann, verdeutlichten über Jahrhunderte hinweg auch die sogenannten Totentänze. In Kirchen oder als Wand- und Buchmalereien zeigten sie den Tod, meist als skelettartige Gestalt dargestellt, im Tanz mit Personen des gesellschaftlichen Lebens. Dass der Tod mit dem Papst oder dem Kaiser genauso tanzt wie mit dem Bauern oder dem Kaufmann, der Jungfrau oder dem Kind, verdeutlichte, dass jeder Mensch sterblich ist und alle Menschen angesichts des Todes gleich sind. Der Tod macht also weder vor Rang und Namen noch vor Jugend und Schönheit halt. So erinnerten die Totentänze daran, wie kurz das Leben sein kann und dass man besser so lebt, dass der Tod nicht zur Unzeit kommt.

Sich dem Tod zu stellen, war schon immer schwierig, besonders, wenn der oder die Sterbende ein geliebter Mensch ist. Berühmt geworden sind deshalb die Bilder des Schweizer Malers Ferdinand Hodler (1853–1918). Er begleitete seine Geliebte Valentine Godé-Darel drei Jahre lang in ihrer Krankheit und ihrem Sterben. In einem großen Bilderzyklus malte er immer wieder die geliebte Frau. So entstanden insgesamt 50 Ölbilder, 130 Zeichnungen und 200 Skizzen. Die Bilder zeigen nicht nur den Krankheitsverlauf und Sterbeprozess, sie waren für den Maler Ferdinand Hodler auch eine Möglichkeit, Anteil zu nehmen und sich mit dem Sterben auseinanderzusetzen.

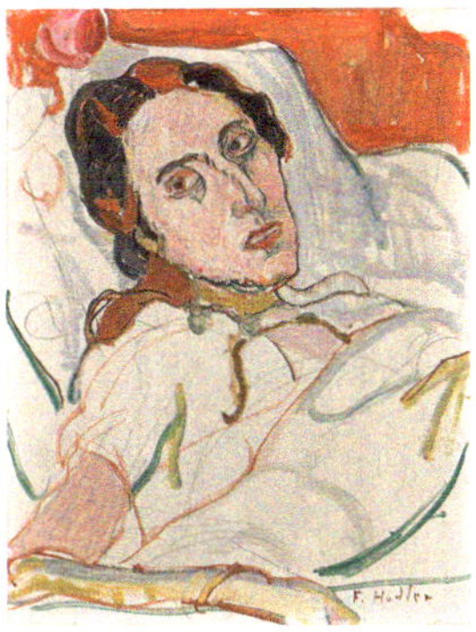
Ferdinand Hodler: Valentine Godé-Darel auf dem Krankenbett, 1915.

Ferdinand Hodler: Zur Seite gesunkener Kopf der sterbenden Valentine Godé-Darel, 1915.

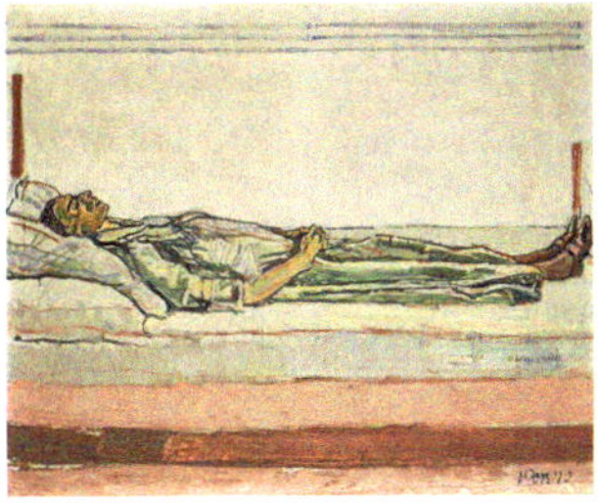
Ferdinand Hodler: Die tote Valentine Godé-Darel, 1915.

1. Beschreibe deine Gefühle und Gedanken, welche die Bilder des Künstlers Ferdinand Hodler in dir auslösen.
2. Gestalte mit Farben und Formen ein Bild mit deinen Gedanken zum Thema Tod (vgl. Methode „Farben sprechen lassen“ S. 193).

Geboren, um zu leben

Geboren um zu leben

Es fällt mir schwer ohne dich zu leben
Jeden Tag zu jeder Zeit einfach alles zu geben
Ich denk so oft zurück an das was war
An jeden so geliebten vergangenen Tag
Ich stell mir vor, dass du zu mir stehst
Und jeden meiner Wege an meiner Seite gehst
Ich denke an so vieles seitdem du nicht mehr bist
Denn du hast mir gezeigt wie wertvoll das Leben ist

Wir waren geboren um zu leben
Mit den Wundern jener Zeit
Sich niemals zu vergessen
Bis in alle Ewigkeit
Wir waren geboren um zu leben
Für den einen Augenblick
Bei dem jeder von uns spürte
Wie wertvoll Leben ist

Es tut noch weh wieder Neuem Platz zu schaffen
Mit gutem Gefühl etwas Neues zuzulassen
In diesem Augenblick bist du mir wieder nah
Wie an jedem so geliebten vergangenen Tag
Es ist mein Wunsch wieder Träume zu erlauben
Ohne Reue nach vorn in eine Zukunft zu schauen
Ich sehe einen Sinn seitdem du nicht mehr bist
Denn du hast mir gezeigt
wie wertvoll mein Leben ist

Wir waren geboren um zu leben, mit den Wundern jener Zeit
Sich niemals zu vergessen, bis in alle Ewigkeit
Wir waren geboren um zu leben, für den einen Augenblick
Bei dem jeder von uns spürte, wie wertvoll Leben ist

Unheilig
T: Graf, Bernd Heinrich

1. Beschreibe Sehnsüchte und Hoffnungen, die sich mit dem Thema des Liedes „Geboren um zu leben“ verbinden.
2. Vervollständige die Sätze: „Ich lebe, um zu …“, „Wenn ich sterbe, dann bedeutet das …“
3. Soziologen sprechen von einer Diesseitsorientierung der Menschen. Kannst du ihnen zustimmen? Begründe deine Meinung.
4. Nimm Stellung zu der Aussage: „Menschen wollen heute alles hier und heute erleben. Sie sind am Diesseits orientiert. Sie erwarten nichts von einem Jenseits und dem Leben nach dem Tod.“

Leben und Sterben gehören zusammen

Über den Tod ist viel gesprochen worden – in früheren Zeiten. Heute gilt über den Tod zu sprechen, zumindest den eigenen Tod oder den anwesender Personen, eher als geschmacklos. In den letzten Jahrzehnten hat sich im Verständnis des Todes und im Umgang mit ihm mehr verändert als davor in Jahrhunderten. Denn unsere Lebenswirklichkeit ist bestimmt von Vitalität und Dynamik und bezieht von dorther ihre Werte. Dies zeigt sich an der geradezu panischen Angst, in der eigenen Lebenszeit etwas zu versäumen, irgendwelche Lebensmöglichkeiten ungenutzt zu lassen. Beschleunigung und Mobilität des gesamten Lebens sind deutliche Zeichen für diese Grundbefindlichkeiten. Die dazu kontrastierende Erfahrung der Vergänglichkeit und des Todes wird verdrängt.

Bischof Gebhard Fürst

Salvador Dalí: Die weiche Uhr, 1954.

Zu wissen, dass ich einmal sterben muss, bedeutet für mich, dass ich bewusster und intensiver lebe.

Wenn ich keine Erwartungen an ein Leben nach dem Tod habe, muss ich alles im Diesseits, also jetzt und hier, erleben.

Wie wir den Tod sehen, beeinflusst unser Leben.

Um meine Lebenszeit so lange wie möglich auszukosten, muss ich gesund bleiben. Nur dann lohnt sich das Leben.

1. Fasse in eigene Worte, wie Bischof Fürst den Zusammenhang von Leben und Tod in der heutigen Zeit sieht.
2. Setze den Text von Bischof Fürst und das Bild von Salvador Dalí zueinander in Beziehung.
3. Wähle eine der Thesen in den Kästen aus und argumentiere dafür oder dagegen.

Was uns Todesanzeigen mitteilen

Eine Rose ist zerbrochen!

Unser innigst geliebter Sohn, mein großer Bruder, Enkel, Neffe, Cousin und Freund

Fabian Brenner

* 13.5.1977 † 29.4.1999

verlor durch einen tragischen Verkehrsunfall sein junges Leben. Es wird schwer sein, zu lernen und zu begreifen, daß du nicht mehr da bist.

In Liebe:
Alexander, Klara und Julian
Philip und Lisa, Großeltern
Samuel und Lara, Großeltern
alle Verwandten, Freunde und Bekannten

Beerdigung mit anschließendem Trauergottesdienst am Dienstag.

Plötzlich und unerwartet wurde meine liebe Mutter, Schwiegermutter, unsere Oma und Tante

Leni Behringer

*** 10.10.1916 † 11.5.1999**

in die Ewigkeit abberufen.

In Liebe und Dankbarkeit
nehmen wir Abschied:
Niklas und Jana Behringer mit Kindern Paul, Simon und Jakob und alle Anverwandten

Die Beerdigung findet am Montag im Friedhof in Metzingen statt.
Für bereits erwiesene und noch zugedachte Anteilnahme herzlichen Dank.

Wie ist das Haus jetzt öd und leer,
ach, deine Liebe sorgt nicht mehr.
Geschafft hast du von spät bis früh,
hab Dank für deine Lieb' und Müh'.

Für uns völlig unfaßbar wurde meine geliebte Frau und herzensgute Mutter

Lea Schneider
(geb. Herrmann)

* 8.12.1944 † 11.4.1999

in den schönsten Stunden ihres Lebens aus unserer Mitte gerissen.

Es gedenken ihrer in Liebe:
Daniel Schneider
Emilie Schneider
Freunde und Verwandte

Beerdigung mit anschließendem Requiem am Samstag. Von Beileidsbekundungen am Grab bitten wir höflichst Abstand zu nehmen. Für bereits erwiesene und noch zugedachte Anteilnahme danken wir herzlich.

Alexander Greiner
(Cheeta)

** 13.2.1960 † 19.12.1990*

Die Angehörigen

Urnenbeisetzung in Sinsheim.
Statt Blumen bitten wir um Spenden an die Drogenhilfe, Konto 422, Sparkasse Kraichgau, BLZ 663 500 36. „Spende PSB – Cheeta".

Wenn du bei Nacht den Himmel anschaust,
wird es dir sein, als lachten alle Sterne,
weil ich auf einem von ihnen wohne,
weil ich auf einem von ihnen lache.
(A. de Saint-Exupéry)

Jule Alina und Samuel Elias Hauser

Nach einem tragischen Unfall legten Jule und Samuel ihre großen Seelen in die liebevollen Hände unseres himmlischen Vaters zurück. Sie sind uns nur vorausgegangen.

Marcel und Emma
mit Marcel David und Lisa Marie
für alle Verwandten und Freunde

Die Verabschiedung mit anschließender Beerdigung findet am Freitag auf dem Friedhof der Gemeinde Emmendingen statt.

Gott, der Herr, hat uns vier Jahre Sonnenschein und Freude geschenkt.

Am Dienstag hat er unsere geliebte

Hanna

wieder zurückgeholt in Seine Vollkommenheit, wo es keine Behinderung gibt. Wir beugen uns in Demut vor Seinem allmächtigen Wort.

Sarah und Maximilian Landenberger
Familien Landenberger und Raithel
und alle Verwandten

Die Beerdigung findet am Freitag auf dem Bergfriedhof in Tübingen statt. Bitte zeigen Sie Ihre Anteilnahme mit unserem Schmerz, indem Sie auf Beileidsbezeugungen am offenen Grab verzichten. Im Anschluss an die Beerdigung findet eine Messe statt.

In Gottes Frieden entschlief unser lieber Vater, Schwiegervater, Opa und Uropa

Herr Felix Wolf
* 20.6.1913 † 29.4.1999

In stiller Trauer:
Anna Wagner mit Familie
Lukas Wolf mit Familie
Regine-Köhler-Heims

Aussegnung, heute, im Waldfriedhof. Trauergottesdienst in der Pfarrkirche St. Josef. Für alle Anteilnahme herzlichen Dank. Unser besonderer Dank gilt dem Pflegepersonal des Bürgerspital-Altenheimes und dem Hausarzt Dr. Dürr.

Wer da stirbt,
erwacht zum ewigen Leben
(Franz von Assisi)

Nach geduldig ertragenem Leiden hat Gott seinen Diener, unseren lieben Bruder, Schwager, Onkel und Paten

Herrn Jonas Meyer
* 12.2.1920 † 30.4.1999

zu sich gerufen.

In christlicher Trauer:
Johanna Schmidt
Sophie Meyer
Luisa Feit mit Familie
Annika Meyer mit Familie
Maja Engel mit Familie und Verwandte

Requiem am Donnerstag in der Pfarrkirche St. Georg mit anschließender Beerdigung auf dem Bergfriedhof. Für erwiesene und zugedachte Anteilnahme herzlichen Dank.

Nach langem, schwerem Leiden entschlief meine liebe Frau und Mutter, unsere Tochter, Schwiegermutter, Schwester, Schwägerin und Tante

Frau Julia Vogt
(geb. Schäfer)

im Alter von 43 Jahren.

In Liebe und Dankbarkeit:
Ben und Jannik Vogt
und alle Verwandten

Die Aussegnung findet heute im Hauptfriedhof statt. Für alle Anteilnahme herzlichen Dank. Unser besonderer Dank gilt der Sozialstation St. Franziskus und dem Hausarzt Dr. Geier.

„Der schwarze Vogel kam zu früh!“

Auf Wiedersehen Leon

Eine ganz andere Todesanzeige:

„Ich armer Sünder Rafael Braun bin am 23.11.2012 um 16.00 Uhr im Alter von 76 Jahren gestorben. – Bitte legt mir keine Kränze aufs Grab, die Erde ist schon schwer genug. Anstelle der vorgesehenen Kränze erbitte ich den Gegenwert auf das Konto „Hilfe in Not“ der Kreissparkasse Sigmaringen.
Wenn manche Vielbeschäftigte gleich nach der Opferung die Kirche verlassen, bin ich nicht böse. Meine Beerdigung soll ein Freudentag sein, besonders für die alten Leute, die Rentner, die Fürsorgeempfänger, die von der Caritas und der Wohlfahrt Betreuten. Sie alle lade ich herzlich zu einem guten Mittagessen ein. Sie sollen gut essen und gut trinken.
Und nun meine lieben Mitmenschen, wünsche ich euch alles Gute. Wenn ich euch beleidigt habe oder euch verärgert habe, so verzeiht mir bitte. Gottes Segen sei mit euch, bis auch ihr zum himmlischen Vater heimgeholt werdet. – *Rafael Braun*

1. Lies die Todesanzeigen genau. Arbeite heraus, was sie aussagen über den, der gestorben ist, über die Hinterbliebenen und über den Tod selbst.
2. Recherchiert in eurer Tageszeitung weitere Todesanzeigen und untersucht auch deren Aussagen.
3. Stellt die verwendeten Bilder und Symbole in einer Liste zusammen und analysiert ihre mögliche Bedeutung.

Sterbende und Trauernde brauchen Begleitung und Nähe

Phasen des Sterbens

Die amerikanische Ärztin Elisabeth Kübler-Ross hat viele Jahre Sterbende begleitet und wurde durch ihre Forschungen über Tod und Sterben zur anerkannten Expertin auf diesem Gebiet. Bei der Begleitung von Sterbenden hat sie immer wieder ähnliche Verläufe des Sterbens beobachtet. Ihr Vorbild und ihre Wahrnehmungen sind bis heute eine Hilfe für viele Ärzte, Pflegekräfte und Angehörige.

Die erste Phase: Nicht wahrhaben wollen und Isolierung

Die meisten Patienten, die Frau Kübler-Ross befragte, reagierten auf die Erkenntnis ihrer bösartigen Erkrankung zunächst mit: „Ich doch nicht, das ist ja gar nicht möglich!“ Eine Patientin schildert das lange, aufwändige Vorgehen, mit dem sie die Erkenntnis von sich abzuwehren versuchte. Überzeugt, dass die „Röntgenaufnahme irgendwie vertauscht worden“ sei, verlangte sie die Bestätigung, dass ihr Name versehentlich auf einen anderen Befund geraten sei. Als man ihr den Gefallen nicht tun konnte, verließ sie sofort die Klinik und suchte einen Arzt nach dem anderen auf, erhielt bald bestätigende, bald beruhigende Auskünfte, verlangte immer neue Untersuchungen und wusste insgeheim doch nur zu gut, dass die erste Diagnose stimmte. Nun hoffte sie, dass man falsche Rückschlüsse daraus gezogen habe, hielt aber ständigen Kontakt mit einem Arzt aufrecht, um „jederzeit“ wie sie sagte, Hilfe zur Hand zu haben. Mit solchem gequälten Nichtwahrhabenwollen reagiert ein Patient besonders dann, wenn er unvermittelt und zu früh durch jemanden informiert wird, der ihn und seine Aufnahmebereitschaft nicht wirklich kennt oder „es schnell hinter sich haben“ will. Fast alle Patienten versuchen, die Krankheit vor sich selbst abzuleugnen, und nicht nur im ersten Augenblick, sondern auch später immer wieder einmal. Das Nichtwahrhabenwollen ist meistens nur eine vorübergehende Phase, die bald durch wenigstens teilweise Akzeptierung abgelöst wird.

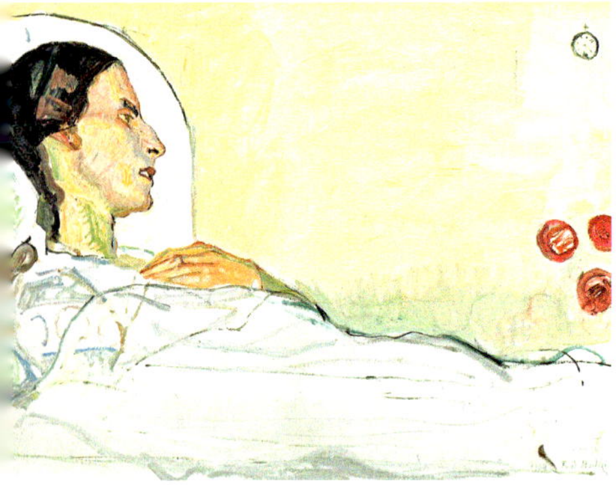

Ferdinand Hodler: Valentine Godé-Darel, 1914.

Die zweite Phase: Zorn

Auf die erste Reaktion „Nein, nein, mit mir kann es nichts zu tun haben!“, folgt häufig die zweite, in der den Patienten aufgeht: „Oh doch, es geht um mich. Ich bin betroffen.“ Nun folgen meistens Zorn, Groll, Wut, Neid. Dahinter steht die Frage: „Warum denn gerade ich?“ In dieser Phase kann es sein, dass es die Familie und das Krankenhauspersonal sehr schwer mit dem Kranken haben, denn sein Zorn kann sich ohne sichtbaren Anlass in alle Richtungen ergießen: Die Ärzte taugen einfach nichts, sie wissen nicht, welche Untersuchungen sie vornehmen und welche Diät sie verschreiben sollen; sie halten die Patienten im Krankenhaus fest und nehmen keine Rücksicht auf Sonderwünsche – und so geht es weiter. Die Schwestern werden vielleicht zum Ziel des Zorns; was sie nur anfassen, wird als falsch empfunden. Der Kranke empfängt die Besuche der Familie ohne Freude. Die Angehörigen reagieren darauf möglicherweise mit Tränen oder Schuld- und Schamgefühlen.

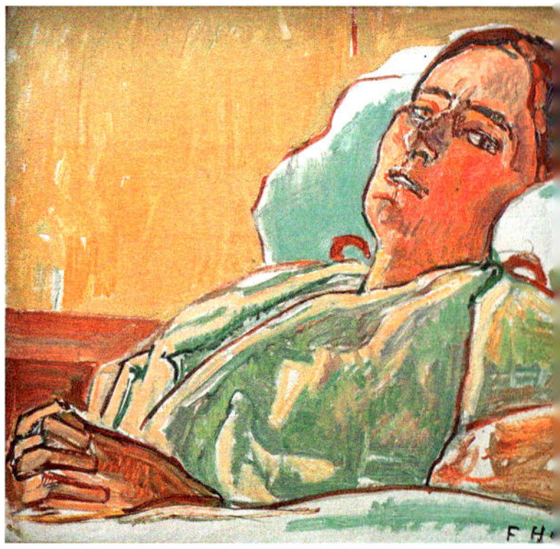

Ferdinand Hodler: Die kranke Valentine Godé-Darel, 1914.

Ferdinand Hodler: Die sterbende Valentine Godé-Darel, 1915.

Es kann sein, dass sie nun solche Besuche vermeiden und dadurch Unbehagen und Groll des Patienten noch größer werden. Wohin der Patient auch blickt, findet er leicht Anlass zum Zorn. Elisabeth Kübler-Ross wirbt bei ihren Lesern um Verständnis für die Gefühle der Betroffenen.

Die dritte Phase: Verhandeln

Während der Mensch in der zweiten Phase mit Gott und der Welt hadert, so versucht er nun, mehr Zeit für sich zu gewinnen. Frau Kübler-Ross vergleicht diese Phase mit der Art, wie kleine Kinder oft mit ihren Eltern verhandeln. Der Hauptwunsch ist fast immer eine längere Lebensspanne, dann aber auch ein paar Tage ohne Schmerzen und Beschwerden. Auch Patienten, denen es gelingt, den „erhandelten" Zeitpunkt zu erleben, sind dann aber oft immer noch nicht bereit, den Tod zu akzeptieren.

Die vierte Phase: Depression

Wenn der Todkranke seine Krankheit nicht länger verleugnen kann, wenn neue Eingriffe, ein neuer Krankenhausaufenthalt notwendig werden, wenn immer neue Symptome auftreten und er schwächer und elender wird, dann kann er seinen Zustand nicht mehr mit einem Lächeln abtun. Weil der Kranke spürt, dass er alle und alles verliert, was er geliebt hat, gerät er in Mutlosigkeit, Widerstandslosigkeit, Depression, Apathie oder Angst. In dieser Phase ist es wichtig, dass der Kranke seinen Schmerz ausdrücken darf. So kann er sich leichter mit seinem Schicksal abfinden.

Die fünfte Phase: Zustimmung

Diese Phase darf nicht als ein glücklicher Zustand verstanden werden: Sie ist fast frei von Gefühlen. Der Schmerz scheint vergangen, der Kampf ist vorbei, nun kommt die Zeit der „letzten Ruhe vor der langen Reise", wie es ein Patient ausdrückte. Unsere Verbindung mit dem Kranken beschränkt sich mehr auf Gesten als auf Worte. Der Kranke hält unsere Hand und bittet uns schweigend, bei ihm zu sitzen. Wenn wir dies tun, erkennt er beruhigt, auch wenn er nicht mehr spricht, dass er nicht allein gelassen wird. In seinem Blick oder seinem Zurücksinken in die Kissen kann das zum Ausdruck kommen.

Die Einteilung von Frau Kübler-Ross in fünf Phasen darf man nicht missverstehen. Nicht jeder Sterbende durchläuft sie in der genannten Reihenfolge.
Er kann in einer Phase verharren, eine Phase überspringen oder in eine frühere zurückfallen. Es ist auch möglich, dass ein Sterbender die Phasen anders erlebt und deshalb abweichend reagiert.

1. Erläutere, was in den verschiedenen Phasen in Sterbenden vorgehen kann und was das für die Menschen in ihrer Umgebung bedeutet.
2. Auf den Seiten 19 ff. schildert die Tochter das lange Sterben ihrer Mutter. Untersuche, wo die fünf Phasen dort vorkommen.

Sterbenden beistehen

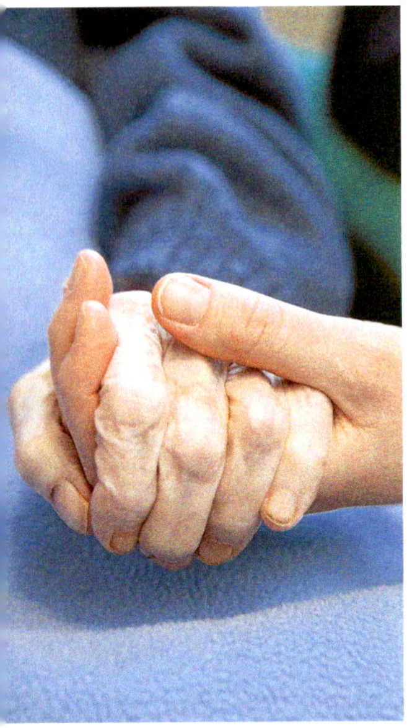

Viele Menschen sterben einsam, viele Trauernde fühlen sich allein. Das muss nicht so sein. Sterbehilfe kann man lernen. Krankenschwestern, Nachbarn, Freunde können helfen. Einer allein wäre überfordert, aber eine Person muss die Hauptverantwortung übernehmen.
Die Abschiedsstunden sind gefühlsmäßig sehr bedeutsam. In ihnen wird den Betroffenen bewusst, dass Tod Trennung bedeutet. „Ich habe es als sehr erlösend erlebt, dass meine Kinder und mein Mann mich gut loslassen konnten“, erklärte eine Frau kurz vor ihrem Tod. Angehörige, die sich nicht an den Sterbenden klammern, sondern ihn freigeben können und ihm liebevoll zugewandt sind, erleichtern es ihm sehr, den Weg in das Unbekannte friedlich und gelassen zu gehen. „Die Nähe meines Mannes, seine wohltuende Ruhe und Harmonie haben mir sehr geholfen.“ – „Meine Hand wird von einer Freundin festgehalten. Sie begleitet mich und hält mich nicht fest.“ Ein behutsamer Körperkontakt wird von vielen als wohltuend empfunden. Während der Tage und Stunden vor dem Sterben wünschen fast alle Menschen die Anwesenheit und liebevolle Betreuung durch nahe Angehörige oder Freunde.

Acht Bitten eines Sterbenden

- Ich bitte dich, lass mich in den letzten Stunden meines Lebens nicht allein. Du brauchst keine Angst zu haben, nicht vor mir, nicht vor meinem Sterben.
- Bleib auch dann bei mir, wenn ich zornig bin, mutlos, voller Traurigkeit und Verzweiflung; bleib auch, wenn meine Aggression sich gegen dich wendet.
- Sprich mit mir oder streichle meine Hand auch dann, wenn ich nicht reagiere. Ich kann deine Nähe und deine Wärme noch spüren.
- Ich bin dir dankbar, wenn du mir den Schweiß von der Stirne abwischst oder das Kopfkissen aufschüttelst. Sag mir etwas Gutes; etwas, was es mir leichter macht, zu sterben. Sprich mir ein Gebet vor; schenk mir einen guten Gedanken.
- Halte es aus, wenn ich nicht reden, sondern schweigen will. Klage nicht und beklage mich nicht. Es gibt dafür keinen Grund.
- Sprich aus, was du mir noch sagen willst, scheue dich nicht. Noch ist es Zeit für eine schöne gemeinsame Erinnerung oder ein Dankeschön.
- Lass mich los. Es hat keinen Sinn, mich zu bitten, dass ich bleiben soll. Das macht mir das Loslassen nur unnötig schwer. Gib mich frei.
- Mein Leben geht dem Ende zu, doch auch du musst irgendwann sterben. Nutze die dir verbleibende Zeit und lebe dein Leben bewusster. Lass es schöner, erfüllter, freudiger und tiefer werden, sodass du eines Tages dankbar gehen kannst.

1. Stelle dir vor, die Bitten des Sterbenden wären an dich gerichtet. Welche erscheinen dir leicht erfüllbar, was fiele dir schwer? Begründe.

Pflege für Sterbenskranke – die Hospizbewegung

Es kann vorkommen, dass ein Arzt sagt: „Wir können nichts mehr für Ihren Vater tun. Er hat nur noch wenige Wochen zu leben. Der Krebs ist nicht mehr zu stoppen. Ich empfehle Ihnen, da Sie Ihren Vater nicht zu sich nach Hause holen können, ihn in ein Hospiz zu geben. Hier bekommt er die Hilfe, die er bis zu seinem Tod braucht."

Das Wort „Hospiz" kommt vom lateinischen „hospitium" und dies bedeutet Gastfreundschaft und Herberge. Im Mittelalter boten Mönche dort den Pilgern Unterkunft, Hilfe und Schutz. Ein Hospiz will auch heute ein Ort der Gastfreundschaft sein, nämlich auf dem Weg von dieser in eine andere Welt.

„Du zählst, weil du bist, wer du bist. Und du zählst bis zum letzten Moment deines Lebens." Unter dieses Motto stellte die Ärztin Cicely Saunders ihre Arbeit mit todkranken Patienten. Ihre Erfahrung, dass der Umgang mit Sterbenden in modernen Kliniken oft von Hilflosigkeit oder sogar auch von Lieblosigkeit geprägt ist, führte schließlich zur Gründung der „Hospizbewegung": Menschen, die bereit sind, andere beim Sterben zu begleiten, schließen sich zusammen, lassen sich auf diese Arbeit vorbereiten und helfen einander, das Erlebnis des Sterbens aufzuarbeiten.

Alle modernen Hospizeinrichtungen sind denselben Grundprinzipien verpflichtet: Patient und Angehörige werden gemeinsam ernst genommen und betreut. Nicht nur Ärzte und Pfleger betreuen die Kranken, sondern auch Psychologen, Sozialarbeiter und Geistliche werden hinzugezogen. Die Betreuung erstreckt sich über 24 Stunden und kann sieben Tage in der Woche angefordert werden. Auch freiwillige Helfer und die Familie gehören zum Pflege- und Betreuungsteam.

Jeder Mensch wird ins Programm aufgenommen, unabhängig von der Kostenfrage. Mit der tödlichen Erkrankung wird so verfahren, dass der Patient noch möglichst gut bis zu seinem Tod weiterleben kann. Die Hinterbliebenen werden nach dem Tod des Patienten weiter betreut.

Friedensreich Hundertwasser: Der große Weg, 1955.

1. Erkundige dich, ob es in deiner Umgebung eine Hospizeinrichtung gibt. Vielleicht könnt ihr sie besuchen oder eure Lehrerin oder euren Lehrer bitten, eine Mitarbeiterin oder einen Mitarbeiter zum Gespräch in eure Klasse einzuladen (vgl. Methode „Lerngang" S. 191). Erstellt zur gezielten Vorbereitung eine Fragelandschaft (vgl. Methode „Fragelandschaft" S. 189).

2. Interpretiere das Bild „Der große Weg" von Friedensreich Hundertwasser in Bezug auf Sterbende und ihre Begleiter.

Sterbende begleiten

Ambulanter Hospizdienst
Weil der Stadt

Es gibt stationäre Hospize, in die Kranke am Ende ihres Lebens aufgenommen werden können. Sie werden auch als „letztes Zuhause“ der Sterbenskranken bezeichnet. Ausgebildete Pflegekräfte kümmern sich um sie und begleiten sie.
Es gibt aber auch den ambulanten Hospizdienst. Ambulant heißt, hier gibt es ehrenamtliche Mitarbeiter, die die Sterbenden in ihrer bisherigen Umgebung – zu Hause oder im Pflegeheim – begleiten. Diesen Dienst übernehmen Männer und Frauen, die sich in Seminaren weitergebildet haben. Konrad Gründig vom Hospizverein Weil der Stadt ist einer von ihnen. Pia und Cornelius haben ihn für ihre Reliklasse über seine Tätigkeit befragt:

Pia: Herr Gründig, Sie betreuen Sterbende in den letzten Tagen oder Wochen vor ihrem Tod. Warum tun Sie das?

Herr Gründig: Ich halte es für eine wichtige Aufgabe, Sterbende nicht allein zu lassen. Oft sind die Angehörigen so stark belastet, dass sie dankbar sind für Unterstützung oder auch nur ein paar Stunden Zeit zum Ausruhen oder auch Einkaufen. Dann stelle ich mich zur Verfügung, um bei dem Kranken zu sein.

Cornelius: Ich würde mich das nicht trauen. Das ist doch ganz schön schwierig, oder?

Herr Gründig: Du meinst, es ist schwierig, einen Sterbenden zu besuchen? Nun, das sagen Leute öfter zu mir. Da muss ich dir sagen, dass ich oft beschenkt nach Hause gehe, wenn ich solche Dienste übernehme. Ich würde sagen, ich bekomme oft mehr zurück, als ich gebe. Aber natürlich konfrontiert die Begegnung mit Sterbenden auch mit dem eigenen Tod. Ich bekomme dabei deutlich vor Augen geführt, dass auch ich nicht ewig leben werde.

Pia: Ich wäre unsicher, was ich an einem Sterbebett eigentlich tun darf.

Herr Gründig: Dafür gibt es die Ausbildung durch den Hospizdienst. Dort lernst du, wie du einem Schwerstkranken die Situation erleichtern kannst und auch, was du nicht tun solltest.

Cornelius: Belastet Sie die Begegnung mit dem Tod?

Herr Gründig: Mir hilft in dieser Situation, was ich in der Ausbildung gelernt habe. Als Symbol für das Belastende hatten wir damals einen Stein gewählt. In einem Szenenspiel haben wir den Stein aus dem Krankenzimmer mit hinaus genommen und ihn dann vor der Tür des Kranken abgelegt. Das sollte symbolisch veranschaulichen, dass ich die Last des Todes auch wieder ablegen darf. Ich kann mir nicht die Sorgen der ganzen Welt aufladen. Ich muss sie auch wieder ablegen können und dürfen. Wer das nicht kann, zerbricht. Dieser Gedanke hilft mir.
Wenn ein Mitarbeiter des Hospizes sich trotzdem sehr belastet fühlt, dann spricht er das in einer Supervision an. Solche Begleitungen werden von den meisten Hospizvereinen regelmäßig angeboten.

Pia: Nehmen wir mal an, Sie kommen zu einem Kranken. Was können Sie für die Kranken eigentlich tun?

Herr Gründig: Wenn der Kranke ansprechbar ist, dann stelle ich mich erstmal vor und sage auch, dass ich vom Hospizdienst komme. Das setzt natürlich voraus, dass der Sterbende um seine Situation weiß.

Pia: Kommt es denn vor, dass der Sterbende nicht weiß, dass es mit ihm zu Ende geht?

Herr Gründig: Die Betroffenen fühlen oft selber, wie es um sie steht. Es gibt aber auch die Situation, dass die Angehörigen nicht mit dem Kranken über das Sterben reden können oder wollen. Dann muss die Situation erst geklärt werden, bevor jemand vom Hospizdienst die Sterbebegleitung übernehmen kann.

Cornelius: Und was tun Sie dann am Krankenbett?

Herr Gründig: Wenn ich zu einem Sterbenden komme, bringe ich viel Zeit und Geduld mit. Ich vermeide es, Hektik zu verbreiten oder Unruhe ins Krankenzimmer zu tragen. Ich bin einfach mal da und zeige durch meine Anwesenheit: Du bist nicht allein.

Cornelius: Das heißt, Sie setzen sich ans Bett und tun – nichts?

Herr Gründig: Manchmal muss man es aushalten können, nichts zu tun. Es liegt nicht in meiner Macht, dem Kranken seine Gesundheit zurückzugeben. Aber natürlich gibt es auch einfache Dienste, die ich für den Kranken tun kann, wie zum Beispiel das Befeuchten der trockenen Lippen oder des Gaumens. Oder ich halte ganz leicht die Hand des Sterbenden – die Haut ist empfindlich und kann leicht schmerzen – und lasse den Kranken spüren: Ich bin da.

Pia: Was tun Sie, wenn ein Kranker reden will?

Herr Gründig: Dann rede ich mit ihm. Mit einer Frau habe ich auch Kaffee getrunken, weil sie es gerne wollte. Dafür habe ich auch extra Kuchen mitgebracht.

Cornelius: Und wenn der Kranke unruhig ist?

Herr Gründig: Da habe ich auch schon mal etwas gesungen oder Gebete aus dem Büchlein, das ich immer dabei habe, gesprochen. Manchmal beten wir auch gemeinsam. Das kommt ganz auf den Sterbenden an.

Cornelius: Und was ist, wenn der Sterbende gar nicht mehr richtig ansprechbar ist?

Herr Gründig: Dann gehe ich dennoch davon aus, dass er mich hören kann. Das Gehör ist nämlich das erste Sinnesorgan, das der Mensch erhält – schon im Mutterleib hört ein Kind, was draußen vorgeht – und es ist das letzte Sinnesorgan, das wir verlieren. Auch wenn ein Sterbender nicht mehr spricht, kann er oder sie dennoch meine Worte hören und auf sie reagieren.

Pia: Herr Gründig, Sie sind Christ, hat das für Sie etwas mit Ihrem ehrenamtlichen Dienst beim Hospiz zu tun?

Herr Gründig: Ja, ganz sicher. Als Christ gehe ich davon aus, dass jeder Mensch eine von Gott geschenkte Würde hat. Diese Würde leiten wir aus der Bibel im Buch Genesis ab, wonach Gott den Menschen als sein Abbild geschaffen hat. Sie zeigt sich auch darin, wie ein Mensch stirbt. Für mich gehören zu einem würdigen Sterben auch soziale Kontakte, die den Sterbenden bis zum Schluss tragen. Außerdem gehört für mich dazu, möglichst schmerzfrei zu sein, soweit das durch den richtigen Einsatz von Medikamenten zu erreichen ist.
Zugleich ist mir als Christ klar, dass wir als Menschen nicht unsterblich sind. Das Sterben gehört zum Leben. Umso wichtiger ist es, dass wir das Leben bejahen. Wenn wir wirklich gelebt haben, dann können wir auch leichter sterben.

Pia und Cornelius: Wir danken Ihnen für dieses Gespräch.

1. Ein Hospizverein möchte neue Mitarbeiter für den ambulanten Hospizdienst gewinnen und bietet einen Ausbildungskurs an. Benenne Themen, um die es deiner Meinung nach im Kurs gehen sollte.
2. Beschreibe Eigenschaften und Haltungen, die jemand mitbringen muss, der sich ausbilden lassen möchte.
3. In vielen Städten gibt es enge Kooperationen zwischen der Hospizbewegung und kirchlichen Organisationen bzw. Kirchengemeinden. Formuliere Gründe hierfür.

Krankensalbung – Zeichen der Zuwendung Gottes

Es ist ein ganz normaler Mittwochnachmittag. Sebastian sitzt am Schreibtisch und macht Hausaufgaben. Im Zimmer nebenan hört er es rumoren. Seit einem Jahr wohnt dort seine Oma, oder vielmehr: Sie liegt im Bett und kann sich kaum rühren, weil ihre Krankheit immer weiter voranschreitet. Heute kommt der Priester zur Krankensalbung. Deshalb räumt Sebastians Mutter auf und stellt schon mal Kerze und Kreuz bereit. Für Sebastians Oma ist es immer ein wichtiges Ereignis, wenn der Pfarrer der Seelsorgeeinheit zur Krankensalbung zu ihr kommt.

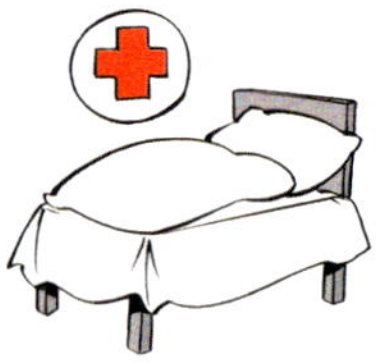

Alltag im Krankenhaus. Regelmäßig ist Krankenhauspfarrer Rollny auf den Stationen unterwegs. Er geht von Krankenzimmer zu Krankenzimmer, begrüßt die Patienten und stellt sich vor. Auch im Schwesternzimmer schaut er vorbei und erkundigt sich nach Befinden und Neuigkeiten. Er führt Gespräche am Krankenbett, berät Patienten und ihre Angehörigen in schwierigen Situationen und hat auch ein offenes Ohr für die Nöte des Personals. Heute kommt er in das Zimmer 212, um die Krankensalbung zu spenden.

Im Pfarrbüro klingelt das Telefon. Frau Maier, die Pfarrsekretärin nimmt das Gespräch entgegen. Am Telefon ist eine Frau, die sich um ihren Vater sorgt, denn es geht ihm gesundheitlich sehr schlecht. Die Ärzte rechnen nicht damit, dass er die nächsten Tage überlebt. Ob der Priester wohl heute noch zur Krankensalbung vorbeikommen könnte?

Die Krankensalbung ist das Sakrament, das den Kranken vorbehalten ist. Es wird den Gläubigen gespendet, die sich wegen Krankheit oder Altersschwäche in einem bedrohlich angegriffenen Gesundheitszustand befinden. Der Spender der Krankensalbung ist ein Priester. Das kann ein Pfarrer der Kirchengemeinde sein oder ein Priester, der mit der Seelsorge im Krankenhaus oder im Pflegeheim beauftragt ist.

Viele Kranke geraten im Laufe einer längeren Krankheit ins Abseits. Wenn die Krankheit Jahre dauert, fühlen sie immer wieder, dass sie ihren Angehörigen zur Last fallen und häufig auch eine Gewöhnung eintritt: „Ach ja, er/sie ist ja krank“. Schwerkranke haben oft einen eingeschränkten Aktionsradius. Sie können das Haus oder sogar das Bett nicht mehr verlassen. In dieser Situation rückt das Sakrament der Krankensalbung den Kranken in den Mittelpunkt, um ihn aufzurichten und zu stärken.

Auch für die Angehörigen ist das Sakrament der Krankensalbung wichtig. Im Alltag tragen sie häufig die Verantwortung für die Pflege und spüren die Verantwortung für den Kranken. Die Spendung der Krankensalbung lässt sie spüren, dass nicht alles allein von ihnen abhängt, sondern dass sie auch einen Teil der Verantwortung ablegen und Gott anvertrauen dürfen. So wirkt das Sakrament als Zeichen der Zuwendung Gottes heilsam und tröstend. Leid, Kummer und auch Fragen können in Gottes Hand gelegt werden.

Häufig sind es die Kranken selber, die um die Krankensalbung bitten, aber auch ihre Angehörigen treten mit der Bitte an die Priester heran. Immer wieder entwickelt sich der Wunsch nach dem Sakrament im Gespräch mit einem Seelsorger.

Im Mittelpunkt der Krankensalbung steht die Salbung der Stirn und der Hände. Wenn der Priester mit geweihtem Öl die Stirn berührt, spricht er dazu die Worte: „Durch diese heilige Salbung helfe dir der Herr in seinem reichen Erbarmen, er stehe dir bei mit der Kraft des Heiligen Geistes". Bei der Salbung der Hände spricht er: „Der Herr, der dich von Sünden befreit, rette dich, in seiner Gnade richte er dich auf."

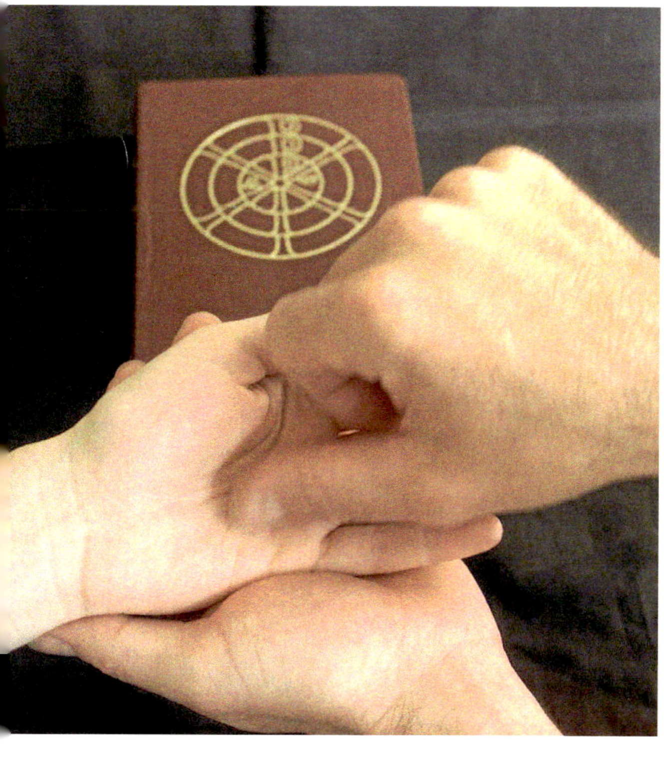

Die Krankensalbung ist eingebettet in einen Wortgottesdienst. Je nach Gesundheitszustand und Wunsch des Kranken kann das Ablegen der Beichte der Salbung vorausgehen.
Im Anschluss ist der Empfang der Krankenkommunion möglich.

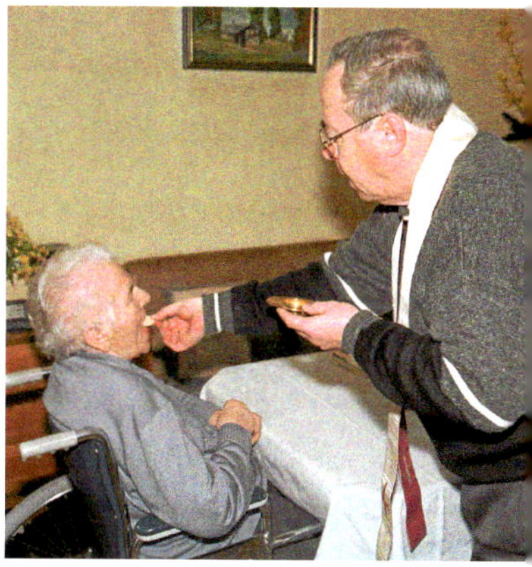

Die Krankensalbung wurde schon in urchristlicher Zeit gespendet. Im Brief des Jakobus 5,14 heißt es: „Ist einer von euch krank? Dann rufe er die Ältesten der Gemeinde zu sich; sie sollen Gebete über ihn sprechen und ihn im Namen des Herrn mit Öl salben."
Im Laufe der Jahrhunderte entwickelte sich dann die Praxis, die Krankensalbung als „Letzte Ölung" am Sterbebett zu spenden. Das Zweite Vatikanische Konzil korrigierte diese Handhabung allerdings (vgl. Sacrosanctum Concilium 73). Heute darf die Krankensalbung bei Bedarf immer wieder gespendet werden. In manchen Pfarreien gibt es regelmäßig Gottesdienste für Kranke mit Krankensalbung. Rettungsdienste übernehmen dabei den Krankentransport und sorgen dafür, dass die Kranken teilnehmen können.

1. Nimm Stellung zu folgenden Sätzen:
- Krankensalbung ist nur etwas für Todkranke.
- Für Kranke ist es wichtig, dass sie die Krankensalbung spüren können.
- Durch die Krankensalbung fühlen sich Kranke angenommen und gestärkt.
- Das Sakrament der Krankensalbung ist ein Relikt aus alter Zeit und heute eigentlich überflüssig.

2. Erkundige dich, welche Angebote für Kranke es in deiner Gemeinde gibt, und stelle das Angebot deiner Klasse vor.

Wenn ein Leben zu Ende gegangen ist

Was ist zu tun, wenn ein Angehöriger stirbt?

Beim Tod eines Menschen werden Angehörige nicht nur mit dem Schmerz des Verlusts konfrontiert. Sie müssen auch viele Aufgaben bewältigen. Die Trauer lähmt. Das Leben nimmt darauf kaum Rücksicht. Viele Menschen möchten nach dem Tod einer geliebten Person mit ihrem Schmerz allein sein. Doch sie müssen in dieser schweren Zeit Angehörige und Freunde benachrichtigen, zahlreiche Formalitäten erledigen und Entscheidungen treffen. Ämter fordern Bescheinigungen, und die Beisetzung muss in die Wege geleitet werden.

Wenn der Todesfall zu Hause eintritt, muss ein Arzt verständigt werden, der den Totenschein ausstellt. Auf der Bescheinigung werden die Uhrzeit und die Ursache des Todes festgehalten.

Der Todesfall muss beim zuständigen Standesamt gemeldet werden, das darauf die Sterbeurkunde ausstellt. Hierfür werden neben dem Totenschein, dem Personalausweis und der Geburtsurkunde, die Heiratsurkunde (wenn der Verstorbene verheiratet war), das Scheidungsurteil (wenn der Verstorbene geschieden war) und Sterbeurkunde des Ehepartners (wenn der Verstorbene verwitwet war) benötigt. Die Sterbeurkunde sollte in mehreren Exemplaren ausgefertigt werden, da das Papier später noch zur Vorlage bei anderen Institutionen (zum Beispiel bei Versicherungen, Bank, Arbeitgeber etc.) benötigt wird.

Der nächste Schritt ist in der Regel die Benachrichtigung eines Bestattungsinstituts, um Zeitpunkt und Rahmen der Beisetzung zu besprechen. Wenn es gewünscht wird, ist der Bestatter in all den Dingen, die in den nächsten Tagen zu erledigen sind, behilflich und nimmt auch viele Behördengänge ab.

Wird eine katholische Beerdigung gewünscht, nimmt der Bestatter Kontakt mit dem zuständigen Pfarramt auf und vereinbart einen Beerdigungstermin. Bei diesem Treffen wird abgesprochen, wer die Beerdigung von kirchlicher Seite übernimmt. Das kann der Pfarrer der Seelsorgeeinheit sein, ein Diakon, aber auch ein Pastoralreferent oder ein Gemeindereferent mit entsprechender Beauftragung durch den Bischof der Diözese.

Der zuständige Seelsorger wird dann Kontakt zur Trauerfamilie aufnehmen und einen Gesprächstermin vereinbaren. Bei diesem Treffen geht es darum, die Familie in ihrer Trauer zu begleiten und den Ablauf der Beerdigung abzusprechen.

Der Seelsorger wird die Trauernden auch zu einem Gottesdienst einladen, wo zusätzlich zur Beerdigung noch einmal des Verstorbenen gedacht wird. Dies kann eine Heilige Messe (Requiem) sein, ein Trauergottesdienst für die Verstorbenen der Pfarrei in den letzten Wochen oder ein Totengedenken in einer Gebetsstunde, z. B. mit Rosenkranzgebet. Darüber hinaus wird in vielen Kirchengemeinden im Gottesdienst vermeldet, wer in der vergangenen Woche verstorben ist, und ein Gebet für die in den letzten Wochen in der Pfarrei Verstorbenen gesprochen.

Über den Ort der Beisetzung muss entschieden werden. In der Regel wird dies der Wohnort des Verstorbenen sein. Aber auch die Beisetzung in einem Familiengrab andernorts ist nach Einholung einer Genehmigung möglich.

Die Bekanntgabe des Todesfalls kann auf unterschiedlichen Wegen erfolgen. Als Erstes werden in der Regel Angehörige und Freunde benachrichtigt. Die Todesanzeige in der Zeitung erreicht viele Menschen. Auf diesem Wege kann man einem breiten Kreis auch Ort und Zeitpunkt der Beerdigung mitteilen. So entbindet man sich von der Pflicht vieler Anrufe: Der persönliche Kontakt durch die Versendung von Trauerbriefen ist wichtig, beschränkt sich aber meist auf einen engeren Kreis. Manche Entscheidungen, die zu treffen sind, hängen auch von den Kosten ab. In den Gesprächen mit Bestattungsunternehmen oder Steinmetzbetrieben sollte man sich daran erinnern, dass der Preis des Sarges oder Grabsteines kein Gradmesser ist für die Liebe zu der verstorbenen Person. Neben den Ausgaben für Blumenschmuck, Sarg, Todesanzeige und andere Dinge – wie eine eventuelle Bewirtung der Trauergäste – fallen folgende Kosten an:

1. Die Kosten des Bestattungsinstituts für die Einsargung des Toten, die Überführung zum Friedhof und die Kosten für die Erledigung amtlicher Formalitäten.
2. Die Bestattungsgebühren für erbrachte Leistungen wie Grabbereitung und Sargträger.
3. Die Grabnutzungsgebühren, die für eine bestimmte Zeit erhoben werden.
4. Die Kosten für den Grabstein, der bei einem Steinmetz oder Bildhauerbetrieb in Auftrag gegeben wird. Zudem wird von der zuständigen Friedhofsverwaltung meist eine Gebühr für die Aufstellung des Steins berechnet.

Der Bestatter bespricht mit den Hinterbliebenen alle weiteren Einzelheiten – wie die Auswahl des Sarges oder des Blumenschmucks – und den Rahmen der Beisetzung: Sie können entscheiden, ob sie eine kirchliche Bestattung mit Gottesdienst oder eine Trauerfeier ohne kirchlichen Beistand wünschen.

Viele Tätigkeiten nach einem Todesfall können Angehörige selbst übernehmen. Die Überführung des Toten zum Friedhof oder ins Krematorium muss jedoch durch ein Bestattungsinstitut erfolgen. Für den Transport ist ein vom Amt für öffentliche Ordnung zugelassener Leichenwagen vorgeschrieben.

Wenn der Verstorbene keine eigenen Wünsche geäußert hat, müssen die Hinterbliebenen die Bestattungsform festlegen. Am meisten verbreitet ist die Erdbestattung als Sargbestattung, gefolgt von der Feuerbestattung als Urnenbeisetzung.

Der Zeitpunkt der Beisetzung ist festzulegen. Hierfür gibt es bestimmte Fristen, die nach dem Bestattungsrecht der einzelnen Bundesländer geregelt werden. Im Normalfall darf eine Beerdigung frühestens 48 Stunden nach dem Todesfall und muss innerhalb von acht Tagen erfolgen. Ausnahmen bedürfen einer Genehmigung.

1. Gehe die Aufgabenliste durch: Erläutere dein Vorgehen im Ernstfall. Beschreibe Probleme, die dir in einem solchen Fall begegnen könnten.

2. Besucht einen Friedhof in eurer Nähe. Überlegt, worauf ihr achten wollt, sammelt Informationen und tauscht euch über eure Beobachtungen aus (vgl. Methode „Lerngang“ S. 191).

Du fehlst mir

Das Jugendbuch „Du fehlst mir, du fehlst mir!" von Peter Pohl und Kinna Gieth erzählt von einem schrecklichen Verkehrsunfall, wie er jeden Tag passieren kann.

„‚Hilfe! Der Bus steht schon an der Haltestelle.' Sie rennen noch schneller. ‚O Mann!', keucht Cilla hinter Tina. ‚Wenn man bedenkt, wie wahnsinnig gern man in die Schule geht, und dann rennt man noch, um hinzukommen!' ‚Den Bus kriegen wir noch!', ruft Tina im selben Moment über die Schulter, als sie auf die Straße des Todes hinausstürzen. ‚Aber nur, wenn er uns sieht!', ruft Cilla zurück. Tina rennt über die Straße. Ein paar Schritte auf der anderen Seite, dann kracht es hinter ihr – dieses Geräusch soll beschreiben, wer kann und will!" (…)

Tinas Schwester Cilla kommt bei dem Unfall ums Leben. Wenig später zieht ihr Bruder zu Hause aus. Es dauert fast ein Jahr, bis er zum Geburtstag seiner Mutter, dem Todestag seiner Schwester Cilla, wieder einmal heimkommt. Es war Tina, die unbedingt wollte, dass er kommt. Jonny wäre vermutlich sowieso gekommen, aber jetzt ist es wenigstens ausgesprochen worden, dass jemand ihn herwünscht.

‚Hast du uns vergessen?', fragt Tina ihn, als er auftaucht. Er tätschelt ihr brüderlich den Kopf, umarmt seine Mutter und wünscht ihr alles Gute, rammt die Hände in die Hosentaschen, wandert steifbeinig durchs Haus und sieht sich in den Zimmern um, ein Fremder, der die Einrichtung begutachtet. Als er die Treppe hinaufgeht, geht Tina hinterher. Immerhin wohnt sie dort oben. Da ist es besser, ihn im Auge zu behalten.

Aber Jonny bleibt in der Türöffnung zu seinem eigenen Zimmer stehen. Alles ist unverändert, seit er ausgezogen ist. Tina stellt sich hinter ihn, so kann er nicht an ihr vorbei, ohne sie beiseite zu schieben. Doch das tut er nicht, stattdessen sagt er zu dem Schreibtisch in seinem Zimmer: ‚Nein, ich hab euch nicht vergessen. Es ist nur so, dass …'

Tina wartet und wartet hinter Jonny. Wann wird ihr Bruder verstehen, dass man inzwischen mit ihr reden kann? Jetzt sind sie hier oben allein, die Gelegenheit ist wie geschaffen für ein Gespräch. Aber Jonny schweigt. Als er seinen Satz nicht fortsetzt, sagt Tina: ‚Manchmal hab ich Heimweh nach dir gehabt. Aber du warst nie da. Nie.'

‚Ich konnte nicht mehr daheim wohnen', sagt Jonny. ‚Ich musste einfach abhauen. Hätte nicht gedacht, dass jemand nach mir Heimweh hatte …' ‚Aber Jonny!', sagt Tina und legt ihm eine Hand auf den Rücken. Warum dreht er sich nicht um? Vielleicht kämpft er mit den Tränen? Seine Stimme klingt so erstickt. ‚Nein, ich sag, wie es für mich war. Wenigstens eins ist mir klar geworden, und das ist, dass ich meine Gefühle aussprechen muss. Hier im Haus haben alle getrauert, aber niemand, kein Mensch hat kapiert, dass ich auch getrauert habe. Als ob ich Cilla nicht auch gern gehabt hätte, verdammt noch mal!‘

‚Das hat doch niemand bestritten!‘ ‚Und ich hatte und hab dich immer noch gern‘, fährt Jonny fort, ohne sich um ihren Einwurf zu kümmern. ‚Das hab ich, auch wenn du vielleicht glaubst, dass das nicht besonders viel wert ist. Und du warst total kaputt vor Trauer, es tat weh, das zu sehen, es war, als hätte ich euch beide verloren. Und Vater war wie ein Stein, und Mama, ach was … Mit wem hätte ich sprechen sollen? Wer hätte mich trösten können? Ich hab verdammt viel Trost gebraucht! Wo hätte ich hinsollen? Hier konnte ich jedenfalls nicht bleiben. So ist es. Und es ist mir ehrlich schwer gefallen, wieder herzukommen und euch zu besuchen. Cilla ist ja immer noch hier. Wenn ich mich umdrehe, steht sie direkt hinter dir.‘

Tina dreht den Kopf und kontrolliert. ‚Ja, vielleicht! Und in deiner Bude in der Stadt, wer hat dich da getröstet?‘, fragt sie. ‚War es dort einfacher zu trauern?‘ Jonny setzt sich auf die Bettkante neben der Tür. So kann er den Kopf drehen und Tina ab und zu einen Blick zuwerfen. Tina wartet darauf, dass er ihre gemeinsame Zauberformel aussprechen wird, die ihr sagt, dass er nach Hause gekommen ist und sich auch an ein paar gute Dinge erinnert. Doch die Formel kommt nicht. ‚Ich hab eine ganz schön anstrengende Zeit hinter mir‘, sagt er stattdessen. (…) Er erzählt Tina, wie er seinem Freund Martin beistehen musste, der das Unfallauto gesteuert hatte. Dieser litt unglaublich darunter, dass er die Schwester seines Freundes überfahren hatte.

‚Grauenhafte Situation!‘, seufzt Jonny. (…) Jonny steht auf und macht einen Schritt auf Tina zu, legt die Hand auf ihre Schulter, aufs Schlüsselbein und spricht die ersehnte Zauberformel aus: ‚Du bist meine Schwester.‘ Tina legt ihre Hand auf seine Schulter und spricht ihren Part: ‚Du bist mein Bruder.‘ Sie haben einander. Das war es, was sie wissen wollte. Man muss gut auf das aufpassen, was man hat.“

Die Situation der Trauer lastet schwer, wenn …

Eigentlich wünsche ich mir von Herzen, dass …

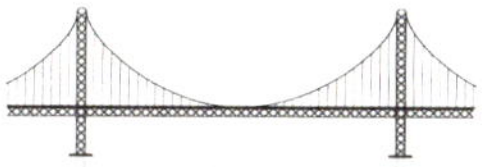

Wir finden zueinander, wenn …

1. Vervollständige die Sätze aus Tinas und Jonnys Perspektive.
2. Finde weitere Symbole, die zur Situation der Trauer passen.
3. Schreibe aus der Sicht eines Mitschülers von Tina und Jonny einen Brief, in dem du dein Beileid zum Ausdruck bringst (vgl. Methode „Brief schreiben“ S. 196).
4. Viele Pfarreien bieten eine Trauergruppe für Hinterbliebene an. Überlege, warum sie das tun und wie sie damit Trauernden helfen können.

Was Trauernden gut tut

In der Trauer fühlen sich viele Menschen oft allein. Da sie niemandem zur Last fallen wollen, ziehen sie sich oft zurück. Das bedeutet aber in der Regel nicht, dass sie gar keine Menschen sehen wollen. Wer den Mut und die Kraft dazu aufbringt, kann Angehörigen und Freunden in dieser schweren Zeit eine wichtige Stütze sein.

Folgende Ratschläge können dir dabei helfen:

- Gehe zur Beerdigung! Deine Anwesenheit gibt den Trauernden das Gefühl, nicht alleine zu sein. Sie ist ein Zeichen menschlicher Gemeinschaft.
- Gib Trauernden zu verstehen, dass du Anteil nimmst an ihrem Schmerz. Schreibe ein paar persönliche Zeilen. Schreiben ist manchmal besser als telefonieren: Ein Brief, auch ein kurzer, ist persönlicher und unaufdringlicher als ein Anruf. Deine Zeilen können von Trauernden immer wieder gelesen werden. Sie sind ein sichtbares, mit Händen greifbares Zeichen deines Mitgefühls.
- Weiche Trauernden nicht aus, wenn du nicht weißt, was du sagen sollst. Eine Berührung, ein stummer Händedruck, eine Umarmung sagen oft mehr als Worte.
- Habe keine Angst davor, zu weinen, wenn dir danach ist. Deine Tränen können für Trauernde als Zeichen deiner Anteilnahme sogar ein großer Trost sein.
- Biete an, alltägliche Dinge zu erledigen, z. B. Anrufe tätigen, Einkaufen, Kochen, Kinder betreuen, Bügeln …
- Biete gemeinsame Gänge zum Friedhof an, auch wenn schon einige Zeit vergangen ist.
- Sprich über die Toten, wenn es sich Trauernde nicht ausdrücklich verbitten. Du reißt in der Regel keine Wunde auf, wenn du die verstorbene Person erwähnst. Du hilfst eher, sie zu schließen. Die meisten Trauernden wollen sprechen. Sie finden es eher schmerzlich und verwunderlich, wenn ihr geliebter Mensch nicht mehr erwähnt wird. Sprich über gemeinsame Erlebnisse. Das ist eines der schönsten Geschenke, das du Trauernden machen kannst.
- Lass die Verbindung nicht abreißen. Trauernde sind oft wie gelähmt und nicht in der Lage, von sich aus Kontakt aufzunehmen. Schreibe, rufe an, melde dich in regelmäßigen Abständen.
- Gib Trauernden zu verstehen, dass sie dir keine Last sind, dass sie in deiner Gegenwart ihren Schmerz nicht verstecken müssen. Wenn du Menschen in Trauer deine Hilfe anbietest, wird nicht alles wieder gut. Aber es wird vieles besser.

1. Das Foto kann ein Symbol dafür sein, wie Trauernde den Tod eines Angehörigen erleben. Nenne Gründe dafür.
2. Das Zweite Vatikanische Konzil (1962–1965) formulierte: „Freude und Hoffnung, Trauer und Angst der Menschen von heute, besonders der Armen und Bedrängten aller Art, sind auch Freude und Hoffnung, Trauer und Angst der Jünger Christi." Setze diese Aussage in Beziehung zu den oben genannten Ratschlägen.
3. Ein Freund sagt zu dir: „Ich weiß gar nicht, was ich zu einem Trauernden sagen soll. Da gehe ich ihm lieber aus dem Weg." Gib wieder, was du ihm antwortest.

Worauf es ankommt

Der Benediktinerpater und erfolgreiche Autor Anselm Grün schreibt:
„Es kann sein, dass mir der Arzt eine Diagnose stellt, die mir nur noch ein halbes Jahr als Lebenszeit einräumt. Aber dass mir jemand sagen könnte, ich würde nur noch heute leben, ist eher unrealistisch. Trotzdem ist es sinnvoll, sich diese Frage zu stellen und sie zu meditieren. Denn wenn ich mir konkret vorstelle, nur noch einen Tag zu leben, dann erahne ich etwas vom Geheimnis des Lebens, dann übe ich mich ein in die Kunst, ganz im Augenblick zu leben und bewusst und achtsam in dem zu sein, in dem ich gerade bin. Um dieser Frucht willen ist es wert, sich die Frage zu stellen, was ich tun würde, wenn ich nur noch einen Tag zu leben hätte."

Wenn ich nur noch einen Tag zu leben hätte …

… würde ich mir zuerst überlegen, mit welchen Menschen ich heute zusammentreffen möchte.
… würde ich mir überlegen, was ich noch erledigen möchte. Wo ist noch etwas unklar in meinem Leben? Was könnte bei anderen Missverständnisse auslösen?
… würde ich nichts Besonderes, sondern nur alles bewusst und achtsam tun und jeden Augenblick ganz auskosten.

Es kommt nicht darauf an, dass du dich verausgabst und möglichst viel arbeitest und leistest. Es kommt vielmehr darauf an, dass du durchlässig bist für Gott, für seine Liebe und Milde, für seine Barmherzigkeit und für seine Weite.
Lass die Gedanken, die dich manchmal quälen, ob du alles, was von dir erwartet wird, auch schaffst, ob du den Anforderungen des Lebens gewachsen bist! Das ist nicht so wichtig.
Halte dir immer vor Augen, dass es deine wichtigste Aufgabe ist, in allem, was du bist, tust, redest, schreibst, etwas durchscheinen zu lassen von der anderen Welt, in der du wahrhaft daheim bist, von Gott, nach dem sich dein Herz sehnt, von dem Himmel, ohne den die Erde ort- und heimatlos wird.
Statt sich von Terminen bestimmen zu lassen, stelle dir immer wieder vor, dass du jetzt im Augenblick eine Spur eingräbst in diese Welt. Es ist nicht gleichgültig, was du gerade denkst und fühlst. Wenn du in Liebe an die Menschen denkst, wenn du dich im Gebet Gott öffnest, dann strömt etwas vom Licht Gottes in diese Welt, dann wird die Welt um dich herum wärmer und heller. Aber das soll dich nicht unter Leistungsdruck setzen, als ob du immer voller Liebe sein müsstest. Es soll dich nur daran erinnern, dass dieser Welt durch dich ein Stempel aufgedrückt wird. Und sicher möchtest du, dass du einen Stempelaufdruck hinterlässt, den die Menschen gerne betrachten. Dein Leben ist einmalig und daher auch wichtig für diese Welt.

Anselm Grün

1. Anselm Grün macht verschiedene Vorschläge. Formuliere, was du tun würdest, wenn du nur noch einen Tag zu leben hättest.
2. Wähle aus dem Text im Kasten einen Satz aus, der dir besonders wichtig erscheint und gestalte dazu mit Farben ein Bild (vgl. Methode „Farben sprechen lassen" S. 193).

Kennst du dich aus?

1. Was ich Gott sagen möchte
Bringe deine Gefühle und Gedanken zum Thema „Tod“ in einem Gebet zum Ausdruck (vgl. Methode „Gebet verfassen“ S. 190).

2. Worauf ich achten möchte
Schreibe einer Freundin/einem Freund einen Brief, in dem du festhältst, was dir bei der Auseinandersetzung mit dem Thema „Sterben – Tod – Auferstehung“ wichtig geworden ist und worauf du in Zukunft achten möchtest (vgl. Methode „Brief schreiben“ S. 196).

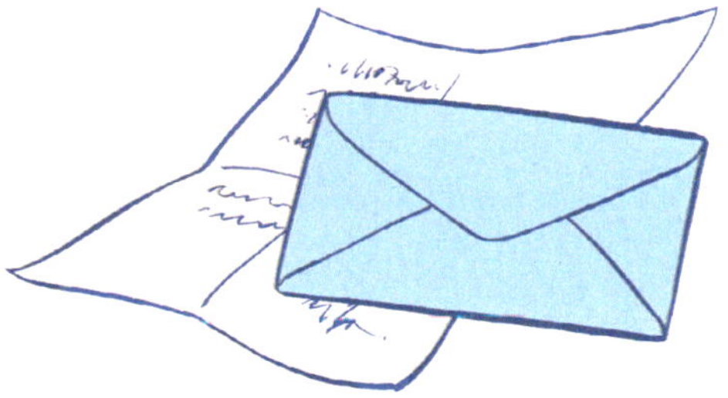

3. Unsere Fragen zum Tod
Zu Beginn des Kapitels habt ihr Fragen zum Thema „Tod“ gesammelt (vgl. S. 8, Aufgabe 3). Bildet mehrere Gruppen und teilt die Fragen unter euch auf. Jede Gruppe präsentiert nach einer Vorbereitungszeit ihre Antwort auf ihre Fragen.

4. Über den Tod reden – warum?
Sammelt Argumente in einem Partnergespräch: Warum ist es wichtig, sich mit dem Thema Tod zu beschäftigen?

5. Riten und Rituale
Riten und Rituale helfen Sterbenden und Angehörigen beim Umgang mit dem Tod. Nenne Riten oder Rituale, die dir wichtig geworden sind, und beschreibe, was sie für die Betroffenen bewirken.

6. Lexikon
Erkläre die Begriffe Krankensalbung, Hospiz, Trauer, Auferstehung, Glauben.

7. Der Glaube an die Auferstehung verändert mein Leben, weil …
Verfasse eine Begründung für diese Aussage.

8. „Anderen eine Hilfe sein“ oder „Ich kann ja doch nichts tun“?
Verfasse für die Schülerzeitung oder die Pinnwand in der Aula einen Artikel, in dem du darlegst, wie man Trauernden beistehen kann.

2. Auf dem Weg zu sich selbst und zu anderen: Freundschaft – Partnerschaft – Liebe

Marc Chagall: Spaziergang, 1917.

1. Welche Gedanken und Gefühle hast du beim Betrachten des Bildes (vgl. Methode „Bildbetrachtung“ S. 192)?
2. Marc Chagall nennt sein Bild „Spaziergang“. Überlege, was er mit seiner außergewöhnlichen Darstellung sagen will.
3. „Freundschaft – Liebe – Partnerschaft“ – Welche Gedanken und Fragen kommen dir dabei in den Sinn? Erstelle mit einem Partner eine Mindmap (vgl. Methode „Mindmap“ S. 190).

Voraussetzungen einer Partnerschaft

Ich bin ich

Ich bin ich

Auf der ganzen Welt gibt es niemanden wie mich.
Es gibt Menschen, die mir in vielem gleichen
aber niemand gleicht mir aufs Haar.
Deshalb ist alles, was von mir kommt,
mein Eigenes,
weil ich mich dazu entschlossen habe.

Alles, was mit mir zu tun hat, gehört zu mir.
Mein Körper, mit allem was er tut,
mein Kopf, mit allen Gedanken und Ideen,
meine Augen, mit allen Bildern, die sie erblicken,
meine Gefühle, gleich welcher Art –
Ärger, Freude, Frustration, Liebe, Enttäuschung,
Begeisterung.
Mein Mund und alle Worte, die aus ihm kommen,
höflich, lieb oder schroff, richtig oder falsch.
Meine Stimme, laut oder leise,
und alles, was ich mir selbst oder anderen tue.

Mir gehören meine Phantasien,
meine Träume, meine Hoffnungen,
meine Befürchtungen,
mir gehören all meine Siege und Erfolge
und all meine Niederlagen und Fehler.
Weil ich mir ganz gehöre,
kann ich mich näher mit mir vertraut machen.
Dadurch kann ich mich lieben
und alles, was zu mir gehört, freundlich betrachten.
Damit ist es mir möglich,
mich voll zu entfalten.

Ich weiß, dass es einiges an mir gibt,
das mich verwirrt und manches,
das ich noch gar nicht kenne.
Aber solange ich freundlich und liebevoll
mit mir umgehe,
kann ich mutig und hoffnungsvoll
nach Lösungen für Unklarheiten schauen
und Wege suchen,
mehr über mich selbst zu erfahren.
(...)

Wenn ich später zurückschaue,
wie ich ausgesehen und mich angehört habe,
was ich gesagt und getan habe,
wie ich gedacht und gefühlt habe,
kann es sein,
dass sich einiges davon als unpassend herausstellt.
Ich kann das, was unpassend ist, ablegen
und das, was sich als passend erwiesen hat,
beibehalten
und etwas Neues erfinden für das,
was ich abgelegt habe.

Ich kann sehen, hören, fühlen, denken, sprechen
und handeln.
Ich besitze die Werkzeuge, die ich zum Überleben
brauche,
mit denen ich Nähe zu anderen herstellen
und mich schöpferisch ausdrücken kann,
und die mir helfen,
einen Sinn und eine Ordnung
in der Welt der Menschen und der Dinge
um mich herum zu finden.

Ich gehöre mir
und deshalb kann ich aus mir etwas machen.
Ich bin ich
und so wie ich bin, bin ich ganz in Ordnung.

Virginia Satir

1. „Ich bin ich" – Arbeite Sätze aus dem Text von Virginia Satir heraus, die dir gut tun. Gestalte mit ihnen und passenden Fotos von dir ein Plakat (vgl. Methode „Plakat gestalten" S. 195).

Bildhauer Lothar Bühner aus Bad Neustadt

Wenn ein Meister ein Bild macht aus Holz oder Stein, so trägt er das Bild nicht in das Holz hinein, sondern er schnitzt die Späne ab, die das Bild verborgen und verdeckt hatten; er gibt dem Holze nichts, sondern er benimmt und gräbt ihm die Decke ab und nimmt den Rost weg, und dann erglänzt, was darunter verborgen lag.
(Meister Eckhart)

Manchmal
fühle ich mich
wie dieses
Stück Holz.
Menschen „schnitzen"
an mir herum,
zu Hause,
in der Schule,
im Verein …

Aber
auch ich selbst versuche
mich ständig
zurecht zu schnitzen.

Herr, mach mir Mut,
auch einmal zu meinen Ecken
und Kanten zu stehen
und einfach Ja zu mir zu sagen.

1. Betrachte das Bild. Setze es mit den beiden Texten in Beziehung (vgl. Methode „Bild-Text-Vergleich" S. 193).
2. Auch du arbeitest an dir, an deiner Person und deinem Outfit. Beschreibe, was dir dabei wichtig ist.
3. Auch andere Menschen „schnitzen" an dir. Wer? Welche Erwartungen haben diese Personen an dich? Was wollen sie bei dir zum Vorschein bringen? Lege dafür eine Tabelle an.
4. Forme aus Knetmasse, Ton oder Gips dein Gesicht. Erkennst du dich in deinem Kunstwerk wieder? Bist du zufrieden damit? Begründe.

Wie Freundschaft entstehen kann

„Ein Freund, ein guter Freund, das ist das Beste, was es gibt auf der Welt", lautet ein alter Schlager. Auch heute ist es für Jugendliche enorm wichtig, einen Freund zu haben. Im Grunde geht es erst einmal darum, nicht ausgeschlossen zu werden, sondern dazuzugehören. Jeder Mensch braucht das Verbundensein mit anderen, das gibt Sicherheit und das Gefühl wertvoll zu sein. In jeder Freundschaft ist etwas zu spüren von der Sehnsucht nach einem, der zu mir steht, bei mir ist und auf den ich mich verlassen kann. Jede Freundschaft ist anders, jede Freundschaft ist einzigartig. Freundschaften können unterschiedlich intensiv sein. Manche halten ein Leben lang, andere Freunde begleiten uns nur eine Zeit lang. Einige verliert man aus den Augen, mit anderen bleibt der Kontakt bestehen, auch wenn sich die Lebensumstände ändern. Aber eines ist sicher: Wir alle brauchen Freunde.

„Bin ich dein bester Freund, deine beste Freundin?" Diese Frage zeigt, dass es wichtig ist auch einmal an erster Stelle zu stehen, für einen anderen einmalig und einzigartig zu sein.
In einer Freundschaft können Jugendliche nicht nur gut Sozialkontakte einüben, sondern sich mit einem Freund auch vertraut machen. Antoine de Saint-Exupéry beschreibt in „Der kleine Prinz" wie das „gehen" kann.

„Der kleine Prinz" von Antoine de Saint-Exupéry

In diesem Augenblick erschien der Fuchs:
„Guten Tag", sagte der Fuchs. „Guten Tag", antwortete der kleine Prinz, der sich umdrehte, aber nichts sah.
„Ich bin da", sagte die Stimme, „unter dem Apfelbaum …" „Wer bist du?", fragte der kleine Prinz. „Du bist sehr hübsch …"
„Ich bin ein Fuchs", sagte der Fuchs. „Komm spiel mit mir", schlug ihm der kleine Prinz vor. „Ich bin so traurig…"
„Ich kann nicht mit dir spielen", sagte der Fuchs. „Ich bin noch nicht gezähmt!" „Ah Verzeihung!", sagte der kleine Prinz. Aber nach einiger Überlegung fügte er hinzu: „Was bedeutet ‚zähmen'?" (…)
„Das ist eine in Vergessenheit geratene Sache", sagte der Fuchs. „Es bedeutet: ‚sich vertraut zu machen'."
„Vertraut zu machen?"
„Gewiss", sagte der Fuchs. „Du bist für mich noch nichts als ein kleiner Knabe, der hunderttausend kleinen Knaben völlig gleicht. Ich brauche dich nicht, und du brauchst mich ebenso wenig. Aber wenn du mich zähmst, werden wir einander brauchen. Du wirst für mich einzig sein in der Welt. Ich werde für dich einzig sein in der Welt …"
„Ich beginne zu verstehen", sagte der kleine Prinz. „Es gibt eine Blume … ich glaube, sie hat mich gezähmt …"
„Das ist möglich", sagte der Fuchs. „Man trifft auf

der Erde alle möglichen Dinge …“ (…) Der Fuchs verstummte und schaute den Prinzen lange an: „Bitte zähme mich!“, sagte er.
„Ich möchte wohl“, antwortete der kleine Prinz, „aber ich habe nicht viel Zeit. Ich muss Freunde finden und viele Dinge kennenlernen.“
„Man kennt nur Dinge, die man zähmt“, sagte der Fuchs. „Die Menschen haben keine Zeit mehr, irgendetwas kennenzulernen. Sie kaufen sich alles fertig in den Geschäften. Aber da es keine Kaufläden für Freunde gibt, haben die Leute keine Freunde mehr. Wenn du einen Freund willst, so zähme mich!“
„Was muss ich da tun?“, fragte der kleine Prinz.
„Du musst sehr geduldig sein“, antwortete der Fuchs. „Du setzt dich zuerst ein wenig abseits von mir ins Gras. Ich werde dich so verstohlen, so aus dem Augenwinkel anschauen, und du wirst nichts sagen. Die Sprache ist die Quelle der Missverständnisse. Aber jeden Tag wirst du dich ein bisschen näher setzen können …“
So machte denn der kleine Prinz den Fuchs mit sich vertraut. Und als die Stunde des Abschieds nahe war: „Ach“, sagte der Fuchs, „ich werde weinen.“
„Das ist deine Schuld“, sagte der kleine Prinz, „ich wünschte dir gewiss nichts Übles, aber du hast gewollt, dass ich dich zähme …“
„Gewiss“, sagte der Fuchs.
„Aber nun wirst du weinen!“, sagte der kleine Prinz.
„Bestimmt“, sagte der Fuchs. „So hast du also nichts gewonnen!“ (…)
„Geh die Rosen wieder anschauen. Du wirst begreifen, dass die deine einzig ist in der Welt. Du wirst wiederkommen und mir Adieu sagen, und ich werde dir ein Geheimnis schenken.“ (…)
Und der kleine Prinz kam zum Fuchs zurück:
„Adieu“, sagte er.
„Adieu“, sagte der Fuchs. „Hier ist mein Geheimnis. Es ist ganz einfach: man sieht nur mit dem Herzen gut. Das Wesentliche ist für die Augen unsichtbar.“
„Das Wesentliche ist für die Augen unsichtbar“, wiederholte der kleine Prinz, um es sich zu merken.
„Die Zeit, die du für deine Rose verloren hast, sie macht deine Rose so wichtig.“
„Die Zeit, die ich für meine Rose verloren habe …“ sagte der kleine Prinz, um es sich zu merken.
„Die Menschen haben diese Weisheit vergessen“, sagte der Fuchs. „Aber du darfst sie nicht vergessen. Du bist zeitlebens für das verantwortlich, was du dir vertraut gemacht hast. Du bist für deine Rosen verantwortlich …“
„Ich bin für meine Rose verantwortlich …“, wiederholte der kleine Prinz, um es sich zu merken.

1. Der Fuchs sagt: „Wenn du einen Freund willst, so zähme mich!“ Beschreibe, wie der kleine Prinz den Fuchs erzieht.
2. Vergleicht eure Erfahrungen beim Knüpfen von Freundschaften.
3. „Man sieht nur mit dem Herzen gut. Das Wesentliche ist für die Augen unsichtbar.“ – Gestalte eine Collage dazu (vgl. Methode „Collage herstellen“ S. 193).
4. „Du bist zeitlebens für das verantwortlich, was du dir vertraut gemacht hast.“
   a) Wie lässt sich das Zitat christlich begründen?
   b) Finde Beispiele, wie sich das in einer Freundschaft zeigen kann.

Mein Freund/meine Freundin soll ...

Ich möchte einen Freund, der treu ist, der sich nicht aufspielt und mich klein macht. Auch nicht einen, der immer zuerst an sich denkt. Ich möchte einen Freund, der mich wirklich gern hat und dem ich meine Geheimnisse anvertrauen kann. Er darf mich nie verraten.

Ich erwarte, dass sie zu mir steht. Es dürfte keine Geheimnisse geben zwischen uns. Ich muss wissen, dass sie treu ist und mich nicht wegen eines anderen plötzlich verlässt.

Mein Freund müsste zärtlich zu mir sein und doch nicht schon „alles" von mir wollen. Er dürfte nicht versuchen, mich an sich zu fesseln, sondern müsste uns beiden Freiheit lassen.

Ich wünsche mir eine Freundin, die sportlich und fröhlich ist, die ihre Gefühle zu mir nicht versteckt und die mich wirklich versteht. Nicht so wie meine Eltern, die immer nur von „Verständnis" reden.

Mein Freund müsste etwas älter sein als ich. Die Jungen in der Klasse sind mir zu kindisch und zu ruppig. Er müsste viel Verständnis für mich haben und ich müsste mich bei ihm geborgen fühlen.

Meine Freundin müsste hübsch sein und eine gute Figur haben. Am liebsten blond. Sie müsste gern auf Partys und in Discos gehen, gut tanzen können und dürfte nicht zimperlich sein.

Voraussetzungen einer Partnerschaft

Was Männer von einer Traumfrau erwarten	
1.	Treue
2.	Zärtlichkeit
3.	Zuverlässigkeit
4.	Sinnlicher Mund
5.	Großzügigkeit
6.	lange Haare
7.	sinnlicher Blick
8.	Gefühlsstärke
9.	Ehrlichkeit
10.	Häuslichkeit
11.	Toleranz
12.	Bildung
13.	Ausstrahlung

Einen Freund suchen

Einmal werde ich unter den vielen einen Freund finden, der bei mir bleibt, der auf mich wartet, wenn ich fortgehe, der noch da ist, wenn ich zurückkomme.
Er hat Zeit für mich, wenn ich ihn brauche, er hört zu, unabgelenkt, er ist mir zugewandt in Distanz und Liebe. Er hat Vertrauen zu mir, er erwartet Gutes und lässt sich nicht beirren durch mein Versagen.
Er gibt mir Spielraum und Freiheit zu sein, der ich bin, er knüpft seine Freundschaft nicht an Bedingungen.
Er ist wahrhaftig und täuscht mich nicht, er sagt mir meine Fehler und Schwächen zur richtigen Zeit, behutsam und hilfreich. Er wird mir verzeihen.
Er hat Sorge und Angst um mich, wenn ich verzweifelt bin und nicht den richtigen Weg gehe.
Er behält die Hoffnung, auch wenn ich sie aufgebe.
Wenn ein anderer solch einen Freund sucht, dann will ich für ihn dieser Freund sein.

Ingeborg Kiefel

1. Mein Freund soll … Beschreibe, wie sich diese Wünsche im Alltag verwirklichen lassen, z. B. „Ich fühle mich geborgen, wenn…“
2. Die Tabelle „Was Männer von einer Traumfrau erwarten“ repräsentiert die Ergebnisse einer Umfrage unter 15- bis 35-jährigen Männern. Wie realistisch sind die Erwartungen?
3. Begründe, welche der in der Umfrage genannten Werte nach deiner Meinung für eine gelingende Partnerschaft wesentlich sind.

Verliebt sein – Stufen der Zärtlichkeit – Verantwortung füreinander

Was ist eigentlich Liebe?

Jasmin: Mutti, was ist eigentlich Liebe?
Mutter: Ganz einfach, ich liebe dich.
Jasmin: Das meine ich nicht.
Mutter: Ich liebe auch unsere Minka.
Jasmin: Die Tierliebe meine ich auch nicht.
Mutter: Ich liebe es auszuschlafen.
Jasmin: Nein, Mutti! Du weißt genau, dass ich das nicht meine. Du fängst gleich damit an, dass Papa Schweinebraten liebt. Nein, Mama, was ist wirklich Liebe?
Mutter: Liebe ist …

Selbstliebe · Nächstenliebe · Gottesliebe · Liebe zur Schöpfung · Sexuelle Liebe · Geschwisterliebe · Erotische Liebe · Feindesliebe

Herr, wie zahlreich sind deine Werke! Mit Weisheit hast du sie alle gemacht.
Ps 104,24

Du sollst deinen Nächsten lieben wie dich selbst.
Lev 19,18

Seht doch, wie gut und schön es ist, wenn Brüder miteinander in Eintracht wohnen.
Ps 133,1

Darum sollst du den Herrn, deinen Gott, lieben mit ganzem Herzen, ganzer Seele und mit ganzer Kraft.
Dtn 6,5

Liebt eure Feinde und betet für die, die euch verfolgen.
Mt 5,44

Es gibt keine größere Liebe, als wenn einer sein Leben für seine Freunde gibt.
Joh 15,13

Komm, wir wollen bis zum Morgen in Liebe schwelgen, wir wollen die Liebeslust kosten.
Spr 7,18

Wie schön ist deine Liebe, meine Schwester Braut; wie viel süßer ist deine Liebe als Wein.
Hld 4,10

Henri Matisse: Nu bleu il, 1952.

Gustav Klimt: Der Kuss, 1908.

1. Auf dieser Doppelseite findest du in ungeordneter Form Bibelstellen, Bilder und Namen vielfältiger Formen der Liebe. Ordne den Formen der Liebe das passende Bild und die entsprechende Bibelstelle zu.
2. Analysiere Gemeinsamkeiten und Unterschiede dieser verschiedenen Formen von Liebe.
3. In der Bibel findest du Aussagen zu allen Formen der Liebe. Erstelle ein Schema, das die unterschiedlichen Formen der Liebe veranschaulicht.

Herzflattern

Jasmin: „Hurra, er steht heute wieder an der Bushaltestelle."
Erzähler: Ein leichtes Kribbeln im Bauch überfällt sie.
Jasmin: „Wer mag er wohl sein?"
Erzähler: Schon den dritten Tag fällt er Jasmin auf. Irgendwie gefällt er ihr, wie er so lässig an der Stange lehnt, seine rechte Hand in der Hosentasche und sein linkes Bein nach hinten auf die Schultasche gestützt.
Jasmin: „Ob er auch von mir schon Notiz genommen hat? Was soll ich bloß tun, dass er auf mich aufmerksam wird? Ich habe Angst. Ich möchte nicht, dass er mich zurückweist. Ich muss unbedingt mit Marion sprechen, vielleicht kann sie mir raten, wie ich am besten mit diesem sympathischen Jungen in Kontakt kommen kann."
Erzähler: Da kommt der Bus. Er steigt gleich als Erster ein und steuert auf einen leeren Platz neben einem anderen Jungen zu. Zwischen ihn und Jasmin kommen andere Schüler, die ihr den heimlichen Blick auf ihn verstellen – Pech gehabt! Immer wieder muss sie am Vormittag an ihn denken.
Jasmin: „Ich möchte ihn kennenlernen. Mehr über ihn erfahren. Wie mache ich das nur?"
Erzähler: Gleich nach dem Essen ruft Jasmin ihre beste Freundin Marion an.
Jasmin: „Du musst unbedingt gleich zu mir kommen! Ich muss dringend mit dir reden! Ich glaube, ich habe mich verliebt!"
Marion: „Ich komme, ich bin sofort bei dir."
Erzähler: Keine fünf Minuten später läutet es an der Tür und schon sitzen die beiden Mädchen auf der Couch. Jasmin beschreibt ihr den blonden Jungen ganz genau, denn ihr ist es, als stünde er hier vor ihr im Zimmer. So intensiv hat sie ihn heute Morgen beobachtet.
Jasmin: „Was soll ich tun, wenn er morgen wieder an der Bushaltestelle steht?"

1. Versetze dich in die Rolle von Marion und formuliere eine Antwort auf Jasmins Frage.
2. Betrachte die Figur auf dem Bild. Analysiere deren Aussagekraft in Hinblick auf das Thema „Erste Liebe".
3. Stellt in einem Rollenspiel dar, wie ihr bei einem Mädchen/einem Jungen Aufmerksamkeit erzielen könnt (vgl. Methode „Rollenspiel" S. 191).

Traumfrau

HEY SCHWESTER

Rap 1:
Ich liege am Strand und es ist ziemlich heiß
am liebsten hätte ich jetzt ein schönes kühles Eis
ich schwitze auch im Schatten
denn die Sonne brennt
es ist hier schon fast wie im fernen Orient
auf einmal stehst du da mit einem Sonnenbrand
machst mir Komplimente und tust auf charmant
das Blöde an der Sache sorry wenn ich lache
du spielst dich vor mir auf und ich stehe da nicht
drauf
das scheint dich nicht viel zu interessieren
denn jetzt fängst du an vor mir rum zu posieren
zeigst mir deine Muskeln prahlst mit Liegestützen
doch leider glaub ich
es wird keinem von uns nützen
check doch was ich meine und zieh endlich Leine
träumst heiße Sachen willst es mit mir machen
das kannst du vergessen dein Plan ist gegessen
ich sag's dir gleich mich kriegst du nicht weich

Rap 1 Refrain
hey Schwester fühlst du dich auch alleine
bist du vielleicht noch frei
wie wär's denn mit uns zwei
hey Schwester ich würde dich gern was fragen
hast doch etwas Zeit
für meine Wenigkeit
hey Schwester fühlst du dich auch alleine
bist du vielleicht noch frei
wie wär's denn mit uns zwei
hey Schwester ich würde dir gern was sagen
mir ist schon ziemlich heiß
will dich um jeden Preis

Rap 2
Du bist ziemlich penetrant tätschelst meine Hand
zwar bist du galant doch hast nicht erkannt
wie ich das ganze sehe nicht auf dich stehe
und das ist der Grund weshalb ich jetzt geh
ciao ich bin raus und packe meine Sachen
über deine blöden Sprüche kann ich nur lachen
kaum bin ich weg kommst mir hinterher
ich wär deine Traumfrau du der Millionär
willst mir alles zeigen und hättest auch ein Schloss
denn du bist der Größte du bist der Boss
doch damit kannst du mir auch nicht imponieren
du solltest besser aufhören mich zu strapazieren
kann dich nicht mehr sehen will jetzt endlich gehen
und lass dich einfach stehn
hab keinen Bock auf eine schnelle Nummer
das bringt mir nur Kummer und auch nen dicken
Bauch

Rap 2 Refrain
hey Schwester …
… ja ja du bist der Größte du bist der Boss
hey Schwester …
… klar bin ich deine Traumfrau jaja und du der
Millionär schon verstanden

Laura

T: Gray/Pobot/O'Flynn/Schneider

1. Im Lied schwankt die erotische Beziehung zwischen Anziehung und Ablehnung. Stelle zusammen, womit der Mann versucht, die Frau auf sich aufmerksam zu machen. Analysiere auch die Reaktionen der Frau.
2. Lies Hld 4 und finde dort ähnliche Formulierungen wie im Rap-Song.
3. Auch du hast vielleicht schon Erfahrungen mit Anziehung und Ablehnung gemacht. Präsentiere deine Geschichte als Rap-Song (vgl. Methode „Rap verfassen und vortragen" S. 191).

Verliebt sein ist ...

Auszüge aus Jasmins Tagebuch:

7. Mai

Es hat geklappt. Ich habe meinen ganzen Mut zusammen genommen und Dominik nach der Schule angesprochen. Wir treffen uns morgen um 16 Uhr am Sportplatz.

8. Mai

Er ist so lieb. Ich konnte es kaum erwarten und war unheimlich nervős. Er, glaube ich, auch. Erst wussten wir gar nicht, was wir miteinander reden sollten. Doch plőtzlich haben wir beide gleichzeitig schallend gelacht. Damit war das Eis gebrochen.

9. Mai

Dominik hat herrlich blaue Augen. Ich kenne niemanden mit so schőnen Augen. Wir haben geredet und geredet ...

10. Mai

Heute konnten wir uns nicht sehen. Dominik hatte nach dem Nachmittagsunterricht noch einen Arzttermin. Aber danach hat er mir noch eine ganz liebe SMS geschickt. Ich bin ja so glücklich und freue mich auf morgen.

11. Mai

Ich habe zum ersten Mal entdeckt, dass Dominik auch Sommersprossen hat. Verrückt! Direkt auf seiner Nase hat er zwei und ich sehe sie erst heute. Ich musste sie gleich küssen.

12. Mai

Dominik kann unheimlich gut zuhőren. Beim Spazierengehen habe ich ihm von meinem Konflikt mit dem Huber (Mathelehrer) erzählt. Er hőrte nur zu und sagte kaum etwas. Ich fühlte mich total verstanden. Und beim Erzählen kam ich auf eine gute Idee, wie ich das Problem lősen kann.

13. Mai

Im Park haben wir heute ganz zufällig Dominiks Mutter getroffen. Wir waren ganz schőn verlegen, aber sie war unheimlich nett und hat mich gleich eingeladen. Danach habe ich Dominik ein wenig ausgefragt. Es ist schőn, wie er von seiner Mutter spricht.

14. Mai

Jetzt weiß ich, dass Jungen auch weinen. Dominiks Oma ist ganz überraschend gestorben. Er hatte sie offensichtlich sehr gerne und hing sehr an ihr. Ich habe ihn ganz fest umarmt, das hat ihm gut getan.

1. Auch Dominik führt ein Tagebuch. Versetze dich in seine Lage und verfasse Tagebucheinträge (vgl. Methode „Tagebucheintrag“ S. 197).

2. Jasmin und Dominik verbringen viel Zeit miteinander. Sammelt Ideen, was Verliebte gemeinsam unternehmen können.

Nicht von dieser Welt

Nicht von dieser Welt

So viele Nächte lag ich wach.
Meine Augen rot, vom Weinen schwach.
Den Kelch mit Tränen aufgefüllt,
meine Wunden ins Leintuch eingehüllt.
Was soll ich suchen, das mich stützt,
wo ist der Mensch, der mich beschützt?

Sie ist nicht von dieser Welt,
die Liebe, die mich am Leben hält.
Ohne dich wär's schlecht um mich bestellt,
denn sie ist nicht von dieser Welt,
die Liebe, die mich am Leben hält.
Ohne dich wär's schlecht um mich bestellt.

Es ist wahr, wenn ich dir sage,
dass es mich quält, wenn ich mich frage:
Kann ich noch leben ohne dich?
Eine Antwort brauch ich nicht.
Du bist der Inhalt meines Lebens.
Dich suchte ich vergebens.
Du bist mein Licht, das die Nacht erhellt.
So was ist nicht von dieser Welt.

Refrain:
Du hörst die Schmerzen, die ich spür,
von Ohr zu Herz eine offene Tür.
Niemals ein böses Wort von dir.

Und du gibst immer, was ich brauch.
Das, was mir an dir gefällt,
ist einfach nicht von dieser Welt.

Xavier Naidoo

T: Xavier Naidoo

Nam June Paik: One Candle, 1988.

1. Xavier Naidoo geht es in seinem Song nicht um das Verliebtsein in einen anderen Menschen, sondern er bringt seine Gottesliebe zum Ausdruck. Wie könnte sich diese Liebe zu Gott in der Liebe zu einem Menschen auswirken?
2. Oft wird der Song als Lied für Verliebte verstanden. Was ist daran richtig, was falsch?
3. Vergleiche die Installation von Nam June Paik mit dem Song von Xavier Naidoo (vgl. Methode „Bild-Text-Vergleich“ S. 193).

Eine schwierige Entscheidung

Als sie sein Zimmer betrat, war Mara alles klar. Sie schluckte. Und dann setzte ihr Herz einen Schlag aus. Dabei schloss Jan bloß die Tür. „Nimm Platz", murmelte er. Vorsichtig ließ sie sich auf das Bett nieder. Es war frisch bezogen. Der Überzug warf keine einzige Falte. Das Zimmer sah ordentlicher aus als letztes Mal. Er hatte aufgeräumt und im ganzen Zimmer Teelichter aufgestellt. Sie flackerten unruhig. Auf dem Teppich lagen einige Rosenblüten. Im Innern der Stereoanlage drehte sich eine CD mit langsamen Love-Songs. Das Lied klang gut. Mara hätte nicht gedacht, dass Jan so eine besaß. Sonst stand er nur auf Hip-Hop und Rap. Vielleicht hatte er sie extra für heute Abend von einem Kumpel ausgeliehen. Jan küsste sie. Sie fühlte sich warm an. Warm und geborgen. Doch dann nahm Mara eines der Teelichter in die Hand und spielte mit dem Wachs.
„Das Zimmer hast du echt nett hergerichtet", murmelte sie und wunderte sich über den belegten Klang ihrer Stimme. Als ob sie heiser wäre.

Ihre Knie berührten sich. Jan lächelte erfreut. „Total romantisch." Sie verknoteten ihre Finger ineinander. Jan nickte. Sie hätte sich wie im siebten Himmel fühlen können, doch in ihrem Magen zwickte es immer stärker. Sie musste es ihm sagen. Bald wäre es zu spät. Dann würde sie nichts mehr machen können. Aber wie sollte sie es angehen? Hätte sie sich doch nur etwas überlegt, irgendeinen Plan, eine überzeugende Strategie. Jans Küsse wurden heftiger. Er streichelte sie. Ihre Kehle war staubtrocken. Sie hätte es einfach mit sich geschehen lassen können. Sie brauchte einfach still zu bleiben. Es würde schön sein, davon war sie überzeugt. Jan würde wissen, was er tat. Sie würden es bestimmt genießen. Sie würden es nie vergessen. Die Rosenblätter und die Teelichter schoben sich in ihr Blickfeld. Sie schüttelte unmerklich den Kopf.
Es durfte nicht sein. Nicht jetzt, nicht heute.
Mit einem Seufzer schob sie seine Hand von ihrer Bluse. „Jan", murmelte sie, „ich glaube, wir müssen miteinander reden." Er runzelte die Stirn. „Was ist?"
Er setzte sich hin. Sie atmete tief durch. „Du weißt, wie gerne ich dich habe. Und du hast alles hier so schön vorbereitet", sagte sie, „die Rosenblätter, die Teelichter, die ganze Atmosphäre …" Er blickte sie misstrauisch an. Sie holte nochmals tief Luft, als müsste sie sich auf eine besonders schwere Anstrengung vorbereiten. „Aber ich glaube, ich muss dich enttäuschen." „Was?", entfuhr es ihm entgeistert. „Was meinst du?" „Jan, ich kann nicht mit dir schlafen", erklärte Mara langsam. „Jan, das hat nichts mit unserer Liebe zu tun. Ich weiß, dass das jetzt voll doof klingt. Ich hätte es dir früher sagen müssen. Aber …" „Aber?", fuhr ihr Jan ins Wort. „Jan, bitte versteh mich jetzt nicht …" „Aber wir sind schon siebzehn! Das ist doch ganz normal." „Das hat nichts mit dem Alter zu tun. Ich muss nicht mit jemandem schlafen, nur weil es viele schon mit dreizehn oder vierzehn machen." „Sondern?"
„Ich möchte warten, bis ich …"

Wie soll ich mich entscheiden?

Man könnte meinen, dass Jungs und Mädchen eigentlich gar nicht zusammenpassen.
„Was Jungen oft fehlt, ist Einfühlungsvermögen", sagt die 17-jährige Mara. „Mein Freund denkt, dass ich ihn nicht liebe, wenn ich nicht mit ihm schlafe." Dabei gehört für Mädchen sehr viel dazu, wenn sie zum ersten Mal mit einem Jungen schlafen. Sie sehen Sexualität und „das erste Mal" in einem größeren Zusammenhang, der mit Verantwortung, Vertrauen, Konsequenzen, Zukunft und natürlich mit Liebe zu tun hat. Natürlich spielt bei der Sexualität auch die Lust eine Rolle, eine ganz wichtige sogar. Aber viele Mädchen können erst dann wirkliche Lust empfinden, wenn bestimmte Voraussetzungen erfüllt sind. Susanne, 17: „Der richtige Partner muss da sein. Der Wille muss da sein. Das Gefühl muss da sein. Und der Rahmen muss stimmen." Bis das alles der Fall ist, brauchen Mädchen, aber auch Jungen, genügend Zeit: Zeit, sich zu entwickeln, zu grübeln, zu hoffen, zu zweifeln, zu wünschen. So tasten sie sich langsam an ihre Sexualität heran.
Was Mädchen und Jungen dafür brauchen, ist gegenseitiges Verständnis, Respekt und Einfühlungsvermögen. „Und wenn mein Freund das alles nach dem Motto „entweder – oder" nicht

aufbringen kann?", fragt Mara. „Wenn er mich drängt oder auf meine Gefühle nicht eingeht und wenn dann die Beziehung scheitert", sagt sie ganz bestimmt, „dann ist er es auch nicht wert."

1. „Ich möchte warten, bis ich …" – Vervollständige den Satz aus Maras Perspektive.
2. Bildet Gruppen und setzt das Gespräch fort.
3. Lisa wird nach einem Disco-Besuch von Mark gefragt: „Kommst du mit zu Freunden, die feiern gerade eine Party – wir könnten dort auch übernachten." Formuliere Lisas mögliche Gedanken.
4. Wenn du an das „erste Mal" denkst, machst du dir auch Gedanken zum Thema „Verhütung". Erstellt in der Gruppe in Zusammenarbeit mit eurer Biologielehrerin/eurem Biologielehrer eine Info-Wand zu diesem Thema. Informationsmaterial gibt es bei Ärzten und Beratungsstellen.
5. Fertige aus Draht, Faden und Tonpapier ein Mobile für Mara und ihren Freund an. Schreibe auf die Anhänger die Wünsche, die sie vermutlich für ihre Beziehung haben (vgl. Methode „Mobile gestalten" S. 194).
6. Was spricht aus Sicht der Katholischen Kirche dafür, mit dem Ausleben der Sexualität bis zur Ehe zu warten?

Mit Enttäuschungen fertig werden

Liebeskummer

Ich kann mich noch ganz genau daran erinnern: Es war Silvester und mein Freund wollte den Nachmittag mit mir verbringen. Und dann wurde es schrecklich. Das erste, was er mir zu sagen hatte, war, dass er Schluss machen wollte mit mir. Es war nichts gewesen, nichts, was ihn veranlassen könnte, Schluss zu machen. Warum? Er nannte mir den Grund: eine andere. Das war unvorstellbar für mich, das durfte nicht sein. Aber es war so. Aus! Schluss! Vorbei!

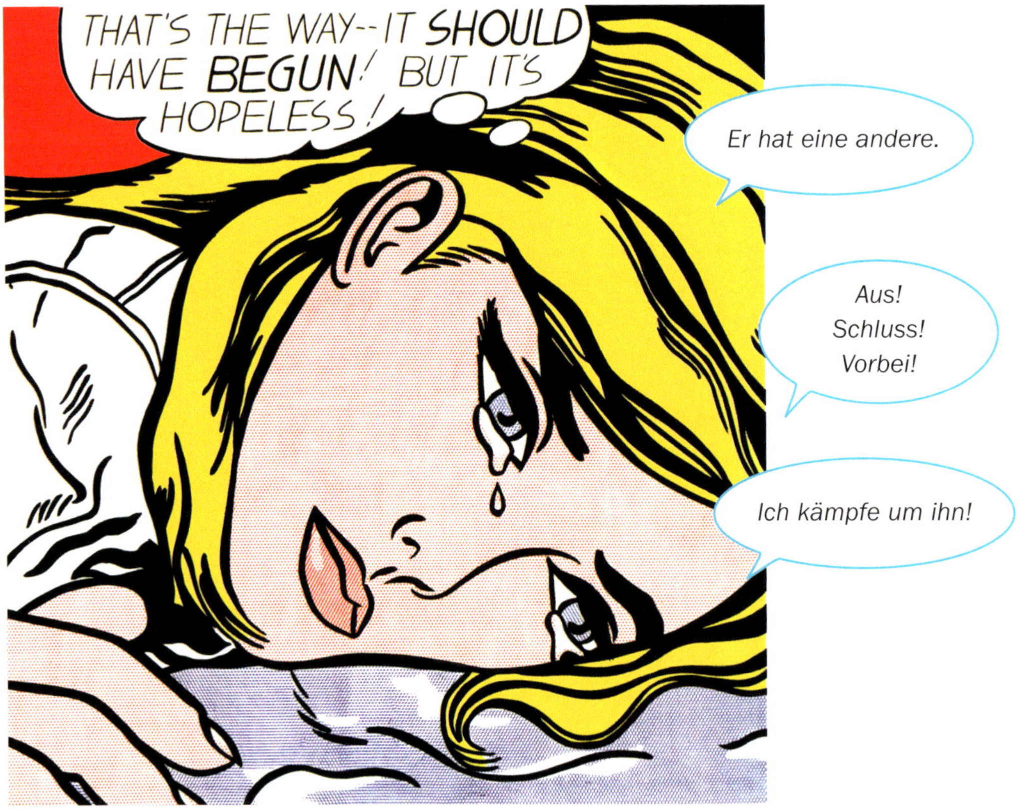

Roy Lichtenstein: Hopeless, 1963.

Zehn Tage lang telefonierte ich jeden Tag mit ihm. Ich hatte nur ein Ziel: Ich wollte ihn zurückbekommen. Diese zehn Tage waren die Hölle für mich. Es war vorbei mit dem „starken Mädchen". Ich war am Boden zerstört. Ich fühlte mich verraten, ausgenutzt, ich war fertig mit der Welt.

Und dann kam ein kleiner Lichtblick, als ich – sogar von ihm persönlich – erfuhr, dass er mit der anderen Schluss gemacht hatte. Es war vorbei mit ihnen, noch bevor überhaupt etwas zwischen ihnen gelaufen war.

Als ich noch mit ihm zusammen war, hatte ich gedacht, dass ich ihn sofort abschreiben würde, wenn er eine andere auch nur küsst. Aber solche Vorsätze waren mir jetzt egal. Ich sah nur meine neue Chance, ihn zurückzubekommen. Ich verabredete mich mit ihm.

Wir gingen spazieren und ich schilderte ihm alle meine Gefühle. So offen war ich noch nie einem Menschen gegenüber gewesen, vor allem keinem Jungen. Ich steigerte mich immer weiter in meine Gefühle hinein, bis ich irgendwann nicht mehr konnte und weinend in seinen Armen zusammenbrach.

Das war das erste Mal, dass ich vor einem Jungen weinte, ohne Scham und Furcht. Aus mir floss einfach nur alle Wut, Traurigkeit und Verzweiflung heraus.
Erst als ich mich wieder beruhigt hatte, merkte ich, dass auch er weinte. Er sagte, er hätte immer an mich denken müssen, hätte aber nicht gewagt zu mir zurückzukommen. Ich war so verliebt, dass dies für mich keine Rolle spielte. Hauptsache er war wieder bei mir.

Anfangs hatte ich noch Zweifel, ob er mich nicht ausnutzen würde. Mittlerweile aber sind wir knapp ein Jahr zusammen und es ist die schönste Beziehung, die ich je hatte. Nicht so, dass man keinen Tag ohne den anderen auskommen könnte. Nur ist alles offener geworden. Wir sprechen über alles, sodass man das Gefühl hat, wirklich zueinander zu gehören.

Tipps gegen Liebeskummer

Tipp 1: Gönn dir eine Trauerphase!
Bei Liebeskummer hilft es, wenn du dich erst mal richtig ausheulst und nicht alles in dich reinfrisst. Wie lang diese Trauerphase anhält, ist bei jedem anders.

Tipp 2: Bleib mit deinem Kummer nicht allein!
Sich auszusprechen hilft immer weiter! Denn du weißt ja selbst: "Geteiltes Leid ist halbes Leid." Also such dir jemanden, dem du vertraust: Die beste Freundin oder den besten Freund, Mutter, Vater, Schwester, Bruder …
Schäm dich nicht für deinen Liebeskummer. Denn Liebeskummer kennt jeder!

Tipp 3: Mach, was dir gut tut!
Egal, ob du dir ein kuscheliges Schaumbad einlässt, mit deiner Katze schmust oder mit einer Freundin einen Stadtbummel machst …

Tipp 4: Lass deine Wut raus!
Wenn du wütend bist, dann schluck's nicht runter, sondern lass es raus! Geh z. B. in den Wald und schrei dort, so laut du kannst, schlag mit einem Kissen gegen die Wand oder geh joggen und lauf dir deinen Frust weg! Wichtig ist, dass du deine Wut nicht gegen dich selbst richtest und dir nicht noch mehr wehtust.

Tipp 5: Bete zu Gott!
Sage Gott, wie es dir geht. Bringe zum Ausdruck, was dich bedrückt, wie dir zumute ist. Gott hört dir zu.

1. Beschreibe, was dir bei Enttäuschungen hilft.
2. Liebeskummer kann sehr schlimm sein. Es gibt von vielen Seiten zahlreiche Ratschläge, die, obwohl sie gut gemeint sind, oft nicht helfen. Nimm Stellung zu den obigen „Tipps“.

Partnerschaft und Liebe in der Bibel

Das Hohelied der Liebe

Ernst Alt: Braut und Bräutigam (Hohes Lied)

1. Betrachte das Bild von Ernst Alt und deute die Farbgebung (vgl. Methode „Bildbetrachtung" S. 192).

2. Arbeite Metaphern (Bildworte) aus dem Hohelied heraus, die der Künstler bildhaft umsetzt.

Im folgenden Text lest ihr Ausschnitte aus dem Hohelied der Liebe. Es heißt wörtlich übersetzt „Das Lied der Lieder" und besingt in einer Folge von Gedichten die Liebe von Mann und Frau, die sich verbinden, sich verlieren, sich suchen und finden.
Es gehört zur Weisheitsliteratur des Alten Testaments.

Ich beschwöre euch, Jerusalems Töchter: Wenn ihr meinen Geliebten findet, sagt ihm, ich bin krank vor Liebe.
Was hat dein Geliebter den andern voraus, du schönste der Frauen? Was hat dein Geliebter den andern voraus, dass du so uns beschwörst?
Mein Geliebter ist weiß und rot, ist ausgezeichnet vor Tausenden.
Sein Haupt ist reines Gold. Seine Locken sind Rispen, rabenschwarz.
Seine Augen sind wie Tauben an Wasserbächen; die Zähne, in Milch gebadet, sitzen fest.
Seine Wangen sind wie Balsambeete, darin Gewürzkräuter sprießen, seine Lippen wie Lilien; sie tropfen von flüssiger Myrrhe.
Seine Finger sind wie Stäbe aus Gold, mit Steinen aus Tarschisch besetzt. Sein Leib ist wie eine Platte aus Elfenbein, mit Saphiren bedeckt.
Seine Schenkel sind Marmorsäulen, auf Sockeln von Feingold. Seine Gestalt ist wie der Libanon, erlesen wie Zedern.
Sein Mund ist voll Süße; alles ist Wonne an ihm.
Das ist mein Geliebter, ja, das ist mein Freund, ihr Töchter Jerusalems.
Wohin ist dein Geliebter gegangen, du schönste der Frauen? Wohin wandte sich dein Geliebter?
Wir wollen ihn suchen mit dir.
In seinen Garten ging mein Geliebter zu den Balsambeeten, um in den Gartengründen zu weiden, um Lilien zu pflücken.
Meinem Geliebten gehöre ich und mir gehört der Geliebte, der in den Lilien weidet.

Hld 5,8–6,5

Schön bist du, meine Freundin, ja, du bist schön.
Hinter dem Schleier deine Augen wie Tauben.
Dein Haar gleicht einer Herde von Ziegen, die herabzieht von Gileads Bergen.
Deine Zähne sind wie eine Herde frisch geschorener Schafe, die aus der Schwemme steigen.
Jeder Zahn hat sein Gegenstück, keinem fehlt es.
Rote Bänder sind deine Lippen; lieblich ist dein Mund. Dem Riss eines Granatapfels gleicht deine Schläfe hinter dem Schleier.
Wie der Turm Davids ist dein Hals, in Schichten von Steinen erbaut; tausend Schilde hängen daran, lauter Waffen von Helden.
Deine Brüste sind wie zwei Kitzlein, wie die Zwillinge einer Gazelle, die in den Lilien weiden.
Wenn der Tag verweht und die Schatten wachsen, will ich zum Myrrhenberg gehen, zum Weihrauchhügel.
Alles an dir ist schön, meine Freundin; kein Makel haftet dir an.

Hld 4,1–7

Komm, mein Geliebter, wandern wir auf das Land, schlafen wir in den Dörfern.
Früh wollen wir dann zu den Weinbergen gehen und sehen, ob der Weinstock schon treibt, ob die Rebenblüte sich öffnet, ob die Granatbäume blühen.
Dort schenke ich dir meine Liebe.

Hld 7,12 f

1. Nenne Metaphern (Bildworte) im Hohelied der Liebe, mit denen die Liebe verglichen wird.
2. Die Bücher der Weisheit reden auf den ersten Blick nicht von Gott. Trotzdem wurden sie in die Sammlung der biblischen Bücher aufgenommen. Überlegt warum.

Kirche und Sexualität

Auszüge aus einem Brief der Jugendkommission der Deutschen Bischofskonferenz an die Verantwortlichen in der kirchlichen Jugendarbeit zu einigen Fragen der Sexualität und der Sexualpädagogik (22.09.1999):

„Wir sind davon überzeugt, dass eine christliche Gestaltung der Sexualität unserem Menschsein entspricht. Gottes Weisungen und Einladungen treten nicht fremd an uns heran, sondern wollen uns helfen, Menschen nach seinem Bild zu werden. Umgekehrt kann die Sexualität als zerstörerische Kraft wirken, die zur Trennung von Gott und den Menschen führt, wenn sie verabsolutiert und vergötzt wird. (...)
Wir nehmen wahr, dass Partnerbeziehungen von der großen Mehrheit der Jugendlichen mit personal orientierten Wertvorstellungen wie Treue, Vertrauen, Ehrlichkeit, gegenseitiger Akzeptanz, Zärtlichkeit und Wahrhaftigkeit verbunden werden. Eingebettet sind diese Haltungen in die Hochschätzung von Freundschaft und Kommunikation. Beziehungsabbrüche werden als Scheitern wahrgenommen, das nicht einfach „weggesteckt" wird. Das Misslingen von Beziehungen verursacht Leiden. Diese Beobachtung steht dem Vorurteil der Leichtfertigkeit des Umgangs Jugendlicher miteinander entgegen. (...)
Wir nehmen wahr, dass für viele junge Menschen Sexualität eine wichtige Lebenserfahrung darstellt. Indem sie Beziehungen zu anderen Menschen suchen, wollen sie ihre eigene Beziehungsfähigkeit erproben. Sie hoffen, dass es ihnen gelingt, Sexualität in personaler Partnerschaft als Quelle von Lebensglück zu erfahren.
Wir nehmen wahr, dass jüngere Jugendliche frühzeitige sexuelle Kontakte auch deshalb eingehen, weil sie fehlende Zuwendung in der Familie und im sozialen Umfeld durch Freundschaft ergänzen wollen. Ihre Sehnsucht nach Wärme und Geborgenheit findet eine vorläufige Erfüllung. Sie ist allerdings nicht hinreichend, weil die frühkindlichen Mangelerfahrungen nicht einfachhin ausgeglichen werden können.
Wir nehmen wahr: Die Liebe wird hoch geschätzt. An Paarbeziehungen werden auch idealisierte, mitunter überfordernde und falsche Erwartungen gerichtet. Diesen hohen Erwartungen muss allerdings nicht die Realisierung der Liebesbeziehung auf Lebenszeit entsprechen. Die Treuevorstellung hat sich geändert. Treusein gilt für die Zeit der gelingenden Beziehung. Liebe und Treue werden zunehmend voneinander getrennt. Treue wird oft nicht mehr als notwendige Konsequenz der Liebe gesehen. (...)
Einerseits erfolgt die sexuelle Reifung früher, andrerseits verlagert sich die Möglichkeit, das eigene Leben auch ökonomisch selbst zu bestreiten, immer weiter ins junge Erwachsenenalter hinein. Somit ergibt sich eine noch größere zeitliche Differenz zwischen sexueller Reife und erwachsener Selbständigkeit. Diese Situation begünstigt voreheliche Lebensgemeinschaften, die sexuelle Partnerschaft einschließen, ohne dass die Bedingungen für eine Elternschaft bereits gegeben sind. Voreheliche Lebensgemeinschaften werden als selbstverständlich angesehen. Die Partnerschaftsvorstellungen decken sich durchaus mit traditionellen Vorstellungen. So ist die Verlässlichkeit des Partners ebenso wichtig wie gute Kommunika-

Marc Chagall: Lovers in Blue, 1914.

tion, Verständnis, gegenseitige Akzeptanz und Treue. Die Partnerschaften sind relativ stabil, die Fluktuation ist gering. Der Ehepartner ist nur für etwa die Hälfte der erste feste Partner überhaupt. (...)
Wir nehmen wahr, dass Jugendliche von einer allgemeinen Stimmung, jeder solle auch im Bereich der Sexualität das tun, was er für richtig hält, beeinflusst werden und dass das Verständnis für etwas, das in sich gültig sein soll, verlorengeht. (...)
Wir nehmen wahr, dass nach wie vor Jugendliche – auch durch Gruppen gefördert – die voreheliche Enthaltsamkeit wertschätzen und damit deutlich einen eigenen Standpunkt im Konzert der unterschiedlichen Lebensentwürfe setzen. Eine solche Einstellung ist heute vielfach angefochten. Sie kann oft nur dann durchgehalten werden, wenn Jugendliche sich gegenseitig positiv bestärken. Sie braucht Hilfe durch verantwortliche Begleiter und Begleiterinnen. Sie sollen die Jugendlichen unterstützen, damit sie mit einer freien Entscheidung ihren persönlichen Weg finden. So können die Jugendlichen erfahren, dass Verzicht auf voreheliche geschlechtliche Beziehungen keine Ablehnung der Sexualität oder Angst vor ihr bedeutet. (...)
Die biblische und christliche Botschaft zur Sexualität hat viele Aspekte, die jeweils neu entdeckt werden müssen. In der Mitte steht immer die Würde des Menschen vor Gott. Menschen entsprechen ihr in der Bereitschaft, ihr sexuelles Verhalten unter der Maßgabe der Liebe und der Verantwortung zu entwickeln. Die biblische Botschaft zeigt, dass Sexualität, Freude an ihr und die Möglichkeit, Leben weiterzugeben, gute Gaben Gottes sind. (...)
Zur christlichen Überzeugung gehört die Vermenschlichung der Sexualität, d. h. weder ihre Verteufelung noch ihre Vergötzung. So werden existenzielle Grunderfahrungen ermöglicht: Selbstannahme (Identität), die Annahme des anderen (Beziehung), die Erfahrung der Lust und der Fruchtbarkeit des Menschen. Liebe, Lust und Fruchtbarkeit ergänzen sich gegenseitig: Das Einswerden von Mann und Frau ist offen für neues Leben."

1. Welchen Wahrnehmungen im Brief der Jugendkommission stimmst du zu, welche stellst du in Frage?
2. Fasse den Inhalt des Briefes in zehn „Leitlinien für den Umgang mit Sexualität" zusammen.
3. Betrachte die Bilder von Marc Chagall und Pablo Picasso. Suche im Brief nach Sätzen, die für die Künstler eine Vorlage hätten sein können.
4. Beantworte den Brief der Jugendkommission.

Pablo Picasso: The Lovers, 1923.

Leben in Ehe und Familie

Die Geheimnisse einer glücklichen Partnerschaft

Frauen und Männer sehnen sich nach einer glücklichen Partnerschaft. Sie gehört zu einem vollständigen Lebensentwurf und es ist doch ein Geschenk, wenn sie gelingt. Was lässt eine Ehe funktionieren, eine Partnerschaft gelingen? Eine gute Ehe ist ständigen Herausforderungen unterworfen. Der Alltag will bewältigt werden, es entstehen immer wieder Probleme, die es gilt zu meistern. Bedürfnisse, Erwartungen und Wünsche der Partner verändern sich im Laufe der Zeit. Eine Ehe bleibt lebendig und interessant, wenn sich die Partner weiterentwickeln. Und dies erfordert in erster Linie Zeit. Zeit hat nur, wer sich Zeit nimmt. Eine Partnerschaft gleicht einer Dauerbaustelle, es gibt immer etwas zu bearbeiten. Deshalb lohnt es sich, Zeit und Engagement in die Ehe zu investieren. Sich selber mögen, sich wertschätzen, ist eine wichtige Voraussetzung für das Gelingen der Ehe. Kompetente Partner sind Menschen, die auch einmal alleine sein können und dem anderen Freiräume lassen. Wer alles für den anderen aufgibt, verliert seine Einmaligkeit und das, was ihn ausmacht. In einer partnerschaftlichen Beziehung geht man respektvoll und wohlwollend miteinander um. Damit Partnerschaft gelingt, braucht es aber vor allem Liebe, Respekt, eine gute Kommunikation, eigene Rituale und gelegentlich auch das Gespräch mit Dritten.

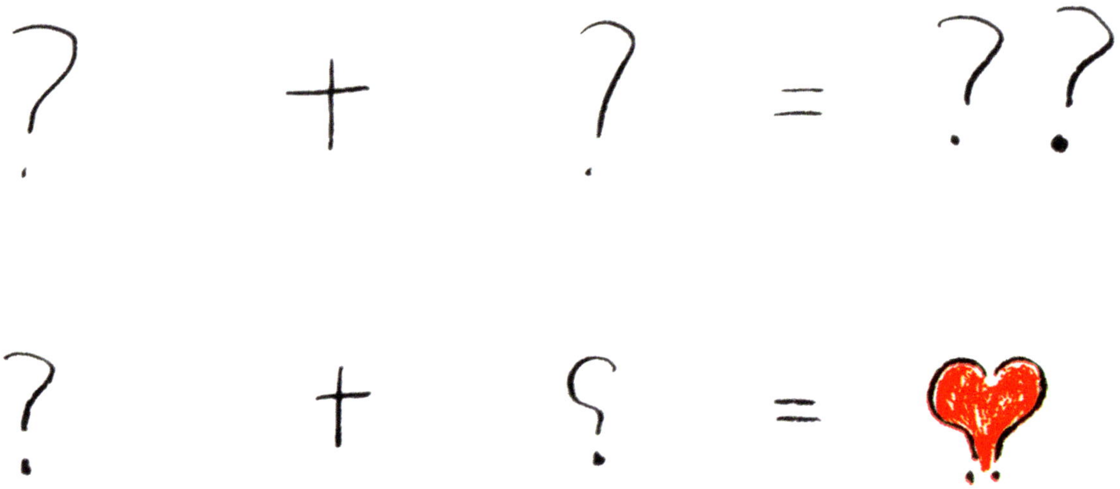

Nam Jun Paik, 1974/82

1. Betrachte das Bild des koreanischen Künstlers Nam Jun Paik. Übersetze die beiden Gleichungen in Worte.

Teresa: Auf Knopfdruck geht in Sachen Sex gar nichts. Ich wünsche mir …

Teresa: Vor allem wenn wir müde oder hungrig sind, kommt es immer wieder vor, dass wir uns missverstehen und streiten. Oft sind es lächerliche Kleinigkeiten und dann ergibt ein Wort das andere.

Fabian: Ich wünsche mir drei Kinder, Teresa ist sich da nicht so sicher und meint das hätte noch Zeit.

Fabian: Da rutscht mir auch mal ein Schimpfwort heraus. Oder ich sage gar nichts und ziehe mich zurück.

Teresa: Manchmal frage ich mich, an welcher Stelle ich eigentlich stehe.

Fabian: Der Verein braucht mich, da treffe ich nun mal auch meine Freunde. Dafür gehst du ja ständig zu deiner Schwester.

Teresa: Geld ist ein Riesenproblem. Da haben wir manchmal völlig unterschiedliche Vorstellungen.

Fabian: Und Auto waschen, um die Finanzen kümmern …

Teresa: In einem Haushalt fallen viele Arbeiten und Aufgaben an: z.B. Kochen, Abwasch, Wäschewaschen, Bügeln und Aufräumen …

Teresa: Mir ist mein Glaube sehr wichtig. Ich nehme mir Zeit zum Beten und gehe regelmäßig in die Kirche.

Teresa: Ich verbringe so gerne Zeit mit dir. Aber in letzter Zeit machen wir immer das Gleiche …

Fabian: Mir ist Treue sehr wichtig und Offenheit, Zärtlichkeit und Vertrauen. Ich möchte alles mit ihr offen besprechen können.

Fabian: Wir können ja auch …

1. Eine Partnerschaft kann man mit einer „Baustelle“ vergleichen. Teresa und Fabian sprechen viele „Baustellen“ an. Formuliere Grundsätze, die Teresa und Fabian helfen können.

Wir trauen uns

Auszüge aus einer Predigt bei einer Hochzeit:

Als wir über deinen Beruf sprachen, lieber Michael, fragte ich mich, warum ein Schornsteinfeger nach der Volksmeinung Glück bringen solle. Nun, ich habe lange gebraucht, um es herauszubekommen. Um es kurz zu machen, liebe Johanna, du hast wirklich Glück gehabt. In einer mittelalterlichen Stadt bedeutete es ein großes Glück, einen guten, sorgfältig arbeitenden Kaminkehrer in den Mauern zu haben, weil er gleichzeitig für die Brandverhinderung zuständig war. Schornsteinfeger und Krankenschwester!
Es bleibt euer Geheimnis, warum ausgerechnet ihr einander gefunden habt – und es bleibt, so glaube ich, ein Stück Geheimnis unseres Gottes.
Vielleicht erinnert ihr euch jetzt an den Anfang eurer Liebesgeschichte.

Als wir in dem vorbereitenden Gespräch nach einem Thema für diesen Hochzeitstag suchten, da sagte Michael spontan: „Wir sind glücklich!“ Und mir fiel darauf das Wort eines Theologen ein: „Glück ist dort, wo man Glück schenkt.“
Mit dem Glück ist das so eine Sache. Viele warten sehnsüchtig auf das große Glück, zum Beispiel auf einen Lottogewinn. Sie warten vergebens und über allem Warten versäumen sie auch noch das kleine Glück, das ihnen eigentlich Tag für Tag vergönnt ist.
Das Glück ist dort, wo man es schenkt.
Es ist eigentlich wie ein göttlicher Funke, der überspringt von einem zum andern. Damals, am Anfang, habt ihr bestimmt diesen Funken gespürt. Er hat die Spannung gelöst, die euch zueinander geführt hat. Und dieser Funke wird wieder und wieder springen und euch Momente, Minuten, Stunden des Glücks schenken, aber auch Tage, Monate, Jahre einer stillen Zufriedenheit, die auch eine Form menschlichen Glücks ist, wenn ihr nur Vertrauen darauf habt, dass trotz aller Schwierigkeiten und Enttäuschungen, trotz der Ängste und Probleme es möglich ist, nach Liebe zu suchen, indem man sie schenkt; zu lieben, indem man geliebt wird. Ist das nicht das eigentliche Glück des Menschen, geborgen zu sein im gegenseitigen Vertrauen auf die Liebe des andern? In einem solchen Vertrauen kann einer wirklich „wunschlos glücklich“ leben.
Zwei Menschen, die sich zunächst Fremde waren, werden mehr und mehr zu Freunden, sodass sie am Ende ganz eins sein können. Eure körperliche Einheit, die ihr euch schenkt, ist ein schönes Zeichen dafür. Deswegen nennen wir die christliche Ehe ein Sakrament. Ihr sollt erfahren und wissen: Alles, was ihr aus Liebe tut, ist mit Gott getan. In den schönsten Begegnungen, in den Hoch-Zeiten eurer Liebe, aber auch in den kritischen Stunden des Leids und der Ängste, die ihr meistert, begegnet ihr Gott selber. Denn auch das ist Glück, vielleicht sogar das größte: in der Not einen Menschen zu haben.

Das Sakrament der Ehe ist ein ganz besonderes Sakrament, denn hier spenden sich die Eheleute das Sakrament gegenseitig, während bei anderen Sakramenten der Bischof oder der Priester das Sakrament spenden. Im Sakrament der Ehe treten Mann und Frau durch ihr Jawort und ihre Liebe in eine unauflösbare Gemeinschaft. Ihren Bund heiligt und stärkt Gott durch seine Gnade.

Johanna, ich nehme dich an als meine Frau und verspreche dir die Treue in guten und in bösen Tagen, in Gesundheit und Krankheit. Ich will dich lieben, achten und ehren, solange ich lebe.

Michael, ich nehme dich an als meinen Mann und verspreche dir die Treue in guten und bösen Tagen, in Gesundheit und Krankheit. Ich will dich lieben, achten und ehren, solange ich lebe.

Ich bin davon überzeugt: Viele Partnerschaften und Ehen hätten mehr Schwung, Mut, Fantasie und Ausdauer, wenn sie diesen wahrhaft göttlichen Hintergrund ihrer Liebe sehen würden. Sie könnten die Liebe intensiver genießen, sie könnten Krisen besser durchstehen, Angriffe zusammen leichter überwinden, Leiden tiefer ertragen, wenn sie wüssten und daran glaubten: Gott steht an unserer Seite.
Was ich euch wünsche? Bleibt wunschlos glücklich! Und ihr bleibt es, solange ihr nach der göttlichen Methode handelt:
„Glück ist dort, wo man Glück schenkt!"

1. Das Versprechen, das sich Johanna und Michael geben, ist sehr anspruchsvoll. Nenne Verhaltensweisen, die beide Partner dauernd üben müssen.
2. Beschreibe die Bedeutung für den Ehealltag, wenn sich die Partner das Sakrament der Ehe gegenseitig spenden.
3. Standesamtlich zu heiraten bringt Steuervorteile. Kirchlich heiraten – was bringt das eigentlich? Nehmt Stellung.

Wenn Ehe misslingt

Im Jahr 2010 ging in Deutschland in den Städten fast jede zweite Ehe in die Brüche. Es kann in einer Zweierbeziehung aus verschiedenen Gründen „zu eng“ werden. Partner können sich auseinanderentwickeln, einer kann den anderen am inneren Wachstum hindern, Liebe kann endgültig zerbrechen. Trennung ist gewiss nicht in jedem Fall eine Lösung, sie kann aber lebensnotwendig sein, wenn ein Mensch seelisch zu verkümmern und krank zu werden droht, weil der Partner die Probleme des eigenen Lebens nicht gelöst hat, sondern sie der Partnerin auf den Rücken lädt. Wenn eine Paarbeziehung Grabkammern statt Lebensräume bietet, ist es ein Akt der Würde und Selbstachtung, den Schritt der Trennung zu tun.

Ob man nun auf dem Standesamt oder in der Kirche geheiratet hat, ob die Partnerschaft nun mehrere Jahrzehnte oder nur wenige Monate gehalten hat, es bedeutet immer Leid, wenn einer der Partner beschließt, der Beziehung ein Ende zu setzen. Es gibt keine Trennung ohne Leid, ohne Zerrissenheit, ohne Verlassen. Das gilt für den, der geht, wie für den, der verlassen wird. Bei einer Trennung erlebt jeder seine Realität anders, je nach seiner persönlichen Geschichte. Es gibt in der Regel nicht grundsätzlich einen Bösen auf der einen Seite und einen Guten auf der anderen. Eine Trennung wird von zwei Menschen ausgelöst, selbst wenn immer einer von beiden die Verantwortung für das Auslösen trägt. Und dessen Platz ist nicht unbedingt der beneidenswertere.
Natürlich kann das Verhalten des Verlassenden mehr oder weniger ungeschickt, aggressiv, losgelöst oder zerstörerisch sein; die Umstände können sich als mehr oder weniger verstörend erweisen. Doch diese Unterschiede kommen zu einer Situation hinzu, die für beide schwer zu handhaben und immer schmerzhaft ist.
Die Verletzung der Gefühle steht in direktem Zusammenhang mit dem anderen und seiner Abwesenheit.

Ai Weiwei: Template, 2007.

Die meisten Trennungen sind berechtigt

Fachleute sind fest davon überzeugt, dass die meisten Trennungen berechtigt sind, so schmerzhaft sie auch zunächst erscheinen mögen. Wenn einer von beiden Partnern so unzufrieden, ja sogar so unglücklich ist, dass er sich an die schwierige Aufgabe macht, den anderen zu verlassen, dann war irgendetwas nicht in Ordnung. Man nimmt in der Regel das Risiko nicht leichtfertig auf sich, jemanden zu verletzen, verurteilt zu werden und zu enttäuschen. In diesem Tumult verliert man Freunde, entfernt sich von seinen Kindern oder bleibt mit ihnen allein.

Wie geht es weiter?

Eine Scheidung zu verdauen dauert oft Jahre, nicht Tage. Man kann das Abklingen des Schmerzes nicht beschleunigen. Man kann jedoch diese leidvolle Zeit dazu nutzen, sich bewusst zu machen, dass es bei einer Scheidung, wie bei jeder Art von Trauerarbeit, gewisse Stadien gibt.

1. Betrachte das Kunstwerk des Künstlers Ai Weiwei. Finde Gemeinsamkeiten und Unterschiede im Vergleich zu einer misslungenen Ehe.
2. Schlage in der Bibel nach und recherchiere Klagepsalmen, die Menschen in der Phase der Trennung sprechen bzw. die ihnen helfen können. Gestalte damit Spruchkarten (vgl. Methode „Spruchkarte kreieren“ S. 194).
3. Unter einer Trennung leiden nicht nur Ehepartner, sondern auch gemeinsame Kinder. Formuliert in der Gruppe, wie ihr als Klassenkameraden oder Freunde Betroffenen Beistand leisten könnt.
4. Informiert euch in eurer Pfarrgemeinde, welche Hilfen dort angeboten werden.

Allein

Ich schaue zurück
auf die endlose Kette der Enttäuschungen
Tausend „Warum“ fallen über mich her
Leere und Verlassenheit überfluten mich
Nicht eine Handvoll Glück
die ich zu bergen vermöchte
Mein Verstand lernt mühsam begreifen
Aber das Herz ist voller Entsetzen
und bäumt sich auf gegen so viel Zerstörung
Ich schreibe mir Mut zu und bitte mich
nicht nach morgen zu fragen
den heutigen Tag überleben
das ist genug

Antje-Sabine Naegeli

Und man kann darauf achten, ihre Wunden bewusst und sorgfältig zu heilen, um so die besten Voraussetzungen für eine positive Zukunft zu schaffen.

Der Glaube als Halt

Für viele Menschen bietet der Glaube in dieser Phase einen wichtigen Halt. Seien es Gebete, Hilferufe an Gott oder laute Klagen. Manche finden Hilfe in ihrem Umfeld, manche in ihrer Gemeinde, manche in der Betreuung durch kirchliche Mitarbeiter. Gottesdienste, Seelsorgegespräche oder auch Veranstaltungen in der Pfarrei können sehr wohltuend sein.

Und die Kinder?

Die Trennung ist für die Kinder immer schmerzhaft, selbst wenn die Eltern sich darum bemühen, sie zu schützen. Wenn sie in den Wirbelsturm der Erwachsenen geraten, trifft sie diese Gewalt mit unglaublicher Wucht. Dabei kann das Verhalten der Eltern sehr dazu beitragen, dieses unvermeidliche Leid zu lindern. Wenn sie selbst im Aufruhr ihres Leidens und ihrer Sorgen gefangen sind, fällt es den Eltern schwer, ihr Verhalten so anzupassen, dass es so wenig wie möglich auf die Kinder abstrahlt.

In der Beliebtheit ganz vorne: Familie

Anna und Lukas freuen sich, endlich sind sie zu dritt. Ihr kleiner Markus ist seit wenigen Wochen der Sonnenschein in ihrer kleinen Familie. Wie lange haben sie davon geträumt, eine „richtige“ Familie zu gründen.
Mit der Geburt ihres Kindes hat sich ihr Leben schlagartig verändert. „Was haben wir eigentlich vorher gemacht?“, fragen sie sich. Jetzt müssen sie für ihren Alltag einen neuen Rhythmus finden. Den Tagesablauf bestimmt im Moment ihr „süßer Diktator“: Stillen, wickeln, stillen, wickeln, … Und dazwischen plagen den kleinen Markus Blähungen, was fürchterliches Geschrei zur Folge hat. Doch dann kann er wieder so schöne Augen machen, eine wahre Freude. Die Augen der jungen Eltern strahlen, wenn sie davon erzählen.

Kind und Beruf

Schon lange vorher haben Anna und Lukas miteinander besprochen, wie sie Beruf und Kind in Einklang bringen wollen. Sie sind davon überzeugt, dass ein Kind Mutter und Vater braucht. Deswegen wollen sie sich auch beide um ihr Kind kümmern. Aber wie können sie die ersten drei Jahre gestalten, bis Markus in den Kindergarten kommt? Soll Anna ihren Beruf aufgeben und ganz für ihren Markus da sein? Soll Lukas die Rolle des „Hausmanns“ übernehmen, dass Anna ihre Berufsausbildung abschließen kann? Sollen sie sich in der Betreuung ihres Kindes abwechseln oder sich um eine Pflegemutter oder einen Hortplatz bemühen?

Große Pläne

Anna und Lukas haben noch große Pläne, sie wünschen sich nämlich noch zwei Kinder. Sie träumen von einer größeren Wohnung oder gar davon, eines Tages ein Häuschen zu besitzen mit einem kleinen Garten. Dort möchten sie mit ihren Kindern in einem Sandkasten spielen oder sie auf der Schaukel anstoßen. Die Familie soll für sie an erster Stelle stehen. Sie wollen möglichst viel Zeit miteinander verbringen und sich bei allen Aufgaben und Arbeiten gegenseitig unterstützen. Sie träumen davon, Kinderwagen zu fahren, Ball zu spielen, Lego zu bauen, Eisenbahn und Bauernhof im Kinderzimmer aufzustellen. Am Abend wollen sie ihre Kinder gemeinsam zu Bett bringen, Geschichten vorlesen, miteinander singen und beten.

In der Familie werden Kinder angenommen und bejaht, sodass sie sich selbst annehmen und anderen vertrauen können. Dabei darf jedoch die Sorge der Eltern nicht stehen bleiben. Die Eltern werden ihre Kinder so in das Leben einführen, dass sie fähig werden, das Leben zu bewältigen. Dazu ist es notwendig, dass sie mit Werten und Lebensordnungen vertraut werden, die Orientierung und Herausforderung sind.

Katholischer Erwachsenenkatechismus 2,239

1. Jeder träumt von einer idealen Familie. Gestalte deinen Traum als Wunschzettel oder Himmel voller Wolken.
2. Diskutiert Vor- und Nachteile der Kinderbetreuung durch die eigenen Eltern, Tagesmütter oder die Kinderkrippe in einem Pro-und-Kontra-Streitgespräch (vgl. Methode „Pro-und-Kontra-Streitgespräch“ S. 199).
3. Kinder brauchen eine Familie, weil … Formuliert Gründe. Der Katechismusauszug kann euch dabei helfen.

Familie in vielen Formen

Die Familie

Familie mit Tagesmutter

Alleinerziehende Mutter

Familie mit Hausmann

Doppelverdiener-Familie

Alleinerziehender Vater

Da stehe ich zwischen meinem Vater
und meiner Mutter.
Ich, wer bin ich?
Was macht „mich“ aus?
Was habe ich von meinem Vater?
Worin bin ich ihm ähnlich?
Was habe ich von meiner Mutter?
Worin bin ich ihr ähnlich?

Welche Fähigkeiten habe ich meinem Vater,
welche meiner Mutter zu verdanken?
Ich – wer bin ich?
Wenn ich es genau bedenke,
habe ich auf jeden Fall
einiges von meinem Vater
und einiges von meiner Mutter.

1. Familie gibt es heute in vielen Formen. Nennt Formen, die ihr kennt.
2. Ein 15-Jähriger sagte einmal: „Familie ist dort, wo man hin kann, wenn man etwas ausgefressen hat.“ – Beschreibt, wie Kinder dies in den verschiedenen Familienformen erleben können.
3. Betrachte das Bild von Meinrad Dufner. Welche Gedanken und Gefühle hast du dabei?
4. Stelle dir vor, du bist die Person in der Mitte des Bildes. Welche Fragen stellst du dir?

Homosexualität – Liebe zum eigenen Geschlecht

Menschen, die anders fühlen, anders denken und anders reagieren als wir selbst, sehen wir oft vorschnell als unnormal, krank oder verrückt an. Diese Neigung zu Vorurteilen finden wir auch im Bereich der Sexualität, denn auch hier fühlen nicht alle Menschen gleich. Homosexuelle sind Männer und Frauen, die sich besonders zu Menschen ihres eigenen Geschlechts hingezogen fühlen. Homosexuelle Männer machen sich im sexuellen Bereich nichts aus Frauen und umgekehrt. Zwischen drei und fünf Prozent der Männer und Frauen in Deutschland sind homosexuell, d. h. durch eine dauerhafte Prägung homosexuell veranlagt. Eine große Zahl von ihnen sehnt sich nach einer festen Partnerschaft mit einem gleichgeschlechtlichen Partner. Diese Menschen befinden sich in einer Minderheitensituation und müssen oft erleben, dass andere sie diskriminieren. Über homosexuelle Menschen gibt es viele Fehlinformationen, Vorurteile und Tabus. Oft werden Homosexuelle als Menschen geschildert, die ihr Geschlecht nicht annehmen, die sich unnatürlich bewegen, sich anormal kleiden. Die weitaus meisten Homosexuellen entsprechen diesem Klischee überhaupt nicht. Sie sind Männer und Frauen, die ihr Geschlecht bejahen, die sich als Männer oder Frauen in ihrer Haut wohl fühlen. Viele Homosexuelle gestalten ihre sexuelle Beziehung partnerschaftlich; manche wollen nach Möglichkeit heiraten und gemeinsam Kinder großziehen.

Wenn sie leiden, dann weil sie sich von vielen ihrer Mitmenschen ausgestoßen wissen, oder weil sie, geprägt durch die allgemeinen Vorurteile, ihren Zustand selbst innerlich nicht annehmen wollen. Viele leiden unbewusst an Schuldgefühlen, die sie nie ganz bewältigen. Wie Homosexualität entsteht, ist weder medizinisch noch psychologisch restlos geklärt. In jedem Menschen gibt es ein bestimmtes Mischungsverhältnis von homosexueller und heterosexueller Neigung. In bestimmten Lebensphasen fühlen sich Jungen auch zu Jungen und Mädchen auch zu Mädchen hingezogen. Im Alter zwischen 16 und 25 finden sie zu einer eindeutigen Orientierung in einer heterosexuellen Beziehung. Ein kleiner Teil dieser Altersgruppe erlebt sich aber zunehmend als eindeutig schwul oder lesbisch. Andere bleiben in der noch nicht entschiedenen Position und verhalten sich bisexuell. Wer homosexuell ist, stellt dies mit letzter Entschiedenheit erst als Erwachsener fest.

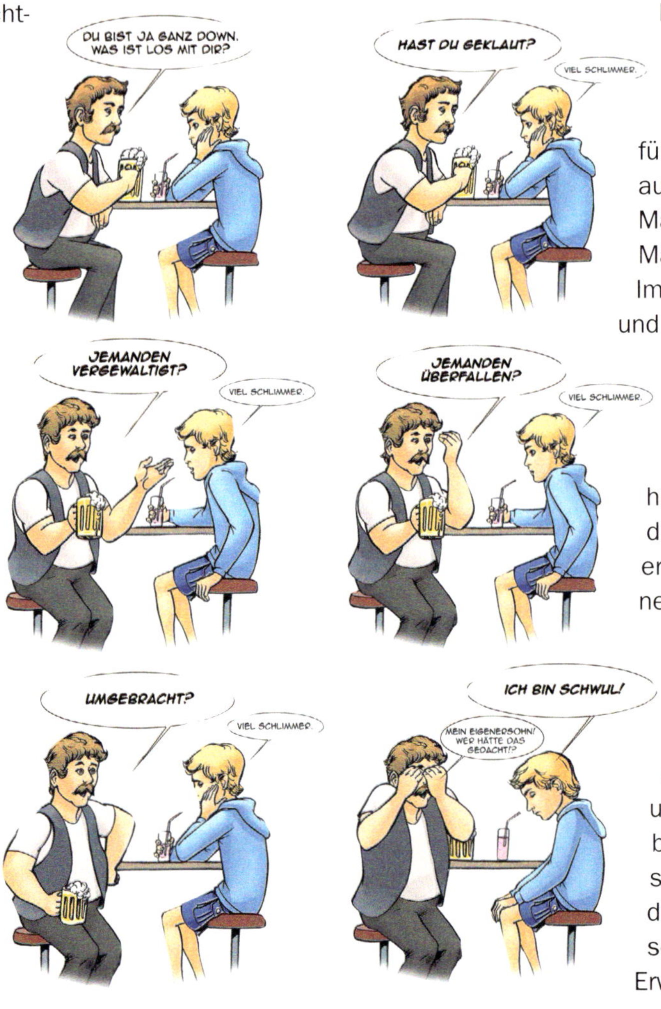

Jugendliche mit homosexueller Orientierung befinden sich in einer besonders schwierigen Situation:

- Im Gegensatz zu den anderen werden sie in eine Familie hineingeboren, die nicht so empfindet wie sie.
- Ihre Umwelt bemerkt ihre Neigung nicht und bedrängt sie mit einer heterosexuell ausgerichteten Erziehung.
- Sie wachsen in einer Gesellschaft auf, die ihre sexuelle Neigung oft verurteilt.
- In einer heterosexuell geprägten Welt finden sie nur schwer jemanden, an den sie sich wenden können.
- So entsteht in ihnen das Grundgefühl: „Ich bin falsch und schlecht." Ihre Selbstachtung wird so zutiefst erschüttert.

Jugendliche, die über ihre Sexualität oder andere Themen mit jemandem sprechen wollen, können sich durch die **Telefonseelsorge (08 00 / 111 01 11 oder 08 00 / 111 02 22)** eine Beratungsstelle empfehlen lassen.

Wie kann die Kirche diesen Menschen begegnen? Wie die Gesellschaft hat auch die Kirche in dieser Frage eine Entwicklung durchgemacht. Während sie früher die Homosexualität als unnatürlich ansah, die dem Willen des Schöpfergottes nicht entspricht, bemüht sie sich heute um eine Neubewertung. Sie akzeptiert die homosexuelle Orientierung und lehnt die Diskriminierung der Homosexuellen durch die Gesellschaft ab. Stark umstritten bleibt die Frage, ob homosexuelle Menschen ihre Orientierung in Beziehungen auch geschlechtlich leben dürfen.
Die Auffassung, dass Homosexuelle auf homosexuelle Beziehungen verzichten und enthaltsam leben sollen, können auch viele gläubige Katholiken nicht mehr nachvollziehen. Sie sind der Ansicht, dass eine homosexuelle Liebe zwischen Menschen genauso gestaltet und bewertet werden müsse wie die („heterosexuelle") Beziehung zwischen Mann und Frau. Ihr Argument lautet, dass die gelebte Sexualität grundsätzlich ihren Wert und ihre Würde aus der Qualität der Beziehung erfährt, die Menschen miteinander leben. Ausschließlich auf Geschlechtsfunktionen abzuheben, sei ein Biologismus. Die Diskussionen um diese Fragen sind nicht abgeschlossen.

1. Beschreibe die Situation, in der sich Jugendliche mit homosexueller Orientierung befinden.
2. Formuliere Wünsche und Erwartungen, die homosexuelle Jugendliche gegenüber Eltern, Freunden, Mitschülern, Kirche und der Gesellschaft haben könnten. Stellt sie auf einem Klassenposter zusammen (vgl. Methode „Plakat gestalten" S. 195).
3. Wie begegnete Jesus Menschen, die am Rand der Gesellschaft standen? Wie kann Jesu Verhalten Vorbild für uns heute sein?

Kennst du dich aus?

1. **„Die Bibel – ein Buch der Liebe Gottes zu den Menschen und der Liebe der Menschen untereinander.“**
   Gestaltet dazu eine Bilderausstellung. Wählt dafür Bibelstellen in diesem Kapitel aus und sucht dazu passende Fotos und Bilder.

2. **Liebe ist, wenn …**
   Gestalte ein Plakat mit Leitlinien, die zum Thema „Liebe und Sexualität“ gelten sollten. Verwende dazu auch die Anregungen aus diesem Kapitel (vgl. Methode „Plakat gestalten“ S. 195).

Dx bxst zxxtlxbxns fxr dxs vxrxnt-wxrtlxch, wxs dx dxr vxrtrxxt gxmx-cht hxst.

NAM THEIS RUN TIM MED NEZREH TUG. DSA WSENELTCIEH ITS FRÜ DEI AGUNE USNCITHABR.

3. Sucht moderne Songs und Lieder zum Thema **„Liebe – Freundschaft – Partnerschaft“.** Spielt sie euch gegenseitig vor und vergleicht die in ihnen enthaltenen Aussagen mit den Aussagen dieses Kapitels.

4. **Entschlüssle die Geheimschrift.**
   Gestalte daraus attraktive Spruchkarten zum Verschenken.

5. Bereitet gemeinsam in arbeitsteiligen Gruppen einen Klassentag vor zum Thema **„Liebe – Freundschaft – Partnerschaft“.** Wählt passende Texte und Bilder dazu aus.

3. Achtung – ein Mensch! – Die Würde des Menschen ist unantastbar

William Blake: Adam benennt die wilden Tiere, 1810.

Gott der Herr formte aus dem Ackerboden alle Tiere des Feldes und alle Vögel des Himmels und führte sie dem Menschen zu, um zu sehen, wie er sie benennen würde. Und wie der Mensch jedes lebendige Wesen benannte, so sollte es heißen. Der Mensch gab Namen allem Vieh, den Vögeln des Himmels und allen Tieren des Feldes. Aber eine Hilfe, die dem Menschen entsprach, fand er nicht.

Gen 1,19–20

Dann sprach Gott: Lasst uns Menschen machen als unser Abbild, uns ähnlich. Sie sollen herrschen über die Fische des Meeres, über die Vögel des Himmels, über das Vieh, über die ganze Erde und über alle Kriechtiere auf dem Land. Gott schuf also den Menschen als sein Abbild; als Abbild Gottes schuf er ihn. Als Mann und Frau schuf er sie.

Gen 1,26–27

William Blake: Eva benennt die Vögel, 1810.

1. Setze die Überschrift und die Bilder und Texte dieser Seite zueinander in Beziehung (vgl. Methode „Bild-Text-Vergleich“ S. 193).
2. Nenne Beispiele, wo Menschen Namensgeber sind, und überlege, welche Würde je nach Anlass derjenige hat, der anderen Namen geben darf.
3. Schlage Artikel 1 GG (Grundgesetz für die Bundesrepublik Deutschland) nach und stelle dar, inwiefern der Bibeltext Gen 1,26–27 für Artikel 1 GG von Bedeutung ist.

Der Mensch – das Abbild Gottes

Lasst uns Menschen machen als unser Abbild, uns ähnlich (Gen 1,26)

Michelangelo Buonarroti: Erschaffung Adams, ca. 1510.

Dieses Bild von Michelangelo aus der Sixtinischen Kapelle in Rom hast du vielleicht schon öfters gesehen. Schüler haben folgende Beobachtungen gemacht:

- Hingestreckt auf der Erde liegt der noch schlaffe, aber wohlgeformte Körper Adams, der wie ein ruhender Athlet dargestellt ist.
- Adams linker Arm liegt schwerfällig auf seinem linken angezogenen Knie, das rechte Bein ist lang ausgestreckt.
- Der rechte Arm ist angewinkelt und dient als Stütze.
- Adam wirkt etwas benebelt oder ohnmächtig, aber sein linker Arm strebt zur Berührung durch Gottes Zeigefinger.
- Gott scheint Adams erhobene Hand schon mit seinem Zeigefinger zu berühren. Doch noch trennt ein kleiner Abstand die beiden Finger.
- Gott ist als ein alter, aber machtvoller Mann dargestellt.
- Sein Gesicht wirkt weise und ist von Lebenserfahrung geprägt.
- Mit ausgestrecktem Arm schwebt Gott, der Schöpfer, seinem Abbild Adam entgegen.
- Adams Gesicht dagegen wirkt wie ein unbeschriebenes Blatt – jung, unerfahren und unschuldig. Gleich wird Gott durch eine sanfte Berührung der Fingerspitze seinen „Lebensfunken" auf ihn überspringen lassen und ihn zum Leben erwecken.
- Gott und Adam sind größenmäßig gleich dargestellt, vielleicht will der Künstler eine gewisse Gleichstellung von Gott und Mensch zum Ausdruck bringen.
- Gott legt seinen linken Arm über die Schulter eines Engels, der frauenhaft dargestellt ist und Adam anschaut. Der Blick des Engels erinnert an den von Adam: große geöffnete Augen und eine Spur von Sehnsucht.

Michelangelo war fasziniert von der Schönheit der Welt. Es ging ihm aber nicht um eine getreue Nachahmung der Natur. Für ihn ist Schönheit der Welt der Widerschein des Göttlichen. Er betrachtete viele schöne Menschen, studierte sie und nahm von jedem die Züge, die am schönsten und am vollkommensten waren. „Nie kann ich nur in einem Sterblichen ohne große Sehnsucht Dein ewiges Antlitz erblicken", schrieb Michelangelo.

Als Gott dem Menschen seine Würde schenkte

Alles hat Gott schon gemacht, das Wasser, das Land, die Pflanzen und die Tiere. Als Letztes also schafft er den Menschen. Der sieht sich um in seiner Welt, entdeckt die Natur, beobachtet die Tiere und er ist nicht zufrieden. Irgendetwas fehlt ihm noch. Er wendet sich also an seinen Schöpfer und bringt seine Beschwerde vor. „Herr, ich kann nicht fliegen wie der Adler, auch bin ich nicht so schnell wie die Antilope. Ich kann nicht im Wasser leben wie der Wal und im Gebirge bin ich nicht so geschickt wie die Gämse. Der Elefant ist viel größer als ich, die Ameise kann länger arbeiten und wenn ich den Elch erlegen will, so läuft er mir davon. Die Schnecke hat von dir ihr Haus schon mitbekommen, ich muss mir immer neu ein Dach über dem Kopf suchen. Allen anderen hast du etwas geschenkt und mitgegeben. Findest du nicht auch, dass ich, der Mensch, etwas zu kurz gekommen bin? Aber wahrscheinlich hast du jetzt nichts mehr übrig für mich, nachdem du die Tiere so reich ausgestattet hast." Gott, der Herr, hört sich die Klage seines Geschöpfes an und überlegt. Er möchte, dass der Mensch zufrieden ist mit seinem Leben. Was also kann er der Krone seiner Schöpfung, dem Menschen, verleihen? Nach kurzem Nachdenken schließlich hat er die Lösung gefunden. „Ich schenke dir, Mensch, die Möglichkeit, eine Persönlichkeit zu werden. Ich statte dich mit einer Würde aus, die dir von niemandem genommen werden kann. Du kannst frei entscheiden, was du aus deinem Leben machen willst. Du kannst dich zum Guten und zum Schlechten hin entscheiden, ein Heiliger werden oder ein Übeltäter. Du kannst deine Mitmenschen und die Natur achten oder vernichten. Du kannst andere respektieren oder über sie herfallen. Du kannst anderen Leben schenken oder den Tod bringen. Du allein kannst entscheiden. Das ist mein Geschenk an dich, Mensch."

Giovanni Pico della Mirandola: Über die Würde des Menschen, 1486.

1. Ergänze die Beobachtungen der Schüler zum Bild „Erschaffung Adams" durch eigene Beobachtungen.
2. Lest Genesis 1,27 und 2,4b–7. Vergleicht die biblischen Texte mit dem Bild von Michelangelo. Nennt Formulierungen, die Michelangelo wahrscheinlich besonders „inspiriert" haben.
3. In der Geschichte von G. P. della Mirandola macht Gott dem Menschen Geschenke. Arbeite die Geschenke aus dem Text heraus. Stelle eine Beziehung zwischen den Geschenken und dem Thema „Lasst uns Menschen machen als unser Abbild, uns ähnlich" her.
4. Nach einiger Zeit – so könnte man es sich vorstellen – wenden sich die Tiere an ihren Schöpfer: „Herr, du hast dem Menschen Würde verliehen und die Möglichkeit, sich frei zu entscheiden. Wir wollen dir erzählen, was wir beobachtet haben …" Gestaltet ein Rollenspiel dazu (vgl. Methode „Rollenspiel" S. 191).

Menschenrechte – Menschenwürde

Die heutigen Menschenrechte gehen zurück auf die Allgemeine Erklärung der Menschenrechte durch die Generalversammlung der Vereinten Nationen am 10. Dezember 1948. Artikel 1 lautet: „Alle Menschen sind frei und gleich an Würde und Rechten geboren. Sie sind mit Vernunft und Gewissen begabt und sollen einander im Geiste der Brüderlichkeit begegnen."
Historisch gesehen ist der Begriff der Menschenwürde bzw. der Menschenrechte ohne die Kirche und zum Teil sogar gegen ihren Widerstand entstanden. Die heutige Kirche hat aber die Fehler der Vergangenheit korrigiert.

Entwicklung der Menschenrechte

1679	Habeas-Corpus-Akte
1689	Bill of Rights
1776	Amerikanische Unabhängigkeitserklärung
1789	Erklärung der Menschen- und Bürgerrechte
1848	Paulskirchenverfassung (Grundrechtsteil)
1948	Allgemeine Erklärung der Menschenrechte (UN)

Aus Sicht der Theologie gründet die Würde des Menschen in seiner Gottebenbildlichkeit. Gott schafft den Menschen nach seinem Bild und schenkt ihm so eine grundlegende Würde. Durch die Menschwerdung Gottes in Christus wird diese Würde unüberbietbar gesteigert. In einem alten römischen Messgebet heißt es: „Gott du hast den Menschen in seiner Würde wunderbar erschaffen und noch wunderbarer erneuert." Das Gebet stammt vermutlich von Papst Leo dem Großen (461 n. Chr.). Paulus schreibt: „Ihr seid alle durch den Glauben Söhne Gottes in Christus Jesus. (…) Es gibt nicht mehr Juden und Griechen, nicht Sklaven und Freie, nicht Mann und Frau; denn ihr alle seid ‚einer' in Christus Jesus." (Gal 3,26–28) Das Ideal der Brüderlichkeit aller Menschen lässt sich nicht tiefer begründen.

Das Leben des Menschen ist somit mehr als eine biologische Tatsache. Die Menschenwürde ist daher unantastbar und kommt allen Menschen zu:

- den Geborenen und Ungeborenen,
- den Gesunden und Kranken,
- den Alten und Jungen,
- den Armen und Reichen,
- den Klugen und weniger Begabten,
- den Menschen aller Zeiten und Rassen,
- den Behinderten und Sterbenden, unabhängig von ihrer Selbsteinschätzung oder der Einschätzung durch andere.

Die erste Konsequenz, die sich aus der Menschenwürde ergibt, ist das Recht auf Leben. Durch die Menschenwürde ist das Leben der Verfügbarkeit durch den Menschen entzogen. Alle Menschen stehen unter dem Schutz Gottes, keiner darf sich am Leben des anderen vergreifen.

Salvador Dalí: Ausschnitt aus: Das letzte Abendmahl, 1955.

Von Menschenrechten kann man nie abstrakt reden. Sie entfalten ihre Bedeutung erst dann, wenn sie in konkreten Lebensbereichen Anwendung finden. Dazu gehören z. B. die Bereiche Nahrung, Weitergabe des Lebens, Arbeit, Freizeit, Selbstbestimmung, Gesundheit, Lebensglück, Fürsorge, Leidbewältigung.
In diesen Lebensbereichen haben Menschen vielfältige Rechte, die sogenannten Menschenrechte. Menschenrechte sind die angeborenen Rechte eines jeden Menschen, die ihm allein aufgrund seines Menschseins zukommen. Sie sind höher gestellt als die Rechte des Staates und können daher auch nicht von diesem verliehen, sondern nur als solche anerkannt werden. Menschenrechte sind zuerst die Freiheitsrechte der einzelnen Person in der Gesellschaft. Ein Mensch hat das Recht auf freie Entfaltung seiner Persönlichkeit.
Es wird nur begrenzt durch die Freiheitsrechte anderer Menschen.
Im Laufe der Geschichte erweiterte sich der Begriff Menschenrechte von der Freiheit vom Staat (Abwehrrechte) über die Freiheit im Staat (Partizipationsrechte) zur Freiheit durch den Staat (soziale Menschenrechte).

1. „Die Menschenrechte finden im christlichen Glauben ihre tiefste Begründung." Erkläre diese Behauptung.
2. Betrachte das Foto des jungen Mannes mit dem Plakat und übersetze die englische Unterschrift. Finde im Text Aussagen, die zur Unterschrift passen.
3. Betrachte die Haltung und den Gesichtsausdruck der Jesusdarstellung auf dem Bild von Salvador Dalí. Beschreibe deren Wirkung auf den Betrachter. Welche Botschaft Jesu in der Abendmahlssituation hat der Künstler auf diese Weise vielleicht ausdrücken wollen?
4. „Der Baum der Menschenrechte" – Die Menschenrechte können als Baum dargestellt werden. Erläutere, welche Rechte du den Wurzeln, dem Stamm, den Ästen, den Blättern und den Früchten zuordnen würdest.

Menschenrechte zwischen Traum und Realität

Recht auf Meinungsfreiheit

Recht auf Schutz der Menschenwürde

Recht auf Eigentum

Recht auf Gedanken-, Gewissens- und Religionsfreiheit

Recht auf Asyl

Recht auf Freizügigkeit

Recht auf Freiheit

Recht auf Gleichheit vor Gericht

Recht auf soziale Sicherheit

Recht auf Arbeit

Recht auf Ausbildung

Recht auf freie Berufswahl

Recht auf Bildung

Salvador Dalí: Paar, die Köpfe voller Wolken, 1936.

Recht auf gleichen Lohn für gleiche Arbeit

Recht darauf, dass nicht willkürlich in das Privatleben eingegriffen wird

Recht auf allgemeine und gleiche Wahlen

1. Wähle die Menschenrechte aus, die für dein Leben momentan besondere Bedeutung haben. Begründe.

2. Lasst das Paar von Salvador Dalí von den Menschenrechten träumen und miteinander ein Gespräch führen (vgl. Methode „Dialog schreiben“ S. 197).

Schlagzeilen aus der Zeitung

Ken Oosterbroek: Wehklagende Frau aus Thokoza/Südafrika

Die Plakate der Demonstranten wurden von der Geheimpolizei zerstört

1. Die Schlagzeilen prangern Verletzungen der Menschenrechte an. Nennt Menschenrechte, die missachtet werden.
2. Recherchiere Menschenrechtsorganisationen in deiner Stadt/Region.
3. Täglich werden Menschenrechte verletzt. Sucht in den Medien nach Beispielen und gestaltet daraus ein Plakat. Darauf sollte deutlich werden, wie und von welchen Organisationen Menschenrechtsverletzungen verhindert, gelindert oder politisch und wirtschaftlich abgestellt werden. Berücksichtigt dabei auch den Einsatz der christlichen Kirchen, insbesondere in ihren Aktionen „Adveniat“, „Misereor“ und „Brot für die Welt“ (vgl. Methode „Plakat gestalten“ S. 195).

Siebenmal Leben – siebenmal Menschenwürde

Der Säugling
wird mit Spannung erwartet. Wird es ein Junge oder ein Mädchen? Welchen Namen soll das Baby bekommen? Als Säugling lebt es sich noch sorglos. Die Haupttätigkeiten sind schlafen, essen, schreien und wachsen. Und natürlich von seiner Umwelt bewundert werden: das erste Lächeln, die Zähne, die ersten Worte oder Schritte …

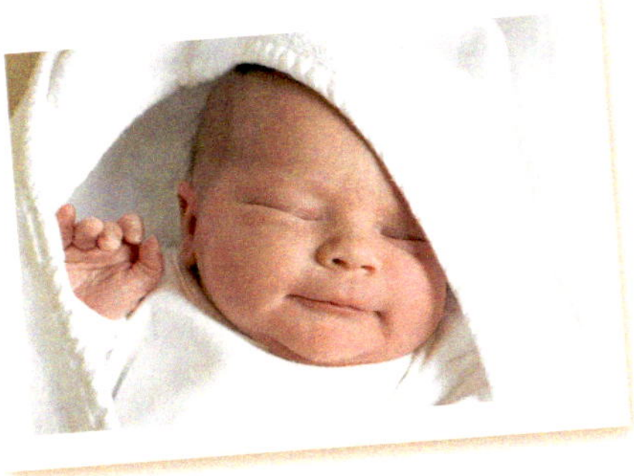

Ein Kind
denkt nicht an gestern und morgen. Es lebt im Augenblick. Zeit spielt keine Rolle. Jedes Gefühl wird intensiv ausgelebt, Lachen und Weinen liegen eng beieinander. Es gibt so viel, was ausprobiert werden will. Darum macht Lernen Spaß. „Wann komme ich endlich in die Schule?“ Die Schule bringt aber auch Probleme. Kindern ist es erlaubt, den Erwachsenen „Löcher in den Bauch“ zu fragen. Auch die ersten Enttäuschungen bleiben nicht aus: Streit mit den Geschwistern, mit den Eltern und auch Streit unter den Eltern … Auch damit umgehen will gelernt sein.

Für Jugendliche
ist viel im Umbruch. Der Körper verändert sich, Ansichten und Interessen auch. Es kommt häufig zu Stimmungsschwankungen, die für alle Beteiligten sehr anstrengend sind. Diese Zeit ist trotz aller Schwierigkeiten für Jugendliche aber auch reich an neuen Erfahrungen und Entdeckungen.

Junge Erwachsene
fragen sich: Welchen Beruf soll ich ergreifen? Wie will ich mein Leben gestalten? Wofür gebe ich mein Geld aus? Wonach, nach wem richte ich mich? Viele Fragen – viele Wege. Die neue Selbstständigkeit will ausprobiert werden. Erste Erfahrungen in der Partnerschaft, die erste eigene Wohnung – alles in allem: auf eigenen Füßen stehen.

Für Erwachsene
stehen wichtige berufliche und persönliche Entscheidungen an: Will ich als Single leben oder strebe ich eine Partnerschaft an? Möchte ich Kinder haben und eine Familie gründen? Was gibt mir Halt, wenn es mal nicht so gut läuft?

Ältere Menschen
blicken auf ein langes Arbeitsleben zurück. Langsam wollen sie sich aus der Verantwortung zurückziehen. Die Kinder sind groß und haben vielleicht selbst schon Kinder. Da stellen sich ganz neue Aufgaben. Jetzt bleibt mehr Zeit für Interessen und Hobbys. Aber manchmal müssen Krankheiten ertragen werden.

Alte Menschen
müssen das Ende ihres Lebens in den Blick nehmen. Sorgen und Ängste beschäftigen sie: Wer kümmert sich um mich, wenn ich meinen Alltag nicht mehr alleine bewältigen kann? Die Kräfte nehmen ab, es gilt Abschied zu nehmen von einem langen und ereignisreichen Leben.

1. Erzähle von einem besonderen Menschen aus jeder Altersgruppe in Form eines Karussellgespräches (vgl. Methode „Karussellgespräch" S. 198).
2. Verteilt die sieben Lebensphasen an Gruppen und beantwortet in jeder Gruppe die Fragen:
   Wie kann in dieser Lebensphase die Menschenwürde bedroht werden?
   Wie hilft die Kirche bei der Wahrung der Menschenwürde?
3. Mit alten Menschen lohnt sich ein Gespräch darüber, wie sie ihr Leben angepackt und gemeistert haben. Wähle einen älteren oder alten Menschen aus und interviewe ihn (vgl. Methode „Zeitungsinterview" S. 196). Erstelle im Vorfeld zur Vorbereitung eine Fragelandschaft (vgl. Methode „Fragelandschaft" S. 189). Stelle das Ergebnis in der Klasse vor.

Lauter Fragen

Ihr erinnert euch vielleicht noch an die Titelmusik der „Sesamstraße" mit dem Text:
„Wer, wie, was,
der, die, das,
wieso, weshalb, warum –
wer nicht fragt, bleibt dumm!"
Dieser Text wurde so für Kinder formuliert, aber er ist genauso wichtig für Jugendliche und Erwachsene. Die richtigen Fragen zu stellen, ist manchmal wichtiger, als die Antworten zu wissen. Nur wer fragt, kann nach Antworten suchen. Nur wer fragt, kann Antworten verstehen. Nur wer fragt, kann Antworten „hinterfragen". Das gilt besonders bei Fragen nach der Würde des menschlichen Lebens. Im Fernsehen gab es vor einiger Zeit eine „Aktion 1000 Fragen". In dieser Aktion konnten Menschen aller Altersstufen zum Thema „Menschliches Leben" Fragen stellen. Hier sind einige Beispiele:

Fruchtwasseruntersuchung

- Gibt es ein Recht auf ein „gesundes" Kind?
- Ist die Untersuchung eines Kindes vor der Geburt für die Mutter eine Hilfe oder eine Belastung?
- Muss es nicht ein Recht auf Nichtwissen geben?
- Wer bestimmt, ab wann ein Leben lebenswert ist?
- Wer will entscheiden, wann Leben nicht lebenswert ist? Die Ärzte? Die Eltern? Der Staat?

Behinderung

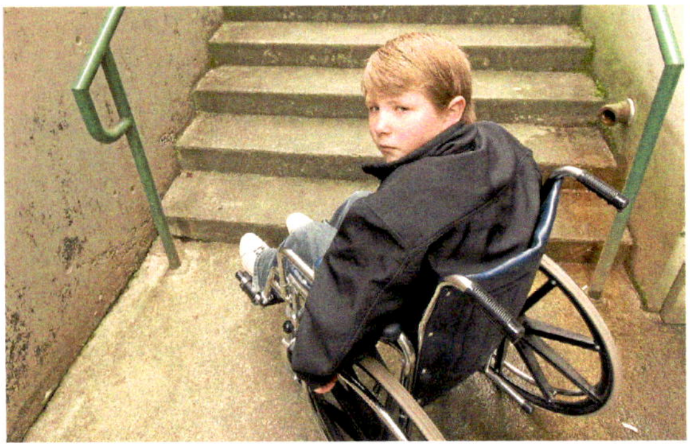

- Gibt es ein Recht auf Glück und ein Recht auf ein leidloses Leben?
- Muss ich Angst haben, Kinder in die Welt zu setzen, in eine Welt, in der Perfektion das Einzige ist, was zählt?
- Muss ich mich schuldig fühlen, wenn ich trotz einer vererbbaren Sehbehinderung ein Kind in die Welt setze?
- Was berechtigt einen Menschen, über Wert oder Unwert eines anderen Menschen zu urteilen?
- Was ist „normal"?

Abtreibung

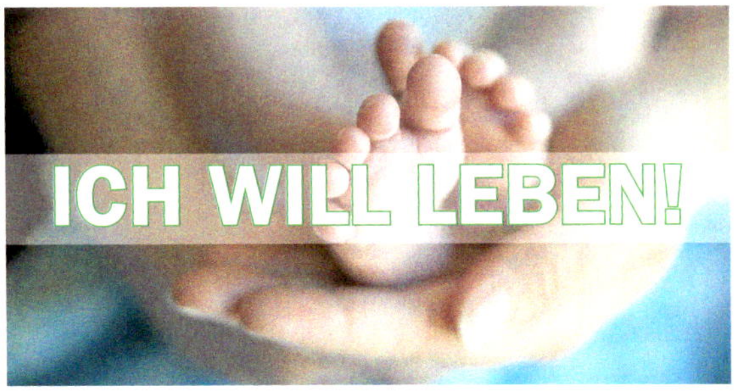

- Wann beginnt Leben?
- Ist eine befruchtete Eizelle wirklich schon ein Mensch?
- Ist es schlimm, ein uneheliches Kind zu haben?
- Soll man behinderte Kinder lieber abtreiben?
- Ich bin da, um zu heilen, zu lindern oder zu trösten und nicht, um zu töten. Wie soll ein Arzt damit umgehen?

Sterbehilfe

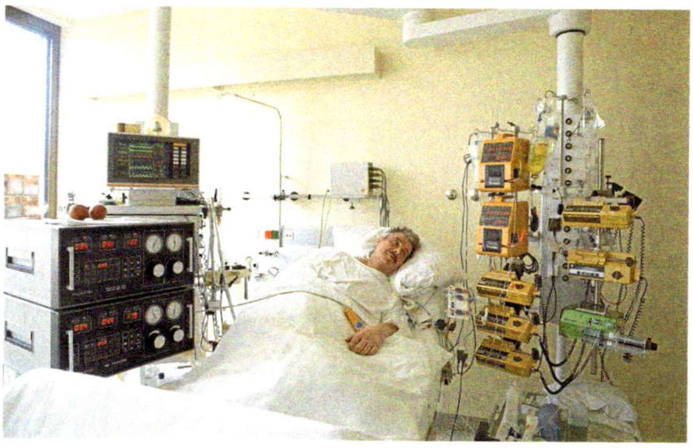

- Wann hört das Leben auf?
- Was will ein Mensch, wenn er im Koma liegt?
- Gibt es außer der aktiven Sterbehilfe keinen anderen Weg, Leidenden zu helfen und sie von ihren Qualen zu befreien?
- Ist es nicht die größte Errungenschaft der Zivilisation, wenn die menschliche Selbstbestimmung auch die freie Bestimmung über das eigene Ende mit einbezieht?
- Bringt die Legalisierung der Sterbehilfe uns nicht in Versuchung, Todkranke, Alte und Behinderte einfach loswerden zu wollen?
- Hospize sind großartige Einrichtungen. Warum denken wir über das Töten von Menschen nach, wenn man doch das Sterben selber menschenwürdig machen kann?

Organspende

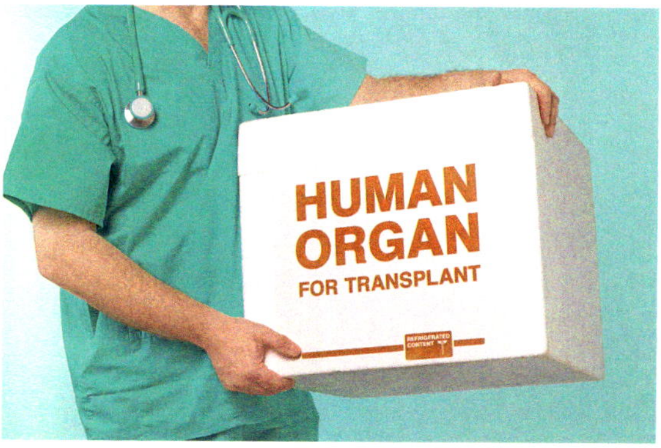

- Wer darf Organe spenden?
- Wer bekommt die neue Niere, wenn mehrere Patienten darauf warten?
- Wem würdest du eine Niere spenden?
- Warum sollte man einen Organspendeausweis haben?
- Wie wird der Missbrauch eines Organspendeausweises verhindert?
- Warum kriegt man für eine Organspende kein Geld?

Übergreifende Fragen

- Darf der Mensch alles, was er kann?
- Gibt es auch Grenzen für Wissenschaftler?
- Haben wir eine Chance, die Welt zu verändern und sie menschlicher zu machen?
- Ist die Würde eines zukünftigen Menschen auch unantastbar?
- Wer sagt mir, was wirklich richtig ist?

1. Teilt euch in Gruppen auf. Jede Gruppe sucht sich vier Fragen aus und notiert die Fragen in großer Schrift in die vier Ecken eines großen Plakats. Um jede Frage herum schreiben alle Gruppenmitglieder ihre Antworten mit Begründung. Stellt anschließend die Fragen und Antworten der Klasse vor.
2. Recherchiert im Internet Antworten auf eure Fragen aus Sicht der katholischen Kirche (vgl. Methode „Internetrecherche" S. 189).

Was soll ich tun? – Christliche Orientierungsmaßstäbe

In den meisten Situationen wissen wir ziemlich genau, wie wir uns verhalten sollen. Wenn wir etwas finden, was uns nicht gehört, sollen wir den Besitzer ausfindig machen und ihm das Verlorene zurückgeben. Wenn wir etwas angestellt haben, sollen wir dazu stehen und die Wahrheit sagen. Es gibt aber auch Situationen, in denen das richtige Verhalten nicht so eindeutig klar ist. Wenn ich von jemandem angegriffen werde, wie soll ich mich verteidigen? Darf ich im Notfall sogar jemanden töten? Wenn ich in großer Not bin, darf ich dann Nahrung stehlen, um nicht zu verhungern?
In diesen Fällen müssen Menschen länger nachdenken, um zu einer richtigen Entscheidung zu kommen. Christen haben drei „Fundorte", wo sie Hilfen für ihre ethischen Entscheidungen finden.

1. Die Natur des Menschen, erkannt durch die Vernunft

Im christlichen Glauben kommt der Vernunft des Menschen eine große Bedeutung zu. Durch gutes Nachdenken kann der Mensch erkennen, was gut und was böse ist.

Auguste Rodin: Der Denker, 1902.

2. Die biblischen Schriften des Alten und Neuen Testaments

Nach christlichem Verständnis ist Gott der tragende Grund aller ethischen Orientierungsmaßstäbe. Das wird sichtbar in den Zehn Geboten des Alten Testaments. Sie sind bis heute die Grundlage für das menschliche Handeln. Jesus hat die Zehn Gebote bestätigt und – besonders in der Bergpredigt – vertieft. „In jedem Gebot und in jeder sittlichen Tat geht es um den Menschen und um seinen Weg mit Gott." (Katholischer Erwachsenenkatechismus 2,98)

3. Die Lehre der Kirche

Nicht alle ethischen Fragen lassen sich nur durch Berufung auf die Vernunft und die biblischen Schriften klären. Besonders bei neu auftauchenden moralischen Fragen muss die Kirche neu überlegen, was Menschen tun sollen und was nicht. Manchmal verstehen Menschen allerdings das, was die Kirche als ethisch geboten erklärt, nicht. In solchen Situationen ist daran zu erinnern, dass die Kirche Gebote und Verbote nicht aus eigenem Ermessen heraus aufstellen kann, sondern nur festzustellen sucht, was im Licht des Glaubens und der Vernunft zur Gestaltung des Lebens als Weisung und Orientierung zu beachten ist.

Die Liebe als Inbegriff christlicher Ethik

„Der Inbegriff christlicher Ethik ist das Liebesgebot, das untrennbar die Gottesliebe und die Nächstenliebe in sich vereinigt. Die Gottesliebe muss sich in der Nächstenliebe zeigen und bewähren; die Nächstenliebe findet in der Gottesliebe ihren Halt und ihren Richtungssinn. Das Unterscheidende und Entscheidende der christlichen Ethik hängt mit der Person Jesu Christi zusammen. (…) Jesus ist die Mensch gewordene Liebe Gottes, die zum Richtmaß ethischen Verhaltens wird. In seiner Person, in seinen Worten und Taten wird Gottes Wille anschaulich und erfahrbar."
(Katholischer Erwachsenenkatechismus 2,51)

Das 5. Gebot – Du sollst nicht töten (Ex 20,13)

Was bedeutet dieses Gebot?

Dieses Gebot ist zu einer Zeit entstanden, als Blutrache und Selbstjustiz noch weit verbreitet waren. Es bedeutet, dass kein Israelit einen anderen Israeliten ermorden durfte. Wer einen Feind der Israeliten tötete, verstieß nicht gegen dieses Gebot. Gemeint ist mit dem Gebot das absichtliche oder fahrlässige Totschlagen eines freien Mannes durch einen freien Mann. Ein freier Mann konnte über sein Eigentum – und dazu gehörten auch Frauen oder Sklaven oder Kriegsgefangene – jederzeit frei verfügen. Er schadete damit ja höchstens sich selbst. Bei freien Männern wird dieses Wort „töten" auch dann gebraucht, wenn sie den Totschlag oder den Mord durch einen anderen geschehen ließen oder anordneten. In späteren Schriften des Alten Testaments wird der Schutz des Lebens auch auf die Unfreien ausgeweitet. Durch die Botschaft Jesu, besonders in der Bergpredigt, bekam dieses Gebot einen ganz neuen Impuls und wird heute als umfassendes Gebot zum Schutz des Lebens verstanden. Unter diesem Gesichtspunkt betont die katholische Kirche, dass sowohl das ungeborene Leben als auch das Leben schwerstbehinderter oder alterskranker Menschen immer vollwertiges menschliches Leben ist und daher mit allen Mitteln zu schützen ist.

1. Das fünfte Gebot hat sich im Lauf der Geschichte entwickelt. Nenne verschiedene Stationen.
2. Betrachte die Hand und den Frosch. Stelle dir vor, Hand und Frosch könnten wie Menschen miteinander sprechen. Skizziere einen kurzen Dialog (vgl. Methode „Dialog verfassen" S. 197).
3. Der Song „Abel 82" von L. Hirsch schildert die Gewalt aus der Sicht des Opfers. Warum hat der Songschreiber das Geschehen so drastisch dargestellt?
4. Schlagt die Erzählung von Kain und Abel in der Bibel nach (Gen 4,1-16) und vergleicht sie mit dem Song.
5. Der Song stammt aus dem Jahr 1982. Ist er heute noch aktuell? Das Bild „Kain" von B. Krüerke gibt einen Hinweis.
6. Oft wird der Schutz des Lebens missachtet. Sammle Beispiele für Formen von Gewalt in deinem Umfeld und entwirf ein Protestplakat (vgl. Methode „Protestplakat entwerfen" S. 194).

Ich habe Angst

Abel 82

Meingott, warum drischt er denn immer noch auf mich ein?!
Er sieht doch, dass ich nur mehr da lieg' und mich nimmerwehr'.
Ich bin fertig, total fertig, das sieht er doch!
Das G'sicht! Ich muss mir das G'sicht schützen!
Ich muss mir die Hand vors's G'sicht halten.
So viel Blut überall.
Aus der Nase, ausm Mund, aus den Ohren, aus den Augen,
überall rinnt mir scho' das Blut auße.
Er soll aufhören! Bitte, bitte er soll aufhören!
Wie is' denn des ... Wie war das?
Da war die kleine Blonde mit den schwarzen Stiefeln,
und ich hab' was g'sagt und sie hat g'lacht
und dann bin ich hinter ihr raus aus dem Lokal,
und da war das Auto, er is' ausg'stiegen,
und dann hat er zug'schlagen, und ich hab' z'ruckg'schlagen ...
Wo is' sie denn jetzt, die kleine Blonde?
Warum sagt sie ihm denn nicht, dass er aufhören soll?
Die ganzen Leut', die da herumstehen und zuschaun,
warum sagen die denn nichts?
Warum machen die denn nichts?
Meingott, jetzt fangt er an, mit den Füßen zu treten.
Die Hand muss vor's G'sicht! Schnell!
Es geht nicht. Ich kann die Hand nicht bewegen.
Ich kann überhaupt nichts mehr bewegen.
Ich möcht' ihm so gern' sagen, dass eh alles in Ordnung ist mit seiner Kleinen. „Alter, komm, geh' ma auf ein Bier", möcht' ich ihm sagen, aber ich kann nicht.
Ich kann nicht mehr reden. Ich kann nicht mehr schrei'n.
Ich kann gar nichts mehr.
Ich kann nur mehr schrecklich klar denken.
Aber eins is' komisch. Es tut nicht mehr weh.

Bernd Krüerke: Kain, 1982.

Er tritt mir dauernd mit seinen Schuhen in's G'sicht und es kracht immer,
wie wenn man einen Hendelhaxen bricht,
aber ich spür' nichts.
Wenn ich eh nichts mehr spür', was will er denn noch mehr?
Er will mich totschlagen!!
Um Himmelswillen, warum macht denn niemand was?!
Der will mich totschlagen!
Gleich hat er's geschafft. Gleich haben wir's beide geschafft.
Ich spür' mich schon ganz leicht werden.
So is' das also, wenn man erschlagen wird.
Der Körper is' schon hin, nur die Gedanken funktionieren noch.
Und die werden dann auf einmal abreißen.
Ganz plötzlich, wie wenn man das Licht abdreht.
Und dann ist es aus. Dann bist du weg.
Endgültig,
Das ist verrückt, ich weiß genau,
ich lieg da auf der Straße und hab' trotzdem das Gefühl,
als ob ich einen Meter über mir war.

Ludwig Hirsch

T: http://www.ludwighirsch.at/textindex.htm

Was soll ich tun?

Eine Frau erfährt im siebten Monat ihrer Schwangerschaft, dass ihr Kind behindert sein wird. Ab dem sechsten Monat (22. Schwangerschaftswoche) ist nach medizinischer Erkenntnis ein Kind lebensfähig. Frühgeburten haben ab diesem Zeitpunkt eine gute Chance durchzukommen. Die Frau kann zu diesem Zeitpunkt bereits eine Beziehung zu ihrem werdenden Kind aufbauen. Deutlich nimmt sie seine Bewegungen in ihrem Leib wahr. Am Ultraschallgerät können Vater und Mutter seine Gestalt sehen und davon ein Foto bekommen. Sie können erfahren, ob es ein Mädchen oder ein Junge wird, und können schon nach einem Namen suchen. Eltern, die in dieser Situation sind, stellen sich viele Fragen: Sollen wir das Kind behalten oder sollen wir es abtreiben lassen? Wie sollen wir uns als Christen verhalten?

1. Berichte von Situationen, in denen sich das Gewissen „meldet“. Inwiefern gilt das alte Sprichwort: Ein gutes Gewissen ist ein sanftes Ruhekissen?
2. Nehmt in Kleingruppen aus Sicht werdender Eltern Stellung zu einem behinderten Kind.
3. Betrachte die Entscheidung der Eltern vor dem Hintergrund der christlichen Orientierungsmaßstäbe und der Liebe als Inbegriff der christlichen Ethik. Stelle die verschiedenen Antwortmöglichkeiten in einer Tabelle zusammen.

Menschliches Leben schützen

Fruchtwasseruntersuchung

Lena (27), verheiratet
„Ich war schon zur Fruchtwasserentnahme in der Klinik. Aber als sie mir dann aufzählten, was meinem Baby alles passieren könnte, dachte ich: Bist du verrückt? Ich hatte schon gemerkt, wie es sich in mir bewegte. Da konnte ich es doch nicht so in Gefahr bringen! Ich ging wieder nach Hause."

Leonie (25), verheiratet
„Ehrlich gesagt: Ich habe nicht darüber nachgedacht. Es war einfach selbstverständlich. Alle meine Freundinnen hatten es machen lassen. Und mein Arzt kam überhaupt nicht auf die Idee, ich könnte es nicht wollen. Ich hatte nicht das Gefühl, eine Wahl zu haben."

Anne (39), verheiratet
„Vor der Schwangerschaft war es für mich völlig klar: Ich lasse die Untersuchung machen. Doch je näher der Zeitpunkt des Eingriffs kam, desto mehr wurde er für mich zum Alptraum. Hauptsächlich deshalb, weil ich mich an eine frühere Absprache mit meinem Mann gebunden fühlte, das Kind abzutreiben, wenn es behindert wäre. Ich konnte mir das inzwischen gar nicht mehr vorstellen. Es war doch mein Baby! Trotzdem ließ ich den Test machen aus Angst, mein Mann würde mich nicht unterstützen, wenn das Baby krank auf die Welt käme."

Mia (38), alleinstehend
„Ich hatte das Gefühl, nach der Fruchtwasseruntersuchung alles getan zu haben, was man in meinem Alter tun sollte, um sicherzugehen, dass mit dem Baby alles okay ist. Natürlich könnte es noch andere Defekte haben, die man auf diese Weise nicht feststellen kann. Aber dafür muss ich mich dann nicht verantwortlich fühlen, denn dagegen kann ich nichts tun."

Laura (36), verheiratet
„Ich wollte diese Information, die die Technik mir geben kann, denn ich wollte die Menschheit nicht mit einem behinderten Kind belasten."

Mit der „Fruchtwasseruntersuchung" (Amniozentese) wird in der Medizin die Entnahme von Fruchtwasser aus der Fruchtblase einer schwangeren Frau zur Untersuchung der kindlichen Zellen bezeichnet. In der Regel werden diese Untersuchungen ab der 13. Schwangerschaftswoche durchgeführt. Es ist dadurch möglich, bestimmte Fehlentwicklungen des zentralen Nervensystems abzuschätzen sowie einige Erbkrankheiten zu diagnostizieren. Risiken, die die Untersuchung mit sich bringt (Blutungen, Verletzungen der Gebärmutter, Infektionen, Verletzungen des Kindes, Auslösung von Fehlgeburten), müssen vor dem Eingriff sorgfältig abgewogen werden.

Nele (24), alleinstehend
„Ich wollte meine Schwangerschaft nicht mit diesem Wissen belasten und wollte keine Entscheidung treffen müssen für oder gegen mein Baby. Ich dachte: Falls es mir passiert, werde ich schon Wege finden, damit fertig zu werden."

Johannes (25), verheiratet
„Ich finde, jede Frau sollte entscheiden können, ob sie ein Kind haben kann und will. Aber auch noch darüber zu entscheiden, wie dieses Kind sein soll und es abzulehnen, wenn es nicht ‚perfekt' ist – das steht Menschen nicht zu, finde ich."

Christine (39) und Thomas (41), verheiratet
„Wir hatten uns vier Jahre ein Kind gewünscht. Als es dann endlich passierte, war für mich klar, dass es mein Wunschkind ist, egal welche ‚Fehler' es vielleicht hätte. Ich wollte es auf jeden Fall bekommen."

Was ist „normal“?

Frau: In der Schule wurde früher im Biologieunterricht gesagt, dass es normale und unnormale Menschen gibt. Als ich gefragt habe, antwortete die Lehrerin: Behinderte sind unnormal!

Mann: Normal ist, wie die meisten sind.

Behinderter Mann: Ist ein vierblättriges Kleeblatt normal? Ist es nicht so, dass gerade das „Un-Normale“, wie zum Beispiel ein vierblättriges Kleeblatt oder der weiße Hai, als etwas Besonderes angesehen wird?

Mann: Normal kommt von Norm.

Behinderter Mann: Aber was ist, wenn ich der Norm gar nicht entsprechen möchte?

Mann: Normal ist, was statistisch gesehen in einem bestimmten Kulturkreis am häufigsten vorkommt.

Frau: Bist du normal? Ich meine: Wer entscheidet, wo die Linie gezogen wird – wer ist behindert und wer nicht?

Mann: Normal ist gesund und unnormal ist krank.

Frau: Warum bezeichnet man meine Lebenswelt als gesund und die von Behinderten als krank? Woher wissen wir, was in ihnen abgeht?

Behinderter Mann: Müssen meine Eltern sich schuldig fühlen, weil sie mich als Kind nicht abgetrieben haben?

Mann: Wo besteht der Sinn, Kindern, die mit schwersten Behinderungen zur Welt kommen, ein leidvolles Weitersiechen zu bescheren? Lohnt sich bei so einer Aussicht denn, den Weg des Lebens zu Ende zu gehen?

Behinderter Mann: Wird es bald wieder eine Skala für den Wert eines Menschenlebens geben?

Mann: Gefällt es dir etwa, behindert zu sein?

Behinderter Mann: Denkst du, dein Leben ist mehr wert als meins?

Mann: Ist es nicht ein Zeichen von Verfall, wenn sich eine Gesellschaft mehr und mehr Behinderte leistet? Warum sollen behinderte Menschen geboren werden, wenn die Gesellschaft nicht in der Lage ist, mit ihnen zu leben?

Behinderter Mann: Wenn wir alle behinderten Menschen vor der Geburt töten dürfen, wann töten wir die, die nach der Geburt behindert wurden und wann die, die nicht behindert sind?

Mann: Wird der Mensch ohne genetische Auslese nicht langsam aber sicher degenerieren?

Behinderter Mann: Würde ich leben, wenn es schon früher die heutige Pränataldiagnostik gegeben hätte?

Mann: Führt ein mehrfach schwerstbehinderter Mensch ein lebenswertes Leben?

Frau: Warum nicht? – Wenn er lieben kann. Ich habe 25 Jahre lang mit meinem schwerstbehinderten Sohn – der weder reden, noch sitzen, noch laufen konnte, nicht alleine essen konnte und gewindelt werden musste – zusammengelebt, aber er konnte lieben! Er war wirklich ein Mensch, der etwas auf der Welt zurückgelassen hat.

1. Welchen Aussagen über die Fruchtwasseruntersuchung stimmst du zu? Welchen Aussagen würdest du aus christlicher Sicht widersprechen?
2. Erstelle eine zweispaltige Tabelle und ordne stichpunktartig Aussagen des Gesprächs ein, die dich beeindrucken, bzw. die dich irritieren oder abschrecken.
3. Nenne Stellen, an denen christliche Sichtweisen zum Ausdruck kommen.
4. Stelle dir vor, du triffst den Mann/die Frau aus dem Gespräch oben. Formuliere schriftlich einen fiktiven Dialog mit ihm/ihr (vgl. Methode „Dialog schreiben“ S. 197).

Mensch von Anfang an

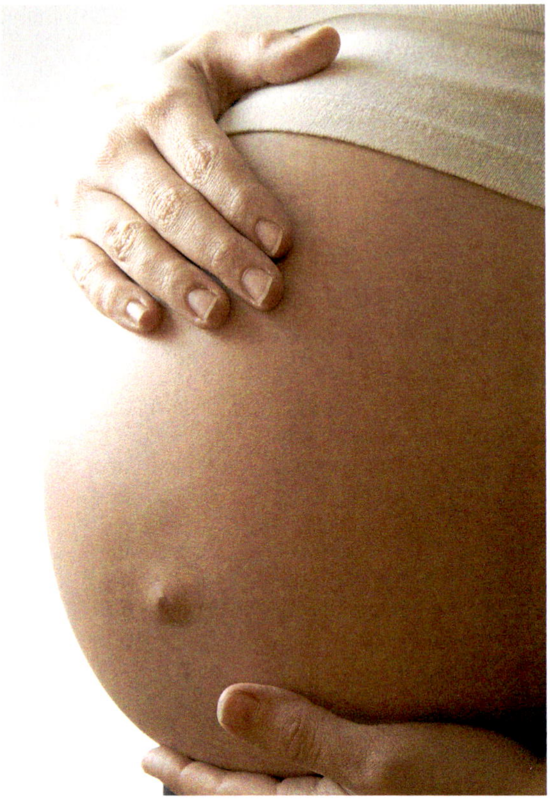

In den letzten Jahren haben vor allem der Streit um die Regelung des Schwangerschaftsabbruchs und nicht zuletzt die Diskussion um die Forschung an menschlichen Stammzellen eine große öffentliche Auseinandersetzung hervorgerufen. Dabei geht es nicht bloß um die Frage, wann menschliches Leben beginnt, sondern vor allem auch darum, welcher rechtliche Schutz ihm in den verschiedenen Stufen seiner Entwicklung zukommt.

Wann beginnt menschliches Leben?

Biologen sind unterschiedlicher Meinung:
Menschliches Leben beginnt bei der Vereinigung von Ei- und Samenzelle. Begründung: Ab diesem Zeitpunkt sind alle Erbanlagen bereits vorhanden.
Es beginnt mit der Einnistung der Eizelle. Begründung: Nicht jedes befruchtete Ei nistet sich in die Gebärmutter ein.
Es beginnt, wenn der Herzschlag anfängt. Begründung: Der Mensch hört auf zu leben, wenn sein Herz zu schlagen aufhört. Also beginnt sein Leben, wenn sein Herz zu schlagen beginnt.
Das Leben beginnt mit der Gehirnbildung. Begründung: Wenn das Leben mit dem Fluss der Gehirnströme endet, dann beginnt es auch damit.

Die deutschen Bischöfe, Für das Leben, Pastorales Wort zum Schutz der ungeborenen Kinder (1986)

Bereits bei der Befruchtung, d.h. wenn die Kerne von Ei- und Samenzelle sich miteinander verbinden, entsteht aus den sich verschmelzenden Erbinformationen ein „genetisches Programm“, das die weitere Entwicklung des Menschen grundlegend bestimmt und seine einmalige Wesensgestalt prägt. Von diesem Moment an entwickelt das neue Leben die ihm eigene Aktivität; aus einem inneren Antrieb heraus entfaltet es sich. (…) Wir haben es von der Zeugung an mit einem Menschen in seiner ersten Lebensgestalt zu tun; er hat eigenen Wert und Würde, die zu achten und zu schützen sind. (…) Immer, wenn ein ungeborenes Kind getötet wird, wird eine einmalige und unwiederholbare Lebensgeschichte abgebrochen und so verhindert. (…) Ein solches Leben zu vernichten, macht uns alle ärmer. Ohne dass wir uns dessen bewusst sind, verneinen wir uns damit selbst. Wir zerstören so den Anspruch auf unbedingten Respekt vor der Würde des Menschen. (…)

1. Nimm Stellung zu den unterschiedlichen Meinungen der Biologen über den Beginn menschlichen Lebens.
2. Formuliere Folgen, welche die unterschiedlichen Meinungen der Biologen für unseren Umgang mit dem werdenden Leben haben.
3. Führt in einem Rollenspiel eine Gesprächs-/Diskussionsrunde mit Vertretern unterschiedlicher Standpunkte durch, z.B. Vertretern der Kirche, Jugendlichen, Arzt, Eltern (vgl. Methode „Rollenspiel“ S. 191).

Eine Schwangerschaftsberaterin erzählt

Vor wenigen Minuten hat Lea die Beratungsstelle verlassen. Sie rief vor einigen Tagen an und bat um ein Beratungsgespräch. Zunächst wusste ich nur, dass sie erst 16 Jahre alt und noch Schülerin ist. Wir vereinbarten einen Termin und heute habe ich sie also kennen gelernt. Es ist sicher nicht einfach für ein so junges Mädchen, zu uns in die Beratung zu kommen. Es war auch nicht mein erstes Gespräch mit einer Schülerin. Zu uns kommen täglich Frauen verschiedensten Alters, um Hilfe zu finden. Allen Frauen gemeinsam ist, dass sie ein Kind erwarten und diese Situation für sie ein Problem darstellt.
In Leas Fall liegen die Probleme auf der Hand. Nach anfänglicher Schüchternheit kamen wir rasch ins Gespräch. Es war offensichtlich das erste Mal, dass ihr jemand wirklich zuhörte und sie in Ruhe über ihre Situation nachdenken konnte. Wie bei allen anderen Gesprächen auch, habe ich ihr keine Vorwürfe gemacht, keine Schuldzuweisungen erteilt und keine Moralpredigt gehalten. Es ging vielmehr darum, dass sich Lea einmal alle Ängste und Sorgen von der Seele reden konnte. Probleme, die beim Namen genannt werden, sind sehr viel klarer zu lösen. Solche gedanklichen Vorbereitungen helfen oft, in dem tatsächlichen Gespräch einen klaren Kopf zu behalten. Für Lea zum Beispiel stand ja noch das Gespräch mit ihren Eltern bevor, die von der Schwangerschaft keine Ahnung haben. Bei manchen Fragen konnte ich Lea ganz konkret helfen. Zum Beispiel gibt es eine Reihe von Möglichkeiten der finanziellen Unterstützung für werdende Mütter. Da kann ich ganz klare Vorschläge machen, Lea sagen, wie viel Geld sie von welcher Behörde bekommt, zum Beispiel von der Landesstiftung „Hilfe für Mutter und Kind“. Notfalls kann ich auch bei Verhandlungen mit den Ämtern helfen. Im Falle von Lea stand auch die Frage nach Schule und Ausbildungsmöglichkeiten im Vordergrund. Sie muss auf jeden Fall ihre Schulpflicht beenden und sollte dann natürlich die Möglichkeit einer Berufsausbildung erhalten. Ich konnte ihr die Angebote von Mutter-Kind-Heimen vorstellen, wo minderjährige Mädchen mit ihren Kindern gut aufgehoben sind. Informationen sind notwendig für die Rat suchenden Mädchen und Frauen, damit sie ihre Lage klar einschätzen und zu einer Entscheidung gelangen können.
Die Entscheidung für oder gegen das Kind wird selten während des Beratungsgesprächs getroffen. Als Beraterin weiß ich, dass Beratung nachwirkt und das Gespräch erst „verdaut“ werden muss. Ich weiß meistens nicht, ob sich die Ratsuchende nach unserem Gespräch wieder melden wird. Bei Lea glaube ich allerdings, dass sie noch einmal zu einem Gespräch kommen wird. Zunächst, das ist ihr während unseres Gesprächs klar geworden, muss sie ihre Eltern informieren. Diese können natürlich gerne Kontakt mit mir aufnehmen. Meine Klientin ist allerdings Lea selbst. Es geht in erster Linie um ihre Interessen und natürlich die ihres ungeborenen Kindes.

1. Lea erhält durch das Gespräch mit der Beraterin die Möglichkeit, ihre Probleme klarer zu sehen. Stelle Leas Probleme in der linken Spalte einer Tabelle zusammen.
2. Übernimm in die rechte Spalte der Tabelle konkrete Hilfen, welche Lea durch die Beraterin angeboten werden.
3. Spielt die Beratung in Form eines Rollenspiels nach.
4. Es gibt noch andere Lebensumstände, die eine Schwangerschaft schwierig machen. Erstellt eine Liste und besprecht, wie Menschen damit umgehen können.
5. Recherchiert, an welche Beratungsstelle in eurer Umgebung sich Lea wenden könnte. Notiert Adresse, Telefonnummer und Internetadresse an der Pinnwand in eurem Klassenzimmer.

Patricia – eine Schülerin wird Mutter

„Ich dachte nicht im Traum daran, das Kind behalten zu wollen“, erinnert sich Patricia an den Moment, als sie erfuhr, dass sie in der achten Woche schwanger sei. Mit ihrem drei Jahre älteren Freund war Patricia bereits seit zweieinhalb Jahren zusammen. Eigentlich war der Termin beim Frauenarzt eine Routineuntersuchung. „Klar, das war ein Riesenschock“, erzählt die 16-Jährige und drückt ihren kleinen Lukas behutsam an sich. „Ich wollte mein bisheriges Leben nicht aufgeben!“
Der schwere Entschluss stand schnell fest: Abtreibung! Doch auf der Fahrt zur Klinik kamen die ersten Zweifel. „Das war die schlimmste Fahrt meines Lebens“, berichtet die Realschülerin. Während des Beratungsgesprächs reifte Patricias Entschluss, das Kind zu behalten. Wieder zurück zu Hause wurde zunächst die Verwandtschaft über den anstehenden Nachwuchs informiert. „Es gab zwiespältige Reaktionen“, erzählt Patricia. Wie ihre Schule die Nachricht aufnehmen werde, konnte sie ebenfalls nur schwer einschätzen. „Klar hatte ich Angst!“ Doch mit dieser Resonanz hatte sie nicht gerechnet: „Es haben sich alle gefreut! Niemand hat blöd dahergeredet.“ Schmunzelnd erinnert sie sich an die Reaktion des Schulleiters, der auf ihre Ansage: „Ich habe ein kleines Problem: Ich bin schwanger!“, trocken entgegnete: „Das kommt vor“.

Bis zuletzt besuchte die Hochschwangere den Unterricht. Am 3. Dezember schrieb sie am Vormittag noch eine Klassenarbeit, am Abend kam dann Lukas auf die Welt. Ihre Familie rückte nach der Geburt noch enger zusammen. Seit Anfang Februar geht die 16-Jährige wieder zur Schule und will die 9. Klasse erfolgreich abschließen. Am Vormittag kümmert sich die Uroma väterlicherseits um den Kleinen. Den restlichen Tag ist Lukas bei Mama Patricia und ihrer Mutter zu Hause. Am Wochenende kümmern sich wiederum Oma und Opa väterlicherseits um den Kleinen. Mit dem Vater des Kindes ist Patricia nicht mehr zusammen. „Es hat schon gekriselt, bevor wir wussten, dass ich schwanger bin“, erzählt sie nachdenklich. Dennoch kann sie auf die tatkräftige Mithilfe der Familie von Lukas’ Vater zählen. Als Ort für die Taufe ihres Kindes entschied sich die 16-Jährige sofort für ihre Schule. „Meine Schule hat mich so sehr unterstützt!“ Bei der Taufe waren auch die Schulleitung und einige Klosterschwestern anwesend. Zärtlich nimmt sie ihren kleinen Sohn in den Arm, der sie mit seinen großen blauen Augen anlacht. „Unvorstellbar, dass ich Lukas einmal abtreiben lassen wollte“, sagt sie nachdenklich.

1. Versetze dich in die Situation der 15-jährigen Patricia, als sie erfährt, dass sie in der achten Woche schwanger ist. Zeichne eine Denkblase auf ein Blatt Papier und halte darin Patricias mögliche Gedanken fest.
2. Patricia ist schwanger – ein Schock für sie und ihr Umfeld. Dennoch entschied sie sich für das Kind und will es nun „nicht mehr hergeben“. Was hat sich wahrscheinlich im Leben von Patricia verändert?
3. Auch bei öffentlichen Einrichtungen können sich werdende Eltern Hilfe und Unterstützung holen. Recherchiere im Internet, wohin man sich im Fall einer Schwangerschaft wenden kann.

Menschliches Leben entwickelt sich

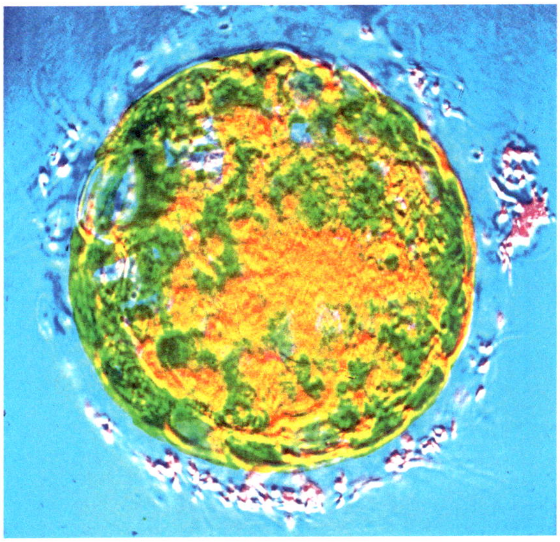

Vier Tage nach der Befruchtung: Die Eizelle gleitet in die Gebärmutter.

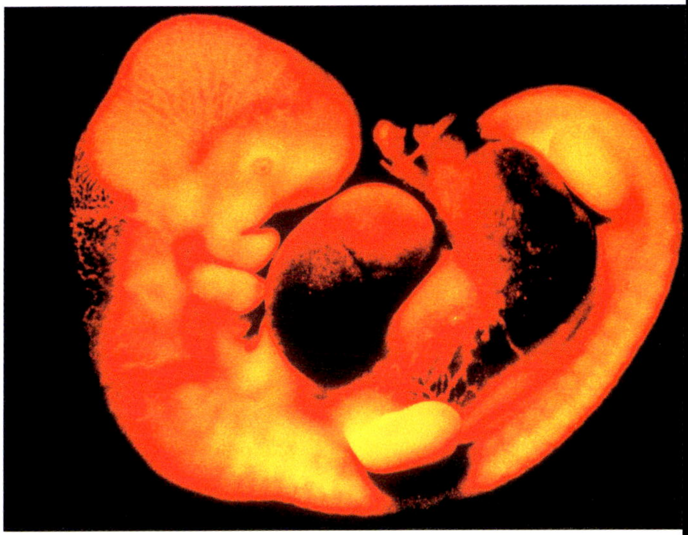

Vier Wochen: 6 mm groß. Die Wirbelsäule ist sichtbar. Das Herz pumpt bereits.

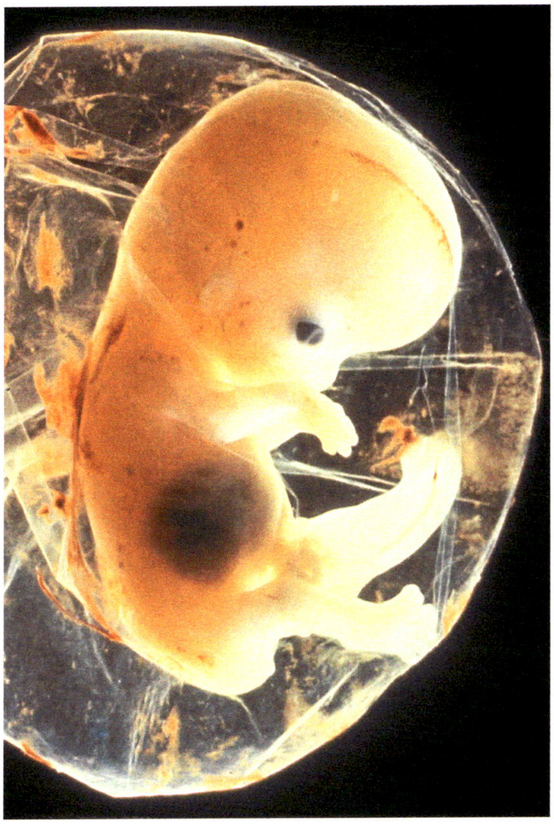

Sechs Wochen: 15 mm groß. Langsam entwickeln sich Geruchs- und Geschmackssinn.

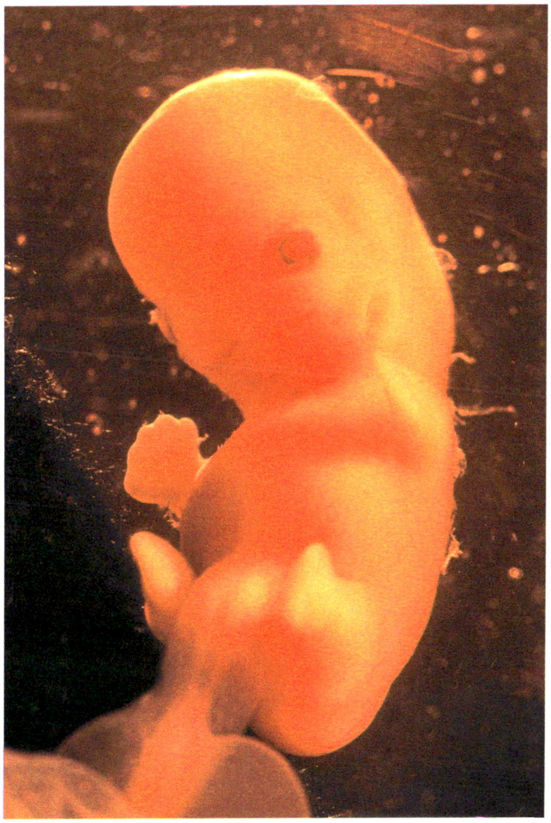

Beine, Finger und Zehen haben sich ausgebildet. Auch das Gesicht ist deutlich zu erkennen.

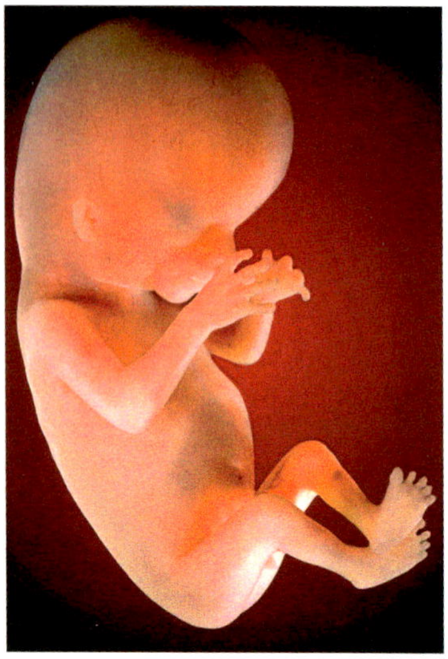

Zehn bis elf Wochen: Sitzhöhe des Embryos: etwa 3,5 cm. Das Kind hat genug Platz im warmen Wasser der Fruchtblase. Es beugt die Knie, stößt sich ab, dreht den Kopf und beginnt zu tasten. Es kann sogar richtige Purzelbäume schlagen und schon am Daumen lutschen.

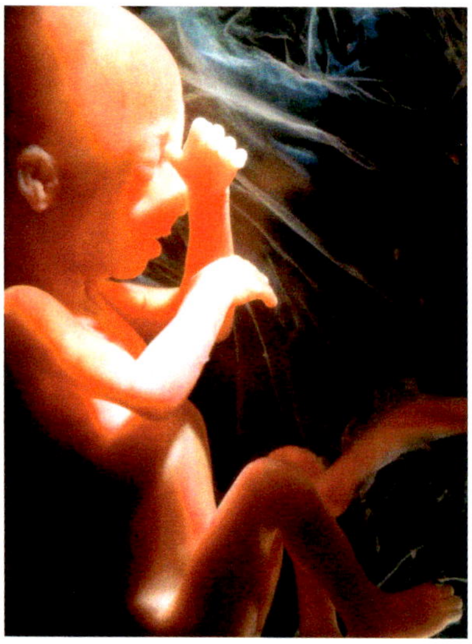

16 Wochen: 20 cm groß. Noch nicht einmal die Hälfte der Zeit in der Gebärmutter ist um. Aber der Körper und die Gliedmaßen und alle Organe sind bis in die Einzelheiten ausgebildet.

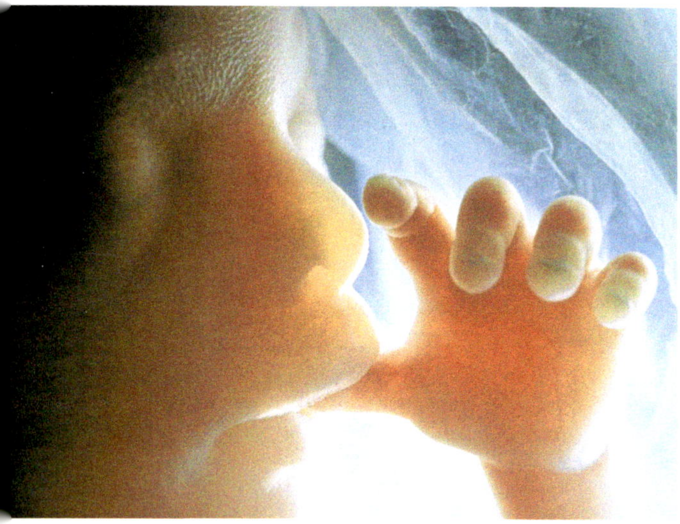

17 Wochen: Durch die Plazenta (den Mutterkuchen) wird das Kind ernährt und mit Sauerstoff versorgt. Es kann Geräusche hören, vor allem natürlich den Herzschlag und die Stimme seiner Mutter. Das Kind schluckt und schmeckt das Fruchtwasser. Es greift, streckt und dehnt sich.

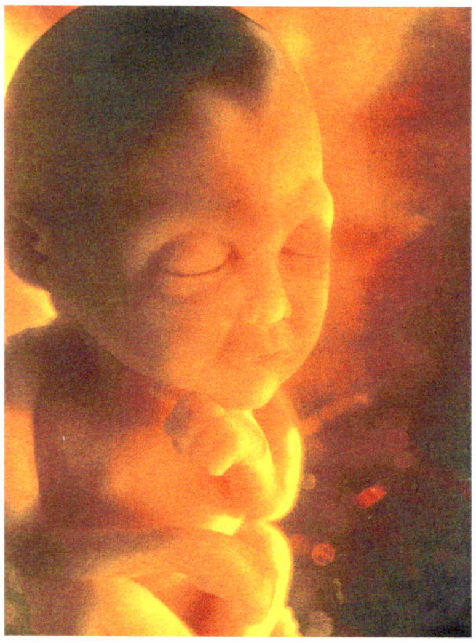

18 Wochen: Das Kind spürt jetzt jede Bewegung der Mutter. Es schläft, wenn es gewiegt wird, und wacht auf, wenn sich nichts bewegt. Im siebten Monat trinkt das Kind fast einen Liter Fruchtwasser am Tag. Jetzt muss es nur noch wachsen bis zum Tag seiner Geburt in der 40. Woche.

Ich bin schwanger!

Lea ist 16 und besucht die 10. Klasse der Realschule. Seit einigen Wochen ist sie mit Michael zusammen. Sie verbringen viel Zeit miteinander. Die Schule kommt reichlich zu kurz. Das bekommt Lea von ihren Lehrerinnen immer öfter zu hören. Zu Hause gibt es auch reichlich Stress, weil sie oft sehr spät nach Hause kommt. Letzte Nacht kam sie überhaupt nicht heim. Am Abend kommt es zum Krach. Die Mutter weint, der Vater droht ihr: „Wenn du mit einem Kind heimkommst, schmeiße ich dich raus!" Lea verlässt die Wohnung und geht zu Michael, der sie tröstet und viel Verständnis für sie zeigt. Am nächsten Morgen geht sie zu ihren Eltern zurück. Die Mutter ist froh, der Vater erleichtert, entschuldigt sich sogar für seine Schreierei. Zwei Monate später befürchtet Lea, dass sie schwanger ist. Der Schwangerschaftstest bestätigt es. Verzweifelt versucht sie, Michael zu treffen. Der ist nicht zu Hause. Als sie ihn endlich am Telefon erreicht und ihm von ihrer Schwangerschaft erzählt, reagiert er abweisend und gereizt: „Und was geht das mich an? Das ist wohl dein Problem. Und außerdem spüren wir beide doch schon seit Wochen, dass da nichts mehr läuft zwischen uns." Mit diesen Worten legt Michael auf. Lea steht mit ihrem Problem alleine da.

1. Schildere Ängste und Gefühle aus Leas Perspektive. Welche Gedanken werden ihr in dieser Situation durch den Kopf gehen?
2. Lea hat mehrere Möglichkeiten zu handeln. Gestalte diese Möglichkeiten als Wegstrecke mit Abzweigungen, Kreuzungen, Sackgassen usw. Formuliere auch „Hinweisschilder", die auf Auswege und Hilfen aus biblisch-christlicher oder kirchlicher Sicht aufmerksam machen.
3. Stelle dir vor, Lea entdeckt ein Buch mit den Fotos auf dieser und der vorigen Seite. Sammle in Stichworten mögliche Gedanken, die ihr vermutlich durch den Kopf gehen.

Organspende – auf der Warteliste für ein neues Leben

Anna, 47 Jahre alt, und ihr Mann Peter (55) sind verzweifelt: Ihre 22-jährige Tochter Kristin ist soeben auf der Intensivstation verstorben. Bei einem Autounfall hatte Kristin ein Schädel-Hirn-Trauma erlitten. Sie wurde ins Krankenhaus eingeliefert und dort sofort intensivmedizinisch behandelt. Sie wurde an die Beatmungsmaschine angeschlossen und erhielt Kreislauf unterstützende Medikamente. Trotz aller Bemühungen konnte sie nicht gerettet werden und der Hirntod wurde festgestellt.
Die Eltern hatten ununterbrochen an ihrem Bett gesessen und weiter gehofft, auch als sie von den Ärzten erfuhren, dass die Aussichten nicht sehr gut waren. Nun fühlen sie sich wie gelähmt und können noch gar nicht begreifen, dass Kristin sie verlassen hat.
Der Arzt hat ihnen den Tod sehr behutsam und sensibel mitgeteilt. Nun lässt er ihnen erst einmal Zeit, sich auf die Situation einzustellen. Gleichzeitig hat er die Aufgabe, die Eltern auf eine mögliche Organspende anzusprechen.
Mit einer Organentnahme könnte anderen Menschen geholfen werden.
Kristin hatte diesbezüglich ihren Willen vor ihrem Tod nicht schriftlich dokumentiert. Anna, die Mutter, erinnert sich jedoch daran, dass sie sich vor ca. einem Jahr einmal über das Thema Organspende unterhalten hatten.
„Ich kann mir vorstellen, Organe zu spenden“, hatte Kristin gesagt.

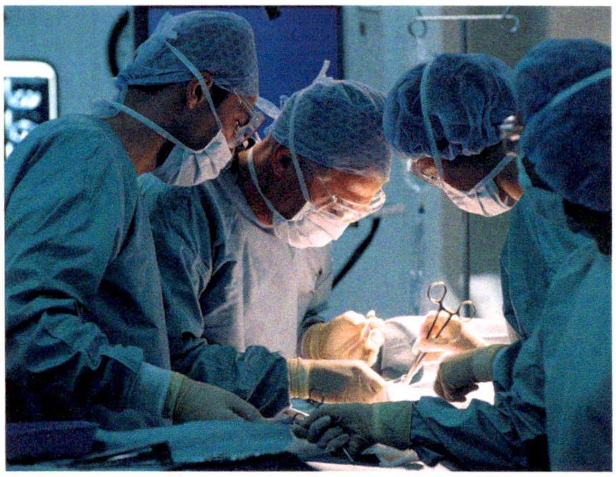

Ärzte während einer Lebertransplantation

Peter, der Vater, ist sich sehr unsicher, ob eine Organspende tatsächlich im Sinne der Tochter wäre. Auch wenn sie sich positiv geäußert hat, weiß er nicht, ob das eine ausreichende Grundlage für eine Entscheidung ist. Da er selbst keine Organe spenden würde, fällt ihm eine Entscheidung nach dem mutmaßlichen Willen der Tochter umso schwerer.

Zur Situation
Jährlich erleiden mehr als 2.000 Menschen, darunter Kinder und Jugendliche, das Endstadium schwerster Leber-, Herz- oder Lungenerkrankungen. Ihr Leben kann nur mit Hilfe einer Organverpflanzung gerettet werden. Rund 12.000 kranke Menschen stehen derzeit auf der Warteliste für ein neues lebensrettendes Spenderorgan wie Herz, Leber, Niere oder Lunge. Ein Mangel, der für rund 1000 Patienten jedes Jahr tödlich endet. Obwohl in Deutschland in jedem Jahr rund 4.000 Organtransplantationen vorgenommen werden, ist die Versorgung aller darauf angewiesenen Patienten derzeit bei weitem nicht möglich. Viele Patienten, die dringend auf ein Spenderorgan angewiesen sind, warten über ein Jahr oder länger darauf.

Den meisten Menschen liegt das Thema Organspende fern. Aber wenn ein nahestehender Mensch auf ein Organ angewiesen ist, tritt das Thema plötzlich ins eigene Leben. Oder wenn ein Angehöriger stirbt und man selbst von dem behandelnden Arzt auf die Möglichkeit einer Organspende angesprochen wird. Dann tauchen auf einmal viele Fragen auf.

Welche Organe und Gewebe können gespendet werden?

Das am häufigsten transplantierte Organ ist die Niere, gefolgt von Leber, Herz, Lunge und Bauchspeicheldrüse. Auch die Dünndarmtransplantation gewinnt zunehmend an Bedeutung.

Das größte Problem und gleichzeitig die größte Herausforderung für die Medizin besteht nach dem erfolgreichen chirurgischen Eingriff darin, die natürlichen Abstoßungsreaktionen des Körpers so zu unterdrücken, dass das Organ vom Körper toleriert wird, aber die Infektabwehr nicht vollständig zum Erliegen kommt.

Ab welchem Alter kann ich meinen Willen dokumentieren?
Ab 16 Jahren kann man die Zustimmung zur Organspende schriftlich festhalten. Ab 14 Jahren kann man sich gegen die Organspende aussprechen.

Wer kommt für eine Organspende in Frage?
Grundsätzlich alle Menschen bis etwa 80 Jahre. Entscheidend ist das biologische Alter und der Zustand der Organe. Diese werden nach Feststellung des Hirntodes untersucht. Bestimmte Krankheiten können die Spendefähigkeit ausschließen.

Was bedeutet Hirntod?
Mit dem Hirntod eines Menschen wird sein endgültiger Tod festgestellt. Die Gesamtfunktion des Groß- und Kleinhirns und des Hirnstamms sind endgültig erloschen. Der Körper wird aber noch durch Maschinen beatmet und die Herz- und Kreislauffunktion wird künstlich aufrechterhalten. Organe können nämlich nur dann erfolgreich verpflanzt, werden, wenn sie durchblutet und funktionsfähig sind. Daher kommen nur Patienten, die am isolierten Hirntod sterben, als Organspender in Frage.

Was macht die Organspende für die Angehörigen so schwer?
Die Situation des Hirntods löst bei den Angehörigen häufig Trauer, Schock und Verzweiflung aus. Hinzu kommt, dass der Körper eines hirntoten Menschen nicht kalt und blass ist, sondern dass durch die Maschinen sein Herz noch schlägt. Die Aufgabe des Arztes ist es nun, auf verständliche und einfühlsame Weise die komplizierten Zusammenhänge des Hirntodes zu erklären und sensibel auf die widerstreitenden Gefühle der Angehörigen einzugehen.

Welchen Standpunkt vertreten die Kirchen?
In der gemeinsamen Erklärung zur Organspende und Transplantation (1990) der Deutschen Bischofskonferenz und des Rates der Evangelischen Kirche in Deutschland heißt es: Wer darum für den Fall des eigenen Todes die Einwilligung zur Entnahme von Organen gibt, handelt ethisch verantwortlich, denn dadurch kann anderen Menschen geholfen werden, deren Leben aufs Höchste belastet oder gefährdet ist.

1. Versetzt euch arbeitsteilig in die Situation von Kristins Eltern und des Arztes. Beschreibt eure Gedanken und Gefühle.
2. Versucht durch ein Rollenspiel zu einer Entscheidung zu kommen (vgl. Methode „Rollenspiel“ S. 191).
3. Stelle eine Liste mit Bedingungen zusammen, damit es bei der Entnahme von Organen keinen Missbrauch gibt.
4. Nenne Gründe, weshalb sich deiner Meinung nach Menschen dafür entscheiden, nach ihrem Tod Organe zu spenden. Was hält Menschen davon ab, sich für eine Organspende zu entscheiden?

Für mich ist die Organspende ein Geschenk Gottes über den Tod hinaus. Indem man einen Teil von sich weiterleben lässt, wird auf andere Weise Nächstenliebe sichtbar.

Prof. Dr. Eckhard Nagel,
Leiter des Transplantationszentrums Augsburg

Wie Raju seine Niere verlor

Eine in Indien weit verbreitete Praxis ist es, armen Indern für wenig Geld ihre Organe abzukaufen und durch eine Operation zu entnehmen. Es gibt Ärzte, die sich an dem Geschäft beteiligen. Die Regierung hat es bislang versäumt, effektive gesetzliche Gegenmaßnahmen zu ergreifen. Die folgende Geschichte verdeutlicht diese Praxis.

Als Raju auf dem Operationstisch des Vile-Parle-Hospitals lag, erinnerte er sich noch voller Dankbarkeit an sein erstes Zusammentreffen mit einem Mann namens Gobindh.
Gobindh war ein Stammgast in dem kleinen Restaurant in Trivanderum (Kerela), in dem Raju arbeitete. Als er erfuhr, dass Raju ständig unter starken Bauchschmerzen litt, versprach er, ihm zu helfen.
Nach einer Reihe von Voruntersuchungen, Injektionen und der Unterzeichnung eines Dokuments, das in englischer Sprache abgefasst und damit von Raju nicht zu verstehen war, schien der Augenblick der Erlösung von seinen Schmerzen gekommen. Zur Operation wurde er in ein Krankenhaus in Bombay eingeliefert, das er früher nicht gewagt hätte zu betreten. Als Raju nach der Operation das Bewusstsein wiedererlangte, glaubte er in einer neuen Welt zu sein. Nach ein paar Tagen konnte er das Krankenhaus verlassen. Vor dem Hospital traf er Gobindh und einen freundlich aussehenden arabischen Mann. Gobindh drückte Raju mit den Worten: „Zähl es jetzt nicht, es würde meinem Begleiter nicht gefallen", ein Bündel Geldscheine und ein Flugticket nach Trivandruin in die Hand.
Am Flughafen bemerkte Gobindh fast beiläufig: „Um dich von deinen Bauchschmerzen zu heilen, war es nötig, eine der Nieren zu entfernen. Die Frau des Arabers hat sie bekommen. Deshalb hat er dir das Geld gegeben."
Heute sind die 30.000 Rupien, die Raju damals bekommen hat, längst verbraucht. Er hat lange verheimlicht, dass ihm eine Niere entnommen wurde. Er erlitt einen Nervenzusammenbruch, wurde psychiatrisch behandelt, bis die Ärzte die Ursache seines Leidens erkannten.
Raju, der für sich und seine Mutter sorgen muss, schlägt sich nun mit dem Verkauf von Lotterielosen durch.

Siegfried Pater/Ashwin Raman,
Organhandel Lamuv TB 87, Göttingen 1991

Organhandel ist verboten und wird strafrechtlich verfolgt
Es ist verboten mit Organen, die einer Heilbehandlung dienen, Handel zu betreiben. Unter das Verbot fällt, solcherart gehandelte Organe zu entnehmen, zu verpflanzen oder sich selbst einpflanzen zu lassen. Wer hiergegen verstößt, wird mit einer Freiheitsstrafe bis zu fünf Jahren oder mit einer Geldstrafe bestraft.

1. Begründe, warum es in Deutschland verboten ist, seine Organe zu verkaufen.
2. Es gibt Menschen, die für ihre Familienangehörigen eine Niere spenden. Erläutere, wie sich diese Menschen von Raju unterscheiden.

Ismael Khatib – Organspende für den Nahost-Frieden

Im November 2005 erschoss ein israelischer Scharfschütze den zwölfjährigen Ahmed Khatib im Flüchtlingslager Dschenin im Westjordanland. Der Palästinenser Ismael Khatib entschied, die Organe seines Sohnes zu spenden – an Israelis. Sechs Kinder wurden so gerettet.

Der 43-Jährige Ismael Khatib ist ein ernster, besonnener Mann, den eigentlich nichts so leicht aus der Ruhe bringt. Dazu hat er zu viel erlebt. Bereits als 16-Jähriger kämpfte er gegen die israelischen Besetzer, wurde geschnappt und musste ins Gefängnis. „Für mich war klar, man muss töten und rächen", sagt er. Wobei ihm wichtig ist zu erwähnen, dass er niemals einen Menschen getötet hat.

Später baute der sechsfache Vater dann in Dschenin ein Friedenscenter für 200 Jugendliche von vier bis 17 Jahren auf. Ihnen will er beibringen, dass das Leben nicht nur aus Hass und Töten besteht, sondern es auch schöne Seiten wie Malen, Fotografieren, Lesen oder Sporttreiben geben kann.

Kinder als große Zukunftshoffnung
Wie wurde aus einem palästinensischen Kämpfer ein Mann, der seinen Todfeinden die Organe seines Sohnes spendete und sich dem Frieden verschrieb? Khatibs Augen leuchten auf bei dieser Frage: „Es ist meine Liebe zu den Kindern", sagt er dann. „Auch jüdische und israelische Kinder sind Kinder. Sie haben keinen Hass und brauchen Hilfe, egal welchen Pass oder welche Religion oder Nationalität sie haben."
Kinder sind für Ismael Khatib die nächste Generation und können etwas ändern, können vielleicht den schrecklichen Konflikt zwischen Palästinensern und Israelis beenden. Es gibt einen weiteren Grund für die Spende: Khatibs Bruder musste vor vielen Jahren sterben, weil er die dringend benötigten Organe nicht bekam. Die Organspende ist aber auch eine Botschaft an die Israelis: „Die Palästinenser sind keine Terroristen, sondern Menschen", sagt Khatib.

Trauer in produktive Energie gewandelt
Die Wandlung in seinem Denken hat mit dem Tod seines Sohnes eingesetzt, der erschossen wurde, weil er ein Spielzeuggewehr trug, das der israelische Soldat für echt hielt. „Es ist das Schlimmste im Leben, wenn man sein Kind verliert", sagt Khatib.
Dadurch, dass er die Organe seines Sohnes anderen Menschen gespendet hat, bekam der Tod seines Sohnes so etwas wie einen Sinn für ihn.

Quelle: NZ Netzeitung GmbH

Ahmeds Vater Ismael Khatib mit einem Jungen, der ein Organ von Ahmed erhielt

1. Die Geschichte von Ismael Khatib wurde in dem Dokumentarfilm „Das Herz von Jenin" dargestellt. Recherchiere, wo du den Film ausleihen oder kaufen kannst. Ihr könntet ihn dann gemeinsam in der Klasse anschauen.
2. Stelle eine Person aus deiner Umgebung im Kurzvortrag vor, die sich in vorbildlicher Weise für das Recht auf Leben eingesetzt hat.

Sterbehilfe – Wer bestimmt die Zeit zum Sterben?

Michael (22) verunglückt mit seinem Motorrad. Mit schweren Kopfverletzungen wird er ins Krankenhaus eingeliefert. Er ist bewusstlos und muss künstlich ernährt werden. Auf der Intensivstation wird er gut versorgt, dennoch liegt er weiter im Koma. Nach einem Jahr sagt der behandelnde Arzt, dass die Wahrscheinlichkeit für die Wiedererlangung des Bewusstseins äußerst gering sei. Zudem wisse für diesen Fall niemand, welche Dauerschäden dann zurückbleiben würden. Michaels Familie, seine Freunde und Schulkameraden machen sich Gedanken über seine Situation. Welche Reaktionen stellst du dir vor? Was können Familie und Freunde für Michael tun?

Sterbehilfe wird auch Euthanasie genannt. Der Begriff kommt aus dem Griechischen und bedeutet übersetzt „guter Tod“. Es ist notwendig, unterschiedliche Formen der Sterbehilfe auseinander zu halten:

- Unter aktiver Sterbehilfe versteht man den direkten, lebensbeendenden Eingriff, z. B. die Verabreichung von Gift. Diese Form der Euthanasie ist in Deutschland unter Strafe verboten.

- Von passiver Sterbehilfe spricht man, wenn lebensverlängernde Maßnahmen, z. B. Beatmungsgerät oder Herz-Lungen-Maschine, beendet werden, da keine Aussicht auf Heilung mehr besteht. Diese Form der Sterbehilfe ist möglich, wenn der Patient einwilligt oder, wenn er nicht mehr einwilligungsfähig ist, auf seine Patientenverfügung zurückgegriffen werden kann.

- Indirekte Sterbehilfe meint, dass dem Patienten schmerzstillende Mittel verabreicht werden, die seinem Organismus schaden. Trotzdem werden schwer kranken Menschen diese Mittel verabreicht. Der schnelle Verfall des Körpers ist dabei nicht das Ziel, sondern eine Nebenwirkung der medizinischen Maßnahme der Schmerzlinderung.

Bezüglich der absichtlichen Tötung eines unheilbaren Kranken oder eines Sterbenden stellt sich die Frage, ob extreme Situationen nicht Maßstäbe fordern, die über den Grundsatz der Unverfügbarkeit hinausgehen. Könnte es nicht mit dem christlichen Glauben vereinbar sein, einem Menschen, dessen qualvolles Leiden sinnlos zu sein scheint, auf dessen Wunsch die erlösende Spritze zu geben? Die christliche Ethik lehnt ein solches Vorgehen ab. Der Grund dafür ist die Überzeugung, dass das Leben als gottgeschenktes Leben in jedem Augenblick bis zu seinem irdischen Ende und darüber hinaus von Gott getragen und auf Gott verwiesen ist.

Katholischer Erwachsenenkatechismus 2,310 f.

1. Es wird häufig über Sterbehilfe gesprochen. Vergleiche die drei Formen der Euthanasie in einer Tabelle.

Nein zur aktiven Sterbehilfe

In manchen Ländern, z. B. in den Niederlanden, ist aktive Sterbehilfe gesetzlich erlaubt. Auch bei uns wird immer wieder darüber diskutiert. Die evangelische und die katholische Kirche haben sich gemeinsam gegen jede Form von aktiver Sterbehilfe ausgesprochen.

- Die Bitte um aktive Sterbehilfe gründet oft in der Angst vor Schmerzen. Die moderne Schmerztherapie macht eine weitgehende Schmerzlinderung möglich.
- Ärzte haben die Aufgabe, das menschliche Leben zu erhalten und zu fördern. Kein Patient könnte einem Arzt vertrauen, wenn dieser die rechtliche Möglichkeit der aktiven Euthanasie hätte.
- Wenn durch ein Gesetz aktive Sterbehilfe zugelassen würde, könnte damit der erste Schritt zur Vernichtung angeblich sinnlosen und unnützen Lebens getan werden (z. B. behinderte Menschen).
- Der Ruf nach dem erlösenden Tod kann oftmals eine Bitte um Nähe und Begleitung sein. Ein grundsätzliches Nachdenken über das Sterben in unserer Gesellschaft und ein Umdenken in der Betreuung Sterbender ist dringend notwendig.
- Der wirkliche Wille des Patienten ist schwer auszumachen. Der Kranke leidet z. B. an krankheitsbedingten Depressionen und Stimmungsschwankungen.
- Der Wunsch nach aktiver Beendigung des Lebens kann von Einflüssen aus der Umgebung des Kranken kommen, z. B. kann ein versteckter Druck auf den Patienten ausgeübt werden, doch endlich den Wunsch nach aktiver Sterbehilfe zu äußern.
- Es könnte zu einem „Dammbrucheffekt“ kommen, besonders wenn Kranke hohe Kosten verursachen. Viele Missbrauchsmöglichkeiten wären gegeben.
- Es ist unsere Aufgabe als Menschen, uns um Kranke und Sterbende zu kümmern. Diese Aufgabe kann nicht durch das Töten unheilbar Kranker ersetzt werden.
- Als Christen glauben wir daran, dass Gott allein der Herr über Leben und Tod ist.

1. Spielt eine Diskussionsrunde im Fernsehen zum Thema „Aktive Sterbehilfe – ja oder nein?“ (vgl. Methode „Pro-und-Kontra-Streitgespräch“ S. 199).

Sich selbst das Leben nehmen – Suizid

Der Suizid eines Jugendlichen macht betroffen. Die Todesanzeige und die folgenden Texte zeigen, wie Familienangehörige und Freunde versuchen, das Unbegreifliche zu bewältigen.

Unerwartet und für uns alle
unbegreiflich ist unser lieber

EDUARD (Eddi)

* 8. September 1994 † 3. Mai 2010

von uns gegangen.

In tiefem Leid:
Hans, Hannelore
Yvonne, Jens

Der Termin für die Beisetzung
der Urne wird noch bekannt gegeben.

Von Beileidsbekundungen
bitten wir abzusehen.

Vater

Er war mein einziger Sohn. Ich begreife es nicht. Seine Mutter und seine Schwester gehen durchs Haus und flüstern viel! Wenn ich heimkomme, verstummen sie. Betrete ich das Zimmer, blicken sie nicht auf. Bei Tisch fällt kaum ein Wort. Sie schweigen mich an. Sie strafen mich. Bin ich denn schuld? War ich zu streng? Ich musste streng sein. Hätte ich merken müssen, dass er sich mehr und mehr von allem zurückzog? Er war sehr begabt, aber verspielt und zu weich; ist verwöhnt worden von denen, die jetzt schweigen. Als er vierzehn war, fuhr er mit ans Meer. Er wollte ein Schlauchboot. Ich sagte: „Lerne schwimmen, dann bekommst du eins." Er lernte es in einer Woche. So wollte ich ihn vorbereiten auf das Leben. Auch mir hat niemand etwas geschenkt.

Vincent van Gogh: Alter Mann in Trauer, 1890.

Schwester

Ed, mein kleiner Bruder, war ein Junge wie andere auch, ein bisschen begabter vielleicht. Er spielte gerne, saß gern auf einer schnellen Maschine, wechselte seine Hobbys, tat alles, was andere Jungen auch tun. Erst als er den Mädchen begegnete, bekam er Probleme. Er konnte an jeder Hand zehn haben – und er hatte sie auch. Nur er war nie zufrieden. Was sie ihm gaben, genügte ihm nicht. Er verlangte mehr. Liebe verlangte er, obwohl er es selbst vermutlich nicht wusste. Das Wort jedenfalls gebrauchte er nie. In seiner Klasse gab es zwei Mädchen, die kicherten, als ihm mitgeteilt wurde, es sei nicht sicher, ob er mit den schlechten Noten versetzt werden könne. Zwei Tage vor seinem Tod schenkte er mir seine Lieblings-CD.

1. Begründe, wodurch die Todesanzeige von Eduard besonders auffällt.
2. Nimm die Haltung des alten Manns auf dem Bild von Vincent van Gogh ein und verweile eine Zeit lang in dieser Haltung. Tausche dich anschließend mit deinen Mitschülern über deine Gedanken dabei aus.

Mutter
Eddi, mein einziger Sohn, war ein guter Junge, das schwöre ich bei Gott. Wer sollte das besser beurteilen können als ich. Aber eigensinnig war er schon immer. Mit zehn oder elf Jahren kam er eines Tages aus der Kirche und sagte sehr ernst: „Weißt du Mama, ich könnte mir das Leben nehmen." Ich habe ihn ausgelacht, sodass er wütend wurde und mich anfuhr: „Lach nicht, lach nicht, ich könnte mir wirklich das Leben nehmen!" „Aber warum denn, Eddi?", fragte ich. Er blickte mich an, und ich werde diesen Blick nie vergessen: „Um zu wissen, wer Gott ist", sagte er.

Freund
Unsinn! Mein Freund Eddi mit doppeltem D, der ließ sich von einem Kichern nicht umwerfen. Er wusste, was er wollte, wie wir alle. Er wusste längst, dass alles keinen Sinn hat – und er sagte dies auch. Er probierte noch ein bisschen, mal hier, mal da. Es interessierte ihn so lange, wie es dauerte. Dann war's vorbei und langweilte ihn. Ich bin genauso, darum weiß ich's. Was er anfasste, gelang ihm, aber es machte ihm keinen Spaß. Was soll das alles? Der beste Schüler der Klasse verübt Selbstmord wegen ein paar schlechter Noten! Das ist verrückt. Ich beneide ihn, weil er härter war als wir alle, weil er den Mut gehabt hat, wozu ich nie den Mut haben werde.

Alarmzeichen
Menschen, die Suizid begehen wollen, kündigen dies oft durch „Alarmzeichen" an.
- Sie machen häufig Andeutungen wie: „Ich bringe mich um", oder senden verschlüsselte Botschaften wie: „Die hat jetzt endlich ihre Ruhe!"
- Sie ziehen sich mehr und mehr zurück.
- Sie verschenken oft lieb gewordene Gegenstände oder geben Hinweise, wer was bekommen soll.
- Sie beschäftigen sich mehr als ihre Altersgenossen mit dem Thema Tod (Zeichnungen, Symbole, Aufsuchen von Friedhöfen ...).
- Sie diskutieren häufig über das Recht zum Freitod oder weisen darauf hin, dass das Leben keinen Sinn hat.
- Sie machen oft Ansätze zu Selbstverstümmelung: Ritzen, Brandmale ...

1. Jeder der vier Personen sieht Eduard von einer anderen Seite. Stelle diese vier Sichtweisen einander gegenüber (z. B.: „Eddi ist einer, der ...").
2. Weswegen sich jemand das Leben nimmt, kann mit letzter Sicherheit wohl nicht geklärt werden. Trotzdem versuchen die vier Personen für sich eine Antwort zu finden. Nenne Gründe, die sie finden.
3. Arbeitet aus den Erklärungen, die Eduards Vater, Mutter, Schwester und sein Freund geben, die Alarmzeichen heraus, die auf Eduards Suizid hindeuten.
4. Wie würdet ihr auf Alarmzeichen für Suizid reagieren? Gestaltet eure Reaktionen als Gespräche oder Rollenspiele (vgl. Methode „Rollenspiel" S. 191).
5. „Jeder hat das Recht, seinem Leben ein Ende zu setzen." Beziehe zu dieser These Stellung.

Kirche engagiert sich für das Leben

Woche für das Leben

Die „Woche für das Leben“ ist eine Initiative der Deutschen Bischofskonferenz und des Rates der Evangelischen Kirche in Deutschland. Seit 1991 steht diese Woche jedes Jahr unter einem anderen Schwerpunktthema. Die Bandbreite der Themen ist dabei so breit wie das Leben selbst: Es geht

- um die Wertschätzung des Lebens im Alter,
- um den Umgang mit behinderten, kranken oder pflegebedürftigen Menschen,
- um den Einsatz für eine kinderfreundliche Gesellschaft,
- um den besonderen Schutz ungeborenen Lebens,
- um Chancen und Grenzen der modernen Medizin,
- um den Schutz von Ehe und Familie.

Wegwerfsachen

Kennst Du
die Wegwerfsachen,
man kann sie aus
Karton oder Papier,
aus dünnem Blech
oder Plastik machen?
Man kriegt sie heute
an jedem Ort:
Darin ist Milch,
darin sind Eier,
darin sind Äpfel,
darin ist der Butt,
und sind sie
verbraucht,
wirft man sie fort:
Hinein ins Feuer,
hinein in den Eimer,
hinein in die Tonne,
hinein in den Schutt.
Und die Wegwerf-
menschen,
kennst Du die auch,
sie stehen und liegen
herum
nach Gebrauch?
Man trifft sie heute
an jedem Ort:
Einer ist krank,
einer ist alt,
einer ist schwach,
einer zu viel,
und sind sie
verbraucht,
schickt man sie fort:
Hinaus vor die Tür,
hinein in die Anstalt,
hinaus auf die Straße,
hinein ins Asyl.

Hans Manz

Wo ist Gott?

Gott offenbart sich in seiner Schöpfung und in jedem Lebewesen. Er redet in der Seele jedes Menschen. Er begegnet uns in der Stille und in der Meditation. Er ist da, wo Menschen verantwortlich handeln. Er begegnet uns in jedem hilfreichen Menschen.

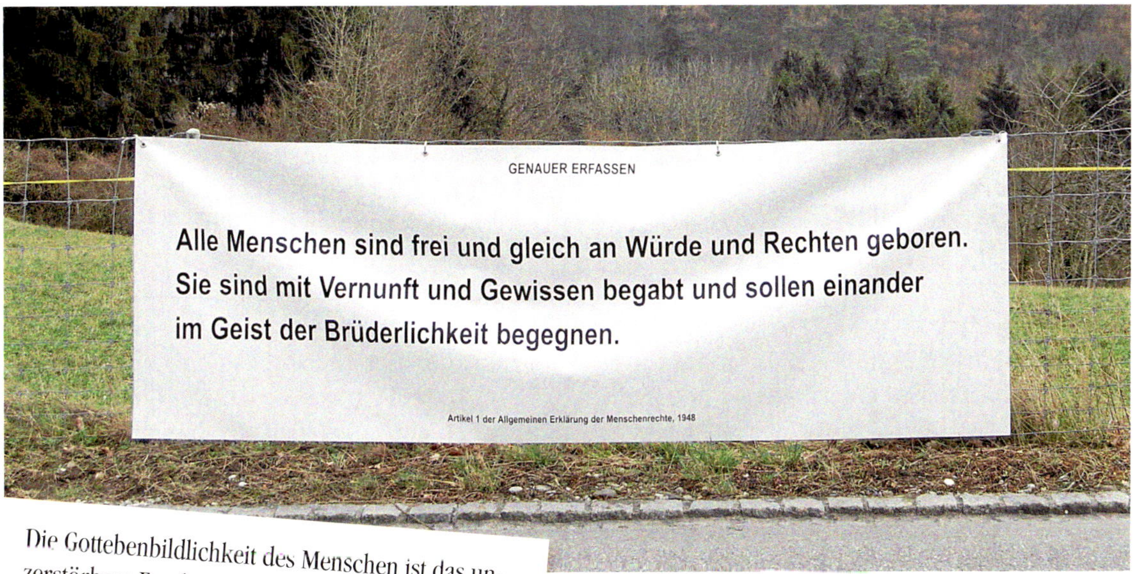

Plakat des Schweizer Künstlers Urs Knoblauch (1947), 100 x 300 cm, 2007.

Die Gottebenbildlichkeit des Menschen ist das unzerstörbare Fundament der menschlichen Würde und der menschlichen Existenz- und Lebensrechte. Die Würde des Menschen wurzelt in seiner „Würdigung" durch Gott selbst. Der Mensch verdunkelt zwar durch Missbrauch seiner Freiheit (in der Entscheidung für das Böse) diese Würde, aber er kann sie in ihrer Wurzel nicht vernichten. So verstanden ist Dienst am Menschen und an seiner Würde zugleich Gottesdienst. So ist die Gottebenbildlichkeit des Menschen der tiefste Grund dafür, dass das Ja zu Gott und das Ja zum Menschen unlösbar miteinander verbunden sind.

Katholischer Erwachsenenkatechismus 2,30 f.

1. Recherchiere im Internet, wann die nächste „Woche für das Leben" durchgeführt wird und welchem Thema sie gewidmet ist (vgl. Methode „Internetrecherche" S. 189).
2. Erläutere, wie die „Woche für das Leben" mit dem Auszug aus dem Katholischen Erwachsenenkatechismus (KEK) begründet werden kann.
3. Gestalte ein Plakat zum Thema „Dürfen wir alles, was wir können? – Menschliches Leben schützen" (vgl. Methode „Plakat gestalten" S. 195).

Kennst du dich aus?

1. **Lasse Mitschüler, Eltern, Verwandte, Nachbarn, Straßenpassanten usw. folgenden Satz ergänzen: „Das ist eines der Geheimnisse des Lebens …“**
   Stelle die Ergebnisse auf einem Plakat zusammen (vgl. Methode „Plakat gestalten“ S. 195).

2. **Schreibe zum Wort „Menschenwürde“ zwei Akrostichons** (vgl. Methode „Akrostichon“ S. 194).

   1. **Menschenwürde** wird verletzt durch …
      M achtmissbrauch
      E itelkeit
      N eid
      usw.
   2. **Menschenwürde** wird gewahrt durch …
      M itmenschlichkeit
      E infühlung
      N ächstenliebe
      usw.

3. **In diesem Kapitel steht das 5. Gebot im Mittelpunkt. Nenne die übrigen neun Gebote.**

4. **Entwirf ein Logo für ein ausgewähltes Menschenrecht. Stellt eine kleine Ausstellung daraus zusammen** (vgl. Methode „Logo entwerfen“ S. 194).

5. **Schreibe ein Drehbuch für einen Kurzfilm zum Thema: „Die Würde des Menschen ist unantastbar“** (vgl. Methode Film drehen S. 195). Du kannst das Beispiel einer Menschenrechtsverletzung aufgreifen oder Menschen/Organisationen darstellen, die sich für die Einhaltung der Menschenrechte einsetzen. Entwirf ein Storyboard, das die einzelnen Szenen festlegt und beschreibt. Vielleicht hast du auch die Möglichkeit, das Drehbuch mit einer Videokamera zu verfilmen.

6. **Schau dir die Themen und Fragen auf den Seiten 90–91 noch einmal an und wähle dir ein Thema aus, welches du noch nicht bearbeitet hast. Beantworte die Fragen aus christlicher Sicht und vergleiche sie mit deinem eigenen Standpunkt.**

7. **„Pro und Contra Todesstrafe“ – Recherchiert zu diesem Thema** (vgl. Methode „Internetrecherche“ S. 189).
   Bezieht Stellung.
   Vergleicht euren Standpunkt mit der Position der katholischen Kirche.

8. **„Für eine Kultur der Barmherzigkeit“.**
   Gestaltet zu diesem Thema in der Advents- oder Fastenzeit eine meditative Feier.

4. Jesus Christus neu entdecken

1. Erinnert euch an die Zeit eurer Erstkommunion. Wie habt ihr euch damals Jesus Christus vorgestellt? Wie stellt ihr ihn euch heute vor?

2. Das Bild, das Menschen von Jesus Christus haben, ist oft verdeckt durch falsche Vorstellungen. Welche Vorstellungen könnten das sein?

Sich von Jesus überraschen lassen

Interessantes zu Jesus

Im Mittelpunkt des Christentums steht kein Buch und keine Lehre, im Mittelpunkt steht eine konkrete Person mit einem provozierend ungewöhnlichen Lebensmodell: Jesus von Nazaret. Der christliche Glaube ist der ständig neue Versuch, die eigene Lebenspraxis an der Lebenspraxis dieser Person zu orientieren. Wer Jesus ist und wieso er nach zweitausend Jahren für uns immer noch ein Maßstab sein kann, lässt sich den vier Evangelien entnehmen. Allerdings muss man auch ein wenig „zwischen den Zeilen“ lesen. Dann kann man Überraschendes entdecken:

- Jesus lebte ganz bewusst im Hier und Heute, er schätzte das fröhliche Feiern.
- Er war kein Angepasster, der sich mit der ihn umgebenden Gesellschaft arrangierte, da die Welt nun mal so ist und man als Einzelner sowieso nichts machen kann. Vielmehr lag er oft im Streit mit konservativen Zeitgenossen, wenn es um gesellschaftliche, politische und speziell religiöse Erwartungen und Spielregeln ging. Er verkehrte mit Leuten, mit denen man am besten nichts zu tun haben wollte: Geldeintreibern, Prostituierten, ansteckend Kranken, Krüppeln und anderen Außenseitern.
- Er war kein Macho, obwohl er in einer höchst männerzentrierten Gesellschaft aufwuchs. Er hatte zu Frauen ein auffällig unverkrampftes Verhältnis. Er wandte sich gegen die damals übliche frauenfeindliche Scheidungspraxis. „Dass ihr eure Frauen so wegschicken könnt, war bloß ein Zugeständnis des Gesetzgebers Mose an eure Hartherzigkeit“, stellt Jesus klar.
- Alle, die ausgestoßen und wenig geachtet waren – dazu gehörten damals Frauen und Kinder, Kranke und Zöllner – fanden in ihm einen Anwalt, erhielten ein tröstendes Wort und die Zuneigung, die ihnen von den anderen verweigert wurde.
- Jesus war kein einsamer Held. Vielmehr zog er mit Männern und Frauen durch das Land und legte besonderen Wert auf diese Gemeinschaft, die anders war als damals üblich. Als Wanderprediger ging er von Dorf zu Dorf und verkündete den Menschen seine Botschaft. Seine provozierend andere Lebensart passte genau zu dem, was er sagte.
- Jesus war nicht der Weisheitslehrer, der zu allem gütig nickte und über Missliches in seiner Umgebung tolerant hinwegsah. Seine Freunde, die mit ihm unterwegs waren, bekamen regelmäßig deutliche Worte zu hören. Jesus beharrte darauf, seine Jünger über ihre Grenzen hinaus zu führen, was für diese oft schmerzhaft war. So wies er die ihm besonders nahestehenden Jünger Johannes und Jakobus scharf zurecht, weil sie ein Dorf, das die Botschaft Jesu nicht hören wollte, mit Feuer vom Himmel strafen wollten.
- Seine Mutter Maria und seine Verwandten mussten akzeptieren, dass er nun einer anderen, größeren Gemeinschaft verpflichtet war. Als sie ein Gespräch verlangten, er aber von Ratsuchenden umlagert war und lehrte, machte er seiner Mutter deutlich, dass diese Leute seine wahre Familie ausmachten.
- Mit der Unbeirrbarkeit, mit der er seine Botschaft vertrat, eckte Jesus an; er provozierte und löste Auseinandersetzungen aus. Als er den Tempel von Jerusalem betrat, boten Händler Rinder, Schafe und Tauben feil. Daneben saßen Geldwechsler, die die Münzen der Festpilger aus aller Welt umtauschten. Jesus nahm Seile zur Hand, bündelte sie – und vertrieb die Geschäftemacher mit ihren Tieren! Den Wechslern, die hier ihre besten Geschäfte machten, stieß er sogar die Tische um – die Münzen rollten über den Boden. Verblüfft und sprachlos standen die Leute da.

Jesus muss bei allem, was er sagte und was er tat, eine ungewöhnliche Wirkung auf seine Mitmenschen gehabt haben. Menschen kamen zum Glauben, dass in seiner Person sich Gott in einer bis dahin noch nicht erfahrenen Weise nahebrachte, er selbst in Jesus anwesend war. Jesus sprach etwas in den Menschen an, das ihren tiefsten Wünschen und Sehnsüchten auf besondere Weise entgegenkam. Die Begegnung mit ihm wurde so für Manche verändernd und heilsam.

Er schätzt fröhliche Feiern.

Er lässt seine Mutter und seine Verwandten links liegen.

Er hat zu Frauen ein unverkrampftes Verhältnis.

Er redet und handelt so, wie nur Gott selbst reden und handeln könnte.

Er tröstet die, die unterdrückt werden und benachteiligt sind.

Er geht auf die zu, mit denen keiner etwas zu tun haben will.

Seine Freunde müssen sich regelmäßig deutliche Worte gefallen lassen.

Er lässt die Menschen spüren, dass Gott ganz nahe ist.

Er lebt in tiefer Geborgenheit mit Gott, seinem Vater.

Seine Lebensweise stimmt mit dem überein, was er sagt.

Er scheut keine Auseinandersetzungen, auch nicht im Tempel von Jerusalem.

Er erträgt es, dass er abgelehnt wird, aber wird dabei nicht aggressiv.

Er nimmt sein Leiden und Sterben als den Willen seines Vaters an.

Bibelstellen

Lk 7,34 · Mk 2,23–29 · Joh 2,1–4 · Mt 23 · Mk 2,14–16 · Joh 14,2–6 · Mk 3,20–21 · Mk 3,31–35 · Lk 7,36–39 · Joh 2,14–16 · Mt 11,25–27 · Mk 2,13–17 · Mt 11,28–30 · Mt 15,29–31 · Lk 9,46–48 · Lk 8,1–3 · Joh 12,1–11 · Lk 4,28–30 · Mk 14,32–36

1. Gibt es etwas, das dich in Bezug auf Jesus überrascht?

2. Die Aussagen der Evangelien über Jesus sind keine rein historischen Informationen, sondern sie bezeugen den Glauben an Jesus Christus. Schlagt die Bibelstellen (arbeitsteilig) nach und ordnet sie den Aussagen über Jesus zu.

Die geschichtliche Situation zur Zeit Jesu

Die politische Situation zur Zeit Jesu

Kaiser Augustus (63 v.Chr.–14 n.Chr.)

Palästina, das Land, in dem Jesus lebte, war kein selbstständiger Staat, sondern Teil des Römischen Reiches. Im Jahre 63 v. Chr. hatte der römische Feldherr Pompeius das Land einschließlich Jerusalems erobert und in die Provinz Syrien eingegliedert. Im Jahre 40 v. Chr. erhielt das Land eine beschränkte Selbstständigkeit zurück: Herodes der Große bekam es als Königtum von Roms Gnaden, aber doch mit großen Machtbefugnissen. Nach seinem Tod (4 v. Chr.) wurde Palästina zunächst unter seinen Söhnen aufgeteilt, aber schon im Jahr 6 n. Chr. kam der Süden (Samaria, Judäa, Idumäa) direkt unter römische Verwaltung. Römische Soldaten sorgten dafür, dass die Juden keinen Aufstand gegen die Besatzer unternahmen.
Kaiser Augustus, unter dessen Regierungszeit Jesus geboren wurde, versuchte, die Verehrung der überkommenen Götter neu zu beleben, aber die offizielle römische Religion wurde nicht als Reichsreligion propagiert. Solange andere Religionen die öffentliche Sicherheit nicht gefährdeten, wurden sie toleriert.
Die Juden hatten eine Sonderstellung. Sie waren im ganzen Reich als besonderes Volk anerkannt. Die Römer ließen ihnen eine gewisse politische und religiöse Selbstverwaltung und beschränkten sich auf eine Art Oberhoheit, die der Statthalter von Syrien ausübte, unterstützt von einem kaiserlichen Prokurator, der seinen Sitz in Jerusalem hatte. Die Juden mussten zwar hohe Steuern an den Kaiser entrichten, ihn aber nicht als Gott verehren. Trotzdem war es für die jüdische Bevölkerung sehr schwer, diese Besatzung zu ertragen. Palästina war ein unruhiger Boden. Immer wieder gab es Aufstände von Rebellengruppen, die von den Römern blutig niedergeschlagen wurden. Daher reagierten die Römer sehr misstrauisch, wenn sich Menschen um einen Anführer scharten. So stand auch Jesus bald unter Beobachtung.

Der Hohepriester und der Hohe Rat

An der Spitze der jüdischen Selbstverwaltung stand der Hohepriester. Dieser vertrat das Volk gegenüber dem römischen Prokurator, außerdem war er der Vorsitzende des Hohen Rats. Der Hohe Rat (oder auch: Sanhedrin, Synhedrium, von griech. „Versammlung") war das höchste Regierungs- und Richterkollegium der Juden, dessen Macht durch die Römer allerdings stark beschnitten wurde. So durfte der Hohe Rat keine Todesurteile aussprechen.
Er setzte sich aus führenden Vertretern der Priester und Laien (Sadduzäer und Pharisäer) zusammen. Obwohl der Hohe Rat die Verurteilung Jesu anstrebte, gab es auch dort einige Anhänger: Josef von Arimathäa (Mk 15,43; Lk 23,50.51) und Nikodemus (Joh 3,1; 7,50).

1. Schlage die Bibelstellen nach und suche die dort erwähnten Orte auf der Landkarte in der Bibel oder im Atlas: Mt 4,1f; Lk 4,16; Mt 2,1; Mk 16,14.

Was wissen wir vom historischen Jesus?

Name:
Jesus (hebr.: Jehoshua = „Gott hilft“ bzw. „Gott rettet“)

Eltern:
Josef (hebr.: Joses/Jossi) und Maria (hebr.: Mirjam)

Geburtsdatum:
Das genaue Datum ist nicht bekannt (zwischen den Jahren 7 und 4 v.Chr.).

Geburtsort:
Laut Bibel: Bethlehem (= Stadt Davids, aus der einst der Erlöser kommen soll), historisch wahrscheinlich: Nazaret in Galiläa (im Norden des Landes)

Wohnhaft in:
Nazaret, etwa bis zu seinem 30. Lebensjahr (daher: Jesus von Nazaret), später war er ohne festen Wohnsitz (Hauptaufenthaltsorte in Galiläa, häufig Kafarnaum und um den See Gennesaret).

Geschwister/Neffen:
Laut Bibel hatte Jesus „Brüder“ (Jakobus, Joses, Judas und Simon). Das hebräische Wort für Brüder kann auch „Neffen“ bedeuten. Seine Schwestern werden namentlich nicht genannt.

Beruf:
Vermutlich Zimmermann, wie sein Vater (bessere Berufsbezeichnung: Bauhandwerker).

Sprache:
Aramäisch, vermutlich auch Hebräisch und etwas Griechisch.

Familienstand:
ledig

Aussehen/Augenfarbe/Haarfarbe/Größe:
keinerlei Angaben in der Bibel

Religion:
Er wurde als Jude im traditionellen Glauben erzogen und nahm teil an den jüdischen Festen und Feiertagen.

Schulische Ausbildung:
Jesus konnte lesen und vermutlich auch schreiben; er besuchte die Synagoge und ging bei Josef in die Lehre.

Lebensstationen:
Etwa im Alter von 30 Jahren wurde Jesus durch Johannes den Täufer im Jordan getauft und schloss sich wahrscheinlich als Schüler an dessen Gruppe an.
Jesus verließ seine Familie und lebte als Wanderprediger. Später gründete er einen eigenen Jüngerkreis.
Er verkündete die Botschaft vom Reich Gottes in gleichnishafter Rede und zeichenhaften Handlungen.
Jesus wendete sich den sozialen Randgruppen seiner Zeit zu.
Er kritisierte die bestehenden Verhältnisse, so auch die Verhältnisse im Tempel.
Nach etwa ein bis drei Jahren Predigttätigkeit wurde Jesus als Unruhestifter („König der Juden“) angeklagt, verurteilt und durch die römische Besatzungsmacht am Kreuz hingerichtet.

Ermittelt arbeitsteilig weitere Angaben zu Jesus in der Bibel. Verwendet dafür folgende Bibelstellen:
Mk 1,9 – Mk 8,27–30 – Mk 3,11 – Mt 27,11 – Mt 2,1 – Mt 2,1 – Mk 6,3 – Mt 1,16 – Lk 23,38 – Mk 3,16–19 – Mk 6,3 – Mk 4,1 f. – Mk 4,33 f. – Lk 4,40 – Mk 2,15 – Mk 2,6 f. – Mt 16,1 – Mk 15,15 – Mk 15,42 – Mt 27,32 f. – Mk 15,22 – Mt 27,35

1. Interviewt Mitschüler, Lehrer, Familie und Freunde darüber, welche Bedeutung Jesus für die Menschen heute hat, was sie in ihm sehen (vgl. Methode „Zeitungsinterview“ S. 196).
2. Es gibt Menschen, die behaupten, Jesus habe nie gelebt. Nenne Gegenargumente.

Gesellschaftliche Gruppen zur Zeit Jesu

Zur Zeit Jesu gab es im Judentum verschiedene religiöse Richtungen, welche mehr oder weniger mit oder gegen Jesus gearbeitet haben. Sie hatten an einen Erlöser sehr verschiedene Erwartungen, die sich vom Selbstverständnis Jesu deutlich unterschieden. Viele biblische Erzählungen sind einfacher zu verstehen, wenn man weiß, wie die Menschen damals gedacht und gelebt haben.

Abgesondert: die Pharisäer

Die jüdische Gruppe der Pharisäer gab es seit ca. 135 v. Chr. in Israel. Sie waren eine vom Volk sehr geschätzte Laienbewegung und die eigentlichen religiösen Führer des Volkes. Sie setzten sich besonders dafür ein, dass die Gesetze, wie sie in der Tora stehen, genau eingehalten wurden. Weil Leben nur im Schutzraum der Gebote Gottes gelingen kann, sonderten sie sich streng von allen ab, die sich nicht an diese Gesetze hielten. „Pharisäer" bedeutet übersetzt „die Abgesonderten". Sie widersetzten sich allen griechischen und anderen fremden Kultureinflüssen. Sie lehnten die Römer ab, waren aber gegen Gewalt. Weil die meisten sich in der Bibel so gut auskannten, nannte man viele von ihnen auch „Schriftgelehrte".

Jesus griff die Pharisäer oft hart an: Ihre Absonderung von den „Gesetzesbrechern" brandmarkte er als Lieblosigkeit; ihren Stolz auf die Kenntnis und Einhaltung der Gesetze nannte er Überheblichkeit und Selbstgerechtigkeit; er bezeichnete sie offen als Heuchler, weil sie ihre Frömmigkeit bewusst zur Schau stellten. Er kritisierte ihre eigene Auslegung der Gesetze, die immer komplizierter wurde und immer mehr auf beobachtbare Äußerlichkeiten Wert legte. Sie hielten sie für ebenso wichtig wie die biblischen Gesetze selbst, obwohl Jesus ihnen vor Augen führte, dass ihre Auslegung teilweise unbarmherzig war (besonders, was die Einhaltung der Sabbatruhe anging) oder manchmal sogar gegen den eigentlichen Sinn des biblischen Gesetzes verstieß (vgl. Mt 15,1–20).

Jesus kritisierte die Pharisäer nicht zuletzt deswegen so hart, weil sie die Gruppe waren, die ihm am nächsten stand. Gerade die Ernsthaftigkeit, mit der die Pharisäer ihren Glauben lebten, ihre Gottesfurcht und die Liebe zu ihrem Volk waren es, die viele Pharisäer mit Jesus verband.

Die Pharisäer erwarteten – anders als Jesus – den Anbruch des Reiches Gottes, wenn die Weisungen der Tora durch Gebet und frommes Leben eingehalten werden.

Vornehm und reich: die Sadduzäer

Die Sadduzäer waren die mächtigste jüdische Gruppe zur Zeit Jesu. Ihre Zahl war zwar klein, aber sie hatten großen politischen und religiösen Einfluss. Zu ihnen gehörten hauptsächlich die Vornehmen und Reichen, meist waren es Priesterfamilien, die aus alten Adelsgeschlechtern stammten. Aus ihren Reihen stammte auch der jeweils amtierende Hohepriester. Ihren Namen leiteten sie wohl von Zadok, dem Hohepriester zur Zeit Davids und Salomos ab. Auch unter den Sadduzäern gab es Schriftgelehrte.

Die Sadduzäer waren, ganz anders als die Pharisäer, der griechisch-römischen Kultur gegenüber sehr aufgeschlossen, gingen ins Theater und waren den Römern gegenüber eher freundlich gesonnen. Mit Billigung der Römer bestimmten die Sadduzäer das Geschehen im Tempel, in der religiösen Verwaltung und der religiösen Gerichtsbarkeit. Als Jesus mit einer prophetischen Zeichenhandlung, der sog. Tempelreinigung (vgl. Mt 21,12–17), gegen den Tempelkult vorging, sahen sie deshalb ihre Interessen bedroht. Theologisch dagegen lehnten sie alle „Neuerungen" ab. Sie erkannten nur die geschriebene Tora als verbindlich an, nicht jedoch die Auslegung durch die Schriftgelehrten und die Fortentwicklung der jüdischen Reinheitsgebote. Anders als die Pharisäer glaubten sie nicht an die Auferstehung der Toten, an ein Weiterleben nach dem Tod oder an die Existenz von Engeln und Geistern. Sie erwarteten einen Priester als Erlöser. Mit den Pharisäern teilten sie die Abneigung gegen Jesus; sie sahen in ihm allerdings mehr einen politischen als einen religiösen Gegner.

Gewalttätig: die Zeloten

Die Zeloten (griech. = „Eiferer") waren die radikalste der jüdischen Gruppen: Sie predigten ein starkes jüdisches Selbstbewusstsein, forderten den bewaffneten Widerstand gegen die römischen Besatzer. Sie wollten in Israel bzw. Juda einen Gottesstaat errichten und dazu vorher die römischen Besatzer vertreiben. Sie standen beim einfachen Volk hoch im Ansehen, weil sie die Tora streng befolgten und bereit waren, für das erwartete Reich des Erlösers mit Waffengewalt zu kämpfen. Der Kampf der Zeloten führte schließlich 66 n. Chr. zum Ausbruch des jüdischen Krieges und endete mit der Zerstörung Jerusalems und des Tempels im Jahr 70 n. Chr.
Dennoch gab es etwas später erneut einen Versuch, die Herrschaft der Römer abzuschütteln; nicht zuletzt deshalb, weil besonders die ärmeren Menschen unter der hohen Steuerlast litten. Dieser Aufstand scheiterte 135 n. Chr. endgültig: Jerusalem wurde von den Römern zu einer rein heidnischen, für die Juden verbotenen Stadt gemacht. Erst knappe 1800 Jahre später konnten die Juden wieder nach Palästina zurückkehren.
Vielleicht hatte Jesus auch Anhänger unter den Zeloten. Der Jünger Simon trägt z. B. den Beinamen „der Zelot/Eiferer" (Lk 6,15). Es wird auch vereinzelt spekuliert, dass Judas Iskariot ebenfalls ein Zelot gewesen sein könnte.

Zurückgezogen: die Essener

Die Essener lebten in ordensähnlichen Gruppen hauptsächlich am Toten Meer. Sie beteiligten sich nicht am allgemeinen Leben der Juden. Sie hielten sich an strenge Lebensregeln, beschäftigten sich mit philosophischen und theologischen Fragen und glaubten sich als die Einzigen, die am Tag des Jüngsten Gerichts gerettet würden. Manche zählen Johannes den Täufer zu den Essenern.

1. Teilt euch in Gruppen auf und stellt zusammen, was die Gruppen über die Römer und Jesus gedacht haben könnten. Führt ein Expertengespräch darüber (vgl. Methode „Expertengespräch" S. 197).
2. Verfasst in Kleingruppen ein Streitgespräch, in dem Sprecher der religiösen Gruppen ihre mögliche Meinung zu den Römern und zu Jesus vertreten (vgl. Methode „Dialog schreiben" S. 197).

Die zentrale Botschaft Jesu – die Bergpredigt

Die Seligpreisungen
Als Jesus die vielen Menschen sah, stieg er auf einen Berg. Er setzte sich und seine Jünger traten zu ihm. Dann begann er zu reden und lehrte sie.
Er sagte:
Selig, die arm sind vor Gott; denn ihnen gehört das Himmelreich.
Selig die Trauernden; denn sie werden getröstet werden.
Selig, die keine Gewalt anwenden; denn sie werden das Land erben.
Selig, die hungern und dürsten nach Gerechtigkeit; denn sie werden satt werden.
Selig die Barmherzigen; denn sie werden Erbarmen finden.
Selig, die ein reines Herz haben; denn sie werden Gott schauen.
Selig, die Frieden stiften; denn sie werden Söhne Gottes genannt werden.
Selig, die um der Gerechtigkeit willen verfolgt werden; denn ihnen gehört das Himmelreich.
Selig seid ihr, wenn ihr um meinetwillen beschimpft und verfolgt und auf alle mögliche Weise verleumdet werdet. Freut euch und jubelt: euer Lohn im Himmel wird groß sein.

Mt 5,1–12

Anne Seifert: Der auferstandene Christus als afrikanischer Trommler

Viele Persönlichkeiten, so beispielsweise Mahatma Gandhi, Leo Tolstoi und Martin Luther King, verstanden die Bergpredigt als einen Wegweiser zu Gottes neuer Welt. Sie gilt demnach schon jetzt, und zwar für alle Christen. In ihr wird Gottes Zuspruch und Anspruch deutlich. Sie fordert ein von Grund auf neues Denken und Tun, weil durch Jesus die Herrschaft Gottes angebrochen ist und der Mensch die neue Welt Gottes als Ziel vor Augen hat. Die Bergpredigt zeigt also einen Weg für dieses Leben: Nur wer liebt, lebt wirklich; nur wer frei ist, ist ein Ebenbild Gottes. Man kann sie als Aufruf verstehen, in der Nachfolge Jesu alle Anstrengungen zu unternehmen, diese Welt zu verändern.

Die Seligpreisungen in heutiger Sprache

Selig sind, die über sich selbst lachen können, denn sie werden sich köstlich amüsieren.
Selig sind, die einen Berg von einem Maulwurfhügel unterscheiden können, denn es wird ihnen viel Ärger erspart bleiben.
Selig sind, die fähig sind, sich auszuruhen und zu schlafen, ohne dafür eine Entschuldigung suchen zu müssen. Sie werden Weise genannt werden.
Selig sind, die schweigen und zuhören können. Sie werden viel Neues lernen.
Selig seid ihr, wenn ihr ein Lächeln bewundern und eine Grimasse vergessen könnt. Euer Weg wird voller Sonnenschein sein.
Selig seid ihr, wenn ihr das Benehmen anderer immer mit Wohlwollen beurteilen könnt. Man wird euch für naiv halten, aber die Liebe fordert es.
Selig, die vor dem Handeln nachdenken und vor dem Nachdenken beten. Sie werden viele Dummheiten vermeiden.
Selig seid ihr, wenn ihr lächeln und schweigen könnt, wenn man euch ins Wort fällt oder euch widerspricht. Dann hat die frohe Botschaft angefangen euer Herz zu verwandeln.
Selig seid ihr vor allem, wenn ihr den Herrn erkennt in allen, die euch begegnen, denn dann habt ihr das wahre Licht und die echte Weisheit gefunden.

Kleine Schwestern Jesu, Paris

1. Stelle Zusammenhänge zwischen dem Bild „Der Auferstandene Christus als afrikanischer Trommler" und den Seligpreisungen in einem Bild-Text-Vergleich dar (vgl. Methode „Bild-Text-Vergleich" S. 193).
2. Erstellt eine Fragelandschaft zu den einzelnen Seligpreisungen und beantwortet die Fragen anschließend arbeitsteilig (vgl. Methode „Fragelandschaft" S. 189).
3. Lass das Bild von Paul Klee auf dich wirken und sammle Assoziationen dazu (vgl. Methode „Assoziationen sammeln" S. 189).
4. Interpretiere den Titel des Bildes von Paul Klee. Stelle in einem zweiten Schritt Bezüge zwischen dem Bild und den Seligpreisungen her (vgl. „Methode Bild-Text-Vergleich" S. 193).
5. Formuliere eigene Seligpreisungen (vgl. Methode „Gebet verfassen" S. 190).

Jesu Weg zum Kreuz

Leiden und Tod Jesu

Das Kreuz – ein Schmuckstück?

Kreuze überall: auf und in Kirchen, von Hälsen und Ohrläppchen baumelnd, in der Kunst und bei Konsumartikeln. Ein Juwelier fragt beim Vorführen der Schmuckkreuze die Kundin: „Möchten Sie ein Kreuz mit kleinem Männchen oder ohne?“ – Ist das christliche Symbol so verwässert, dass es bedeutungslos geworden ist?

Worauf es den Evangelisten ankam

Die Evangelien berichten über das Leiden und Sterben Jesu nicht, um die Neugier nach Einzelheiten zu befriedigen. Die Art und Weise einer Kreuzigung war damals allgemein bekannt. Deshalb kam es den Evangelisten vor allem auf die Bedeutung des Leidens und Sterbens Jesu an. Der damals (und heute) schmachvolle und erniedrigende Tod am Kreuz war für die Evangelisten ein Zeichen des Heils und ein Symbol der Rettung der Menschen. Diese Botschaft wollten sie in ihren Erzählungen vom Leiden und Sterben Jesu verkünden. Mit dieser Verkündigungsabsicht hängen auch die genaueren Schilderungen über den Verlauf der Ereignisse zusammen. Nicht immer kann man heute entscheiden, ob etwas genau so oder anders abgelaufen ist. Trotzdem kann man sich den wahrscheinlichen Ablauf heute mit einiger Sicherheit vorstellen.

Eine schwierige Balance

Heutigen Lesern stellen sich zwei Aufgaben, um die Botschaft der Evangelien richtig zu verstehen. Sie müssen sich der Realität des Leidens und Sterbens Jesu stellen, wie sie wahrscheinlich stattgefunden hat, sie dürfen aber dabei nicht stehen bleiben.
Christen sehen im Kreuz kein bloßes Schmuckstück und kein reines Folterinstrument. Sie sehen zuerst das Bild des Menschen Jesus, der in Jerusalem verhaftet, verhört, verspottet, verurteilt und gekreuzigt wurde. Sie sind überzeugt, dass die Verurteilung zum Tod am Kreuz die Konsequenz seiner Verkündigung des Reiches Gottes war und dass in Jesus Gott selbst diesen Weg gegangen ist. Aber das Kreuz war nicht das Ende, sondern der Beginn des Heils der Menschen. Weil Gott Jesus vom Tod zum Leben auferweckt hat, sind Trauer in Freude, Leid in Glück und Hass in Liebe verwandelt worden.

Wie das Kreuz Jesu wohl ausgesehen hat

Das bei uns bekannte Kreuz hat die Form eines „lateinischen“ Kreuzes. Dabei ist der Querbalken ein Stück unterhalb des oberen Endes des aufrechten Teil des Kreuzes befestigt. Die übliche Form des Kreuzes in den Tagen Jesu war jedoch – wie archäologische Funde beweisen – wie ein „T“ geformt. Bei diesem Kreuz wurde der Querbalken in einer Kerbe am oberen Ende des aufrechten Balkens befestigt. Es ist ziemlich sicher, dass Jesus an einem Kreuz dieser Art gekreuzigt wurde. Der aufrechte Pfosten war meist am Standort der Hinrichtung im Boden festgemacht, und der Verurteilte wurde gezwungen, den Querbalken, der etwa 55 kg wog, vom Gefängnis bis zur Stelle der Hinrichtung zu tragen. Ein Schild, auf dem das Verbrechen des Opfers notiert war, wurde normalerweise an der Vorderseite des Umzugs getragen und später am Kreuz oberhalb des Kopfes angenagelt.

Wie tief Menschen sich vom Leiden Jesu berühren lassen können, lässt sich an Bildern des „Meisters der Karlsruher Passion“ ablesen. So wird ein spätgotischer Maler am Oberrhein bezeichnet, der um 1450 einen Passionsaltar malte, wahrscheinlich für eine Kirche in Straßburg. Wer genau die Bilder gemalt hat, ist unsicher, vielleicht war es der in Straßburg vor 1460 nachweisbare Maler Hans Hirtz. Nur wenige Bilder (jeweils 46 x 67 cm) seines Altars sind erhalten, sechs davon befinden sich heute in der Kunsthalle in Karlsruhe.

Der Maler stellt das Geschehen des Leidens Christi und die Marterwerkzeuge zwar in allen Einzelheiten lebensnah dar, aber er will damit nicht in erster Linie eine historisch genaue Darstellung geben. Vielmehr will er durch seine erzählende und bewegende Malweise die Betrachter in das Bild hineinziehen. Sie sollen zu Gebet und Meditation geführt werden. Deshalb hat er auch Personen niedrigerer sozialer Stellung in das Hauptgeschehen mit einbezogen. Viele Menschen im Mittelalter sehnten sich nach einer ganz persönlichen Beziehung zu Gott.

Meister der Karlsruher Passion: Die Gefangennahme Christi, um 1450/55

Meister der Karlsruher Passion: Die Geißelung Christi, um 1450/55

Meister der Karlsruher Passion: Die Kreuznagelung Christi, um 1450/55

Meister der Karlsruher Passion: Kreuztragung Christi, um 1450/55

1. Erkläre, was Menschen alles zum Ausdruck bringen können, wenn sie an ihrer Kleidung oder als Schmuck ein Kreuz mit sich tragen.
2. Lies die Leidensgeschichte Jesu in der Bibel nach, z. B. Mk 14,1–15,47. Ordne die Bibelverse den Bildern der Karlsruher Passion zu.
3. Entdeckt, durch welche malerischen Mittel der Meister der Karlsruher Passion die Betrachter zu Gebet und Meditation führen will (vgl. Methode „Bildbetrachtung“ S. 192).
4. Christen sehen im Tod Jesu einen tieferen Sinn. Erläutere.
5. An vielen Orten wird bis heute der Weg des Leidens und Sterbens Jesu als heiliges Spiel aufgeführt. Begründe.

Warum musste Jesus sterben?

Schon die ersten Jünger und seitdem alle Christen fragten und fragen: Was war der Sinn des Sterbens Jesu? Steht sein Tod nicht in Widerspruch zu seinem Lebenswerk? Bedeutet das Kreuz nicht das Scheitern Jesu samt seiner Botschaft?
In der Tat: Mit Ausnahme von Petrus verließen alle Jünger Jesus und flohen (Mk 14,50). Sie waren enttäuscht, tief deprimiert; der, auf den sie große Hoffnungen gesetzt hatten, war tot und begraben (vgl. Lk 24,13–35).
Für die damalige Zeit war eine Hinrichtung durch Kreuzigung eine absolute Katastrophe. Das zeigt die älteste bildliche Darstellung des Gekreuzigten. Sie ist eine in Stein gezeichnete Spottkarikatur: ein Gekreuzigter mit Eselskopf, darunter die Inschrift: „Alexamenos betet seinen Gott an." Der Christ Alexamenos wird für seinen Glauben an den gekreuzigten Jesus verspottet.

Doch der Tod Jesu war keine „Panne", mit der er selbst nicht gerechnet hätte. Jesus wusste, was auf ihn zukommen könnte. Er sprach offen darüber, allerdings wollten seine Jünger es bis zuletzt nicht wahrhaben. Andererseits aber ging Jesus auch nicht auf „Befehl des Vaters" in den Tod, so als hätte Gott das Blutopfer seines Sohnes zur Wiederversöhnung mit den Menschen nötig gehabt oder gefordert.
Gottes Wille war es, den Menschen in einer unüberbietbaren Weise nahe zu kommen und so, mit einer die Zerwürfnisse und Schuldverstrickungen aufbrechenden Liebe, Neuanfänge zu ermöglichen. Das heißt Erlösung. Weil Menschen das nicht leisten können, kam Gott ihnen als Mensch entgegen.
Jesus verkündete die erlösende Liebe Gottes zu allen Menschen. Er lebte vor, wie man Mensch sein kann, ohne in Trennung von Gott zu leben. Er tat dies mit dem Anspruch und im Namen Gottes. Das brachte ihn in den todbringenden Konflikt mit den führenden Kräften des Volkes, dem Jesus selbst angehörte. Die Menschen hielten ihn für einen Gotteslästerer, der sich fälschlich für den Sohn Gottes ausgab.

Urs Lüthi: Hope, Despair, 1989.

Jesu Tod war deshalb eine Folge seines Lebens und seiner Botschaft. Er hätte ihm nur entrinnen können, wenn er widerrufen hätte.
„Gott hat die Welt so geliebt, dass er seinen einzigen Sohn hingab, damit jeder, der an ihn glaubt, nicht verlorengeht, sondern das ewige Leben hat." (Joh 3,16)
Das Kreuz, an dem Jesus starb, wurde so zum Zeichen der Liebe und der Erlösung. Deshalb „machen Christen das Kreuzzeichen" und bringen damit zum Ausdruck, dass das Kreuz für sie ein Zeichen des Heils ist.

1. Erläutere, warum die Gedanken über Leiden und Sterben Jesu Menschen Ermutigung, Hoffnung und Kraft geben können.
2. Formuliere eine Antwort, die Alexamenos dem Zeichner der Spottkarikatur hätte geben können.
3. Theologen sagen auch, Jesus habe „stellvertretend für die Menschen" gelitten. Erkläre, was damit zum Ausdruck gebracht werden soll.
4. Zeige auf, wie das Bild von Urs Lüthi zu dem nebenstehenden Text passt (vgl. Methode „Bild-Text-Vergleich" S. 193).

Das vierte Lied vom Gottesknecht (Jes 52,13–53,12)

Wer die Leidensgeschichte Jesu kennenlernen will, schlägt normalerweise in den vier Evangelien nach. Es gibt aber noch einen interessanten anderen Weg. Rund 570 Jahre vor dem Leiden Jesu trat während des Exils der Oberschicht des Volkes Israel in Babylon dort ein Prophet auf, dessen Name unbekannt ist. Bekannt allerdings sind die Worte, die dieser Prophet während seines Auftretens zwischen ca. 550 v. Chr. und 539 v. Chr. verkündete. Sie finden sich heute in einem Buch des Alten Testaments, im Buch Jesaja wieder. Die Kapitel 40 bis 55 stammen – so haben Forscher herausgefunden – vermutlich nicht vom Propheten Jesaja selbst, sondern von einem anderen Propheten. In der Bibelwissenschaft nennt man ihn „Deuterojesaja", das bedeutet zweiter Jesaja.
Zentrum seiner Verkündigung sind die „Lieder vom Gottesknecht" (Jes 42–55). Darunter wird ein Beauftragter Gottes verstanden, der in ferner Zukunft Licht und Recht zu allen Völkern bringen wird und dafür stellvertretend Schmach und Schande bis zum Opfer des eigenen Lebens trägt. Manchmal hat Deuterojesaja mit dem Gottesknecht wohl symbolisch das Volk Israel gemeint. An anderen Stellen lässt sich der Text aber nur auf eine Einzelperson deuten.
Jesus, der als Jude mit der Bibel vertraut war, hat vielleicht selbst seinen Weg im Bild des leidenden Gottesknechtes wiedererkannt und in diesem Bewusstsein seinen Weg nach Jerusalem angetreten. Aber auch die christliche Gemeinde hat von Anfang an die Aussagen vom Gottesknecht auf Jesus bezogen. In der Tat, wenn man heute die Verse Jes 52,13 ff. liest, fallen fast in jeder Zeile Anklänge an die Leidensgeschichte Jesu auf. Die nach der Kreuzigung Jesu neu zum Glauben an Jesus Gekommenen verstehen seine Person im Licht des Gottesknechtliedes. Der Evangelist Markus und bereits die vormarkinische Passionserzählung nehmen das Gottesknechtslied zur Grundlage, um die Passion Jesu daran entlang zu beschreiben und zu deuten.

Alexej Jawlensky: Die Dornenkrone, 1918.

1. Lest mit Hilfe der Echo-Lese-Methode Jes 52,13–53 und arbeitet Verse heraus, die sich auf den leidenden Jesus übertragen lassen (vgl. Methode „Echo-Lesen" S. 190).
2. An zwei Stellen im Lied vom Gottesknecht spricht Gott selbst. Du findest die Stellen, wenn du auf die Worte „mein" und „ich" achtest. Erläutere, was im Bibeltext über den Gottesknecht gesagt wird.
3. Alexej Jawlensky konzentrierte sich in seiner Kunst fast ganz auf das menschliche Antlitz. Dabei wollte er keine Portraits malen, sondern die innerlichen Empfindungen zum Ausdruck bringen. Suche im Text des Lieds vom Gottesknecht Verse, die zu diesen Empfindungen passen.

Ein Evangelium entsteht

Otto Dix: Große Auferstehung Christi II, 200 x 150 cm, 1949.

Das Lukasevangelium

Nachdem Jesus am Kreuz hingerichtet worden war, brach für seine Anhänger eine Welt zusammen. Die Bibel berichtet, dass die meisten Jünger aus Angst vor dem gleichen Schicksal wie Jesus aus Jerusalem flüchteten. Die Jesusbewegung stand vor dem Aus. Es hätte nicht viel gefehlt und der hoffnungsvolle Aufbruch, den die Botschaft Jesu ausgelöst hatte, wäre im Sande verlaufen. Dann aber muss etwas Entscheidendes passiert sein. Einigen Jüngern, unter ihnen auch die Frauen, die bei Jesus ausgeharrt hatten, erschien Jesus als Auferstandener. Das war die entscheidende Wende. Um diese Zeugen der Auferstehung bildeten sich kleine Gemeinden, die schnell größer wurden. In ihren Gemeinden wurden die Erfahrungen der Augenzeugen mit dem irdischen Jesus im Licht der Auferstehung weiter erzählt. Bald aber entstand das Bedürfnis, die mündlich überlieferten Erzählungen von den Worten und Taten Jesu schriftlich festzuhalten. Um das Jahr 80 n. Chr. – so dürfen wir es uns vorstellen – trifft sich eine kleine christliche Gemeinde zum Gottesdienst. Wie immer betet und singt man gemeinsam und liest einen Abschnitt aus der Tora, dem Evangelium des Markus und anderen Überlieferungen über Jesus. Nach dem Gottesdienst bleiben einige Frauen und Männer – unter ihnen auch Lukas – beieinander stehen. „Wisst ihr, wer mir vor kurzem einen Brief geschrieben hat?“ Die anderen werden neugierig. Lukas fährt fort: „Theophilus hat mir geschrieben. Er befindet sich auf einer Reise nach Alexandria und es geht ihm gut.“ „Grüße ihn von uns, wenn du antwortest.“ „Aber Theophilus hat auch ein Problem. In den christlichen Gemeinden, die er auf seiner Reise besucht, werden teilweise andere Überlieferungen von Jesus erzählt, als wir sie bei uns vorlesen. Theophilus fragt sich manchmal, wie zuverlässig das ist, was wir in unserer Gemeinde über Jesus weitergeben.“ Eine Frau ergreift das Wort: „Wir haben doch das Markusevangelium, in dem viele Erzählungen über Jesus in eine fortlaufende Reihenfolge gebracht worden sind.“ „Aber neben dem Markusevangelium gibt es viele andere Überlieferungen, die auch auf Augenzeugen aus der Zeit Jesu zurückgehen“, wendet einer ein. „Eigentlich müsste man alles noch einmal sorgfältig nachprüfen und ein neues Evangelium schreiben, in dem alle vorliegenden Überlieferungen eingearbeitet sind. Lukas, wärst du nicht der Mann, der das machen könnte?“ Lukas ist überrascht: „Ich soll ein neues Evangelium schreiben?“ „Wenn Theophilus sich an dich gewandt hat, bist du wohl der richtige. Du bist gebildet wie er, du kannst dich ausdrücken, du hast einen guten Überblick über den Lauf der Geschichte und du kennst die Fragen der Menschen von heute.“ Lukas ist noch nicht überzeugt: „Das Zusammenstellen und Überprüfen der verschiedenen Überlieferungen, das traue ich mir zu, aber ob mein Bericht dann wirklich Menschen zum Glauben an Jesus führt, das weiß ich nicht.“ „Tu du nur deine Arbeit, wir bitten zu Gott, dass er dich mit seinem Geist begleitet und dir die richtigen Worte gibt.“ Nach längerer Überlegung willigt Lukas ein und macht sich an die Arbeit. Er nimmt das Markusevange-

lium als Grundgerüst. Dann überprüft er die anderen schriftlichen Überlieferungen, teilt sie in zwei größere Blöcke ein und ordnet sie an zwei Stellen in das Markusevangelium ein. Für Lukas ist mit Jesus die entscheidende Wende der Geschichte eingetreten. Jesus ist der wahre Retter und Heiland der Welt, nach dem sich Juden und Heiden gesehnt haben. Besonders für die „Verlorenen" – die sozial Entrechteten, die Frauen, Zöllner und Sünder – ist Jesus der Retter. Deshalb übernimmt Lukas Sonderüberlieferungen wie das Gleichnis vom barmherzigen Samariter in sein Evangelium. Anschließend stellt er seinem Evangelium eine Vorgeschichte über Herkunft und Kindheit von Johannes dem Täufer und Jesus voran. Er will den zukünftigen Lesern verdeutlichen, dass nicht der damalige Kaiser Augustus der wirkliche Friedensbringer ist, sondern der in einem kleinen Dorf geborene Jesus. Als Abschluss seines Evangeliums fügt er mehrere Berichte über die Erscheinungen des Auferstandenen an. Mit der Auferstehung Jesu beginnt für Lukas eine neue Zeit, die Zeit der Kirche. Alle Menschen sollen sich zu einem Volk Gottes versammeln und in ihrem Leben so handeln, wie es Jesus vorgemacht hat.
Manchmal geht Lukas die Arbeit am Evangelium leicht von der Hand. Er fühlt sich getragen vom Gebet der Gemeinde und vom Heiligen Geist. Manchmal dauert es lange, bis er dic richtigen Sätze gefunden hat. Er will die Leser von der Zuverlässigkeit der Überlieferungen über Jesus überzeugen, aber er will auch ihre Fragen beantworten.
Nachdem er sein Werk vollendet hat, schickt er

Jean-Marie Pirot (Arcobas): Emmaus – Die Rückkehr der Jünger nach Jerusalem, 1994.

das erste Exemplar natürlich an seinen Freund Theophilus. Dieser antwortet sofort: „Lieber Lukas, ich bin von deinem Werk begeistert. Mich beeindruckt besonders, wie du die vielen Überlieferungen über Jesus zu einem umfassenden Werk wie aus einem Guss verknüpft hast. Auch über Jesus ist mir vieles neu klar geworden, vor allem sein Eintreten für die Armen und Ausgestoßenen. Du bist mir aber hoffentlich nicht böse, wenn ich zum Schluss auch wieder eine Frage habe. Wenn mit dem irdischen Leben Jesu eine neue Zeit begann, ist dann nicht mit seiner Auferstehung und der Entstehung der Gemeinde in Jerusalem auch wieder eine andere Zeit angebrochen?"

1. Erstelle eine Liste der Schritte, die Lukas bei der Zusammenstellung seines Evangeliums geht.
2. Arbeite heraus, worauf es Lukas besonders ankommt.
3. Lukas lässt die abschließende Frage des Theophilus keine Ruhe. Lies in Apg 1,1–3 nach, was Lukas tut.
4. Welche Bilder könnte Lukas bei einem Maler in Auftrag geben, um seine Absichten zu verdeutlichen? Male selbst so ein Bild und lasse dich vom illustrierten Evangelium inspirieren.
5. Beschreibe und deute die Bilder unter dem Gesichtspunkt, worauf es Otto Dix und Jean-Marie Pirot (Arcabas) mit ihren Werken ankam.

Die vier Evangelien

Die wichtigste Quelle, aus der wir vom Leben Jesu erfahren, sind die vier Evangelien. Ihre Verfasser werden Evangelisten genannt. Sie heißen Matthäus (Mt), Markus (Mk), Lukas (Lk) und Johannes (Joh). Die Wissenschaftler haben nun Satz für Satz und Wort für Wort der vier Evangelien verglichen und dabei herausgefunden, dass jeder Evangelist eine ganz besondere Sicht der Person und der Botschaft Jesu hat. Die vier Evangelisten waren nämlich vier verschiedene Personen, die zu unterschiedlichen Zeiten für jeweils besondere Adressaten ihr Evangelium verfasst haben. In der zentralen Frage: Wer ist dieser Jesus? sind sich die Evangelisten aber einig: Für sie ist Jesus der Sohn Gottes, mit dessen Person und mit dessen Botschaft das Reich Gottes anbricht.

Unterschiedliche Darstellungsweisen

Zwar verkünden die vier Evangelien die gleiche Person, Jesus Christus. Trotzdem gibt es Unterschiede. Hier einige Beispiele:
Die Evangelisten Matthäus und Lukas bringen mehrere Geschichten über die Kindheit Jesu. Der älteste Evangelist, Markus, dagegen erzählt nichts über die Kindheit Jesu.
Nach Matthäus und Markus liegen zwischen einer Rede Jesu an die Jünger und seiner Verklärung auf einem Berg sechs Tage, nach Lukas sind es acht.
Matthäus, Markus und Lukas erzählen vom letzten Mahl Jesu mit seinen Jüngern. Der viel jüngere Evangelist Johannes (um 100 n. Chr.) erwähnt das letzte Abendmahl nicht, schildert aber die Fußwaschung, die bei den übrigen Evangelisten fehlt.
Bei der Verhaftung Jesu – davon ist bei allen vier Evangelisten die Rede – schlägt Petrus einem Knecht des Hohenpriesters ein Ohr ab. Bei Lukas berührt und heilt Jesus das Ohr. Matthäus, Markus und Johannes schreiben nichts darüber.
Nach der Darstellung des Matthäus hat sich Judas nach seinem Verrat an Jesus erhängt. Markus und Lukas erzählen nichts davon.
Bei Matthäus und Markus verhöhnen auch die Räuber, die mit ihm gekreuzigt wurden, Jesus. Bei Lukas setzt sich einer der Räuber für Jesus ein.
Bei Lukas wird beschrieben, dass beim Tod Jesu am Kreuz der Vorhang des Tempels in Jerusalem in der Mitte durchreißt. Bei Matthäus, Markus und Johannes fehlt dieses Ereignis.

Die synoptische Frage

Besonders aufgefallen sind der Exegese (= Wissenschaft der Auslegung der biblischen Schriften und anderer Texte) die Übereinstimmungen und Unterschiede der ersten drei Evangelien des Neuen Testaments (Matthäus-, Markus- und Lukasevangelium).
Sie stimmen in der Reihenfolge der dargestellten Ereignisse und Erzählungen weitgehend überein, aber auch im Wortlaut der Erzählungen, die ihnen gemeinsam sind.
Fast der ganze Inhalt des Markusevangeliums ist im Matthäusevangelium enthalten, etwa zwei Drittel davon zudem im Lukasevangelium. Etwa 200 Verse sind bei Matthäus und Lukas, aber nicht bei Markus enthalten.

Diese Zusammenhänge werden mit verschiedenen Theorien zu erklären versucht. Keine Theorie kann alle Probleme hinreichend beantworten.
Die verbreitetste Erklärung ist die sogenannte Zweiquellentheorie. Sie nimmt an, dass Lukas und Matthäus das Markusevangelium und eine „vermutete" zweite Quelle, die Jesussprüche enthielt, als Vorlagen genutzt haben.

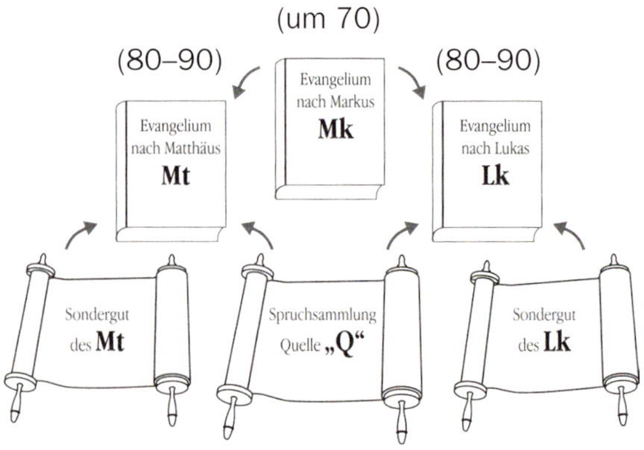

Die Botschaft des Engels im leeren Grab – ein Vergleich

1 Als der Sabbat vorüber war, kauften Maria aus Magdala, Maria, die Mutter des Jakobus, und Salome wohlriechende Öle, um damit zum Grab zu gehen und Jesus zu salben.
2 Am ersten Tag der Woche kamen sie in aller Frühe zum Grab, als eben die Sonne aufging.
3 Sie sagten zueinander: Wer könnte uns den Stein vom Eingang des Grabes wegwälzen?
4 Doch als sie hinblickten, sahen sie, dass der Stein schon weggewälzt war; er war sehr groß.
5 Sie gingen in das Grab hinein und sahen auf der rechten Seite einen jungen Mann sitzen, der mit einem weißen Gewand bekleidet war; da erschraken sie sehr.
6 Er aber sagte zu ihnen: Erschreckt nicht! Ihr sucht Jesus von Nazaret, den Gekreuzigten. Er ist auferstanden; er ist nicht hier. Seht, da ist die Stelle, wo man ihn hingelegt hatte.
7 Nun aber geht und sagt seinen Jüngern, vor allem Petrus: Er geht euch voraus nach Galiläa; dort werdet ihr ihn sehen, wie er es euch gesagt hat.
8 Da verließen sie das Grab und flohen; denn Schrecken und Entsetzen hatte sie gepackt. Und sie sagten niemandem etwas davon; denn sie fürchteten sich.

Mk 16,1–8

1 Nach dem Sabbat kamen in der Morgendämmerung des ersten Tages der Woche Maria aus Magdala und die andere Maria, um nach dem Grab zu sehen.
2 Plötzlich entstand ein gewaltiges Erdbeben; denn ein Engel des Herrn kam vom Himmel herab, trat an das Grab, wälzte den Stein weg und setzte sich darauf.
3 Seine Gestalt leuchtete wie ein Blitz und sein Gewand war weiß wie Schnee.
4 Die Wächter begannen vor Angst zu zittern und fielen wie tot zu Boden.
5 Der Engel aber sagte zu den Frauen: Fürchtet euch nicht! Ich weiß, ihr sucht Jesus, den Gekreuzigten.
6 Er ist nicht hier; denn er ist auferstanden, wie er gesagt hat. Kommt her und seht euch die Stelle an, wo er lag.
7 Dann geht schnell zu seinen Jüngern und sagt ihnen: Er ist von den Toten auferstanden. Er geht euch voraus nach Galiläa, dort werdet ihr ihn sehen. Ich habe es euch gesagt.
8 Sogleich verließen sie das Grab und eilten voll Furcht und großer Freude zu seinen Jüngern, um ihnen die Botschaft zu verkünden.

Mt 28,1–8

1 Am ersten Tag der Woche gingen die Frauen mit den wohlriechenden Salben, die sie zubereitet hatten, in aller Frühe zum Grab.
2 Da sahen sie, dass der Stein vom Grab weggewälzt war;
3 sie gingen hinein, aber den Leichnam Jesu, des Herrn, fanden sie nicht.
4 Während sie ratlos dastanden, traten zwei Männer in leuchtenden Gewändern zu ihnen.
5 Die Frauen erschraken und blickten zu Boden. Die Männer aber sagten zu ihnen: Was sucht ihr den Lebenden bei den Toten?
6 Er ist nicht hier, sondern er ist auferstanden. Erinnert euch an das, was er euch gesagt hat, als er noch in Galiläa war:
7 Der Menschensohn muss den Sündern ausgeliefert und gekreuzigt werden und am dritten Tag auferstehen.
8 Da erinnerten sie sich an seine Worte.
9 Und sie kehrten vom Grab in die Stadt zurück und berichteten alles den Elf und den anderen Jüngern.
10 Es waren Maria Magdalene, Johanna und Maria, die Mutter des Jakobus; auch die übrigen Frauen, die bei ihnen waren, erzählten es den Aposteln.

Lk 24,1–10

1. Erkläre den Begriff „Zweiquellentheorie" mit Hilfe der Grafik.
2. Vergleiche die drei Bibeltexte miteinander und beantworte die folgenden Fragen in einer Tabelle: Wer ging zuerst zum Grab? Wen trafen die Frauen am Grab? Was wird über den Stein gesagt? Was wird über Jesus berichtet?
3. Finde heraus, was den drei Erzählungen gemeinsam ist. Unterscheide dabei zwischen einzelnen Aspekten und der zentralen Botschaft.

Christusgeschichten

Wer ist dieser Mensch?

„Wer ist dieser Mensch?“ – das haben sich schon damals die Menschen gefragt, die Jesus begegnet sind. Dieser Jesus mit seinen überraschenden Seiten zwingt Menschen zur Entscheidung, wie sie zu ihm stehen.
Der Schriftsteller Stefan Andres hat verschiedene biblische Erzählungen in einem Hörspiel zusammengefasst. Es lässt die Begegnungen von Menschen mit Jesus lebendig werden. Alle werden vor die Frage gestellt: „Und wer ist für Sie dieser Jesus?“

Reporter:
Sehr geehrte Damen und Herren!
Ich habe zu dieser Pressekonferenz einige Menschen aus dem Jahr 32 n. Chr. eingeladen. Darf ich Ihnen meine Gäste vorstellen:
- Bartimäus,
- Manasse, der reiche Großgrundbesitzer,
- Johanna, Ehefrau,
- Verwandter Jesu,
- Hauptmann,
- Pharisäer,
- Ehebrecherin,
- Levi, der Zöllner,
- Tempelhändler.

Bitte, nehmen Sie Platz! Nun beginnen wir:
Sie bitte!
Bartimäus:
Bartimäus.
Reporter:
Beruf?
Bartimäus:
Ach so, Straßenbettler.
Reporter:
Alter?
Bartimäus:
Ungefähr 60. Als ich voriges Jahr geheilt wurde, war ich, glaub ich …
Reporter:
Moment! Ihre Geschichte ist aufgeschrieben, für ewige Zeiten. Wir haben sie in der Bibel gelernt.
Erzähler:
Und als Jesus die Stadt verließ, kauerte da ein blinder Bettler, Bartimäus, der Sohn des Timäus. Als er hörte, Jesus komme vorbei, schrie er laut: „Jesus, hab Erbarmen!“ „Sei still“, fuhren ihn einige barsch an. Er aber schrie noch lauter: „Jesus, hab doch Erbarmen!“ Da blieb Jesus stehen und sprach: „Ruft den, der da so schreit.“ Da riefen sie ihn und sagten: „Sei getrost, er ruft dich, schnell.“ Bartimäus warf eilig seinen Mantel ab und eilte zu Jesus. Jesus sah ihn an und sagte: „Was willst du, dass ich dir tun soll?“ „Lieber Meister, ich möchte wieder sehen“, antwortete er. Jesus sagte zu ihm: „Geh, dein Glaube hat dich geheilt.“ – Im gleichen Augenblick konnte er sehen und er folgte ihm auf seinem Weg.
Reporter:
Stimmt dieser Bericht, Herr Bartimäus?
Bartimäus:
So ungefähr! Aber es war doch alles viel schöner, plötzlich all das Licht!
Reporter:
Und, was tun Sie jetzt?
Bartimäus:
Was ich jetzt tue? Ich gehe weiter ihm überall nach. Seit ich ihn sah, weiß ich nichts mehr, was ich sonst noch ansehen soll.
Reporter:
Und nun sagen Sie mir bitte klipp und klar, für wen halten Sie diesen Menschen?
Bartimäus:
Er ist mein Augenöffner, mein Licht, meine Sonne.
Reporter:
Gut! Die Antwort des Bartimäus ist folgendermaßen zu protokollieren (diktierend): Er – ist – mein Augenöffner – mein Licht, meine Sonne. Ich danke ihnen, Herr Bartimäus. Darf ich Sie bitten, junger Herr.
Manasse:
Manasse.
Reporter:
Beruf?
Manasse:
Großgrundbesitzer.

Reporter:
Alter?
Manasse:
Fünfundzwanzig.
Reporter:
Aha, der sind Sie! Ich möchte annehmen, dass viele unserer Zuhörer aus ihren Angaben wissen, wer Sie sind.
Manassse:
Wie ist das möglich?
Reporter:
Lesen Sie die Geschichte vom „reichen Jüngling"!
Erzähler:
Unterwegs lief einer auf ihn zu, fiel auf die Knie und fragte: „Guter Meister, was muss ich tun, um ewiges Leben zu gewinnen?" Jesus sagte: „Die Gesetzesvorschriften sind dir ja vertraut: Nicht morden! Nicht stehlen! …" „Meister, all das habe ich von Jugend auf getan!" Jesus aber ließ seinen Blick auf ihm ruhen, gewann ihn lieb und sagte: „Eines fehlt dir noch: Geh heim, verkaufe alles was du hast und beschenke damit die Armen. Dann komm und folge mir nach." Den jungen Mann traf das Wort wie ein trüber Schatten und er schlich traurig weg, denn er hatte viele Güter!
Reporter:
Oder ist das nicht Ihre Geschichte?
Manasse:
Sie ist es. Seltsam – und sie ist bereits aufgeschrieben?
Reporter:
Für uns, die wir im 21. Jahrhundert leben. Für Sie ist die Geschichte noch nicht abgeschlossen, Sie können ihr noch einen anderen Schluss geben. Sie können ihm nachgehen. Und Sie möchten sich nicht auf den Weg machen?
Manasse:
Nein, es wäre zu schwer! Er fordert zu viel! Er fordert alles, bei Tag und Nacht, immerzu! Man vergisst sie nie, seine fordernden Augen. Ich hätte gerne etwas gegeben! Aber alles! – Ich habe den Eindruck, er lehnt uns Reiche einfach ab!
Reporter:
Er lehnt den Reichtum überall dort ab, wo der Reiche nur mehr sich selber sieht und sonst nichts! Oder wollen Sie nicht zugeben, dass der Reichtum ein größeres Hindernis für die Verwirklichung des Reiches Gottes ist als die Armut?
Manasse:
Es kommt ganz auf den Einzelnen an. Es gibt Arme, die Jesus ganz falsch verstehen.
Reporter:
Dann sind es keine Armen, keine von der Art, welche der Rabbi selig preist. Sie, Herr Manasse, wären erwählt, einer zu sein. Sie haben nicht gewollt. Wie werden Sie weiter an ihn denken?
Manasse:
Wie an einen Traum!
Reporter:
Und sagen Sie mir nun: Wer ist dieser Mann?
Manasse:
Ich weiß es nicht!
Reporter:
Soll ich diese Antwort als endgültig protokollieren?

Manasse:
Ja, als endgültig.
Reporter:
Wissen Sie es nicht, oder wollen Sie es nicht wissen?
Manasse:
Lassen Sie mich! Er stahl mir die Ruhe, den Frieden!
Reporter:
Fürs Protokoll: Er stahl mir die Ruhe, den Frieden! Ich weiß es nicht! Und nun, Frau Johanna Chusa!
Johanna:
Ich bin Ehefrau. Ich diene dem Rabbi Jesus und seinen Freunden mit meinem Vermögen.
Reporter:
Sie sind also viel in der Gesellschaft Jesu?
Johanna:
Oft viele Tage.

Reporter:
Und was ist ihre Meinung? Wer ist dieser Mensch?
Johanna:
Er ist gütig, wie ein Quell in der Wüste. Noch im Traum sah ich ihn die Hände ausstrecken, als hielte er sie heilend über die Kranken.
Reporter:
Fürs Protokoll: Er ist gütig, wie ein Quell in der Wüste. Ich glaube ihm jedes Wort!
Johanna:
Er nennt uns seine Brüder und Schwestern!
Verwandter:
Ja, das ist doch ein eigenartiges Verhalten, jedermann seinen Bruder zu nennen. Ich bin nämlich sein Vetter.

Reporter:
Wessen Vetter wollen Sie sein?
Verwandter:
Der Vetter dieses Jesus von Nazaret, und ich muss Ihnen offen sagen, sehr angenehm ist es nicht, einen Menschen wie diesen in seiner Verwandtschaft zu haben. Er bringt uns alle in den Mund der Leute. Die Obrigkeit ist sehr schlecht auf ihn zu sprechen, sogar in Jerusalem ist man aufmerksam geworden. Kein Wunder! Denn was er da predigt, ist ja voller Tollheiten. Er ist neuerungssüchtig und nennt die religiösen Führer Heuchler. Übertünchte Gräber nannte er sie einmal.
Reporter:
Kurzum, sagen Sie mir frei heraus: Wer ist dieser, Ihr Verwandter?
Verwandter:
Entweder ist er aus der Art geschlagen oder ein Narr.
Reporter:
Fürs Protokoll: Entweder ist er aus der Art geschlagen oder ein Narr! Herr Hauptmann, darf ich bitten. Ich erkenne Sie an Ihrer Uniform. Sie sind doch ein Hauptmann?
Hauptmann:
Sehr wohl mein Herr! Stationiert in Kafarnaum.
Reporter:
Wie geht es Ihrem Burschen, den der Rabbi Jesus geheilt hat?
Hauptmann:
Danke, gut!
Reporter:
Darf ich Sie etwas Bestimmtes fragen?
Hauptmann:
Stets zu Ihrer Verfügung.
Reporter:
Sie hatten den Rabbi Jesus bestimmt schon früher einmal gesehen, noch ehe Sie die Botschaft an ihn schickten?
Hauptmann:
Einige Male.
Reporter:
Und Ihr Eindruck?
Hauptmann:
Er ist wie Äskulap, der Gott der Heilkunst, unser Heiland.
Reporter:
Sie formulieren trefflich! Es ist Ihnen wohl nicht bekannt, dass Sie einen unvergänglichen Gruß gesprochen haben, mit dem der Mensch demütig vor Gott tritt!
Hauptmann:
Nicht möglich!
Erzähler:
Da sprach der Hauptmann: „Herr, ich bin nicht würdig, dass du unter mein Dach trittst; sprich nur ein Wort, und mein Knecht wird gesund."
Hauptmann:
Warum sollte ich ihn auch bemühen, wenn sein Wille doch durch alles und über große Entfernungen hinweg den Krankheiten gebieten kann.

Reporter:
Woher wussten Sie das?
Hauptmann:
Das liegt in der Art eines Gottes!
Reporter:
Eines Gottes?
Hauptmann:
Ja, was ist er denn sonst?
Pharisäer:
Man merkt eben – ein Heide! Entschuldigen Sie bitte! Ich bin Pharisäer. Elifas ist mein Name. Ich kenne den Rabbi Jesus, da ich öfter die Ehre hatte, den Rabbi aufzusuchen und Erklärungen von ihm zu erbitten.
Johanna:
Mit anderen Worten: ihn zu bespitzeln.
Pharisäer:
Ich habe die Bemerkung überhört, Frau Johanna!
Reporter:
Aber wir, die wir im 21. Jahrhundert leben, haben eben manches nicht überhört, Herr Elifas aus der Gruppe der Pharisäer! So erinnern wir uns, Ihren Auftrag betreffend, an Folgendes.
Erzähler:
Da fanden sich Pharisäer bei ihm ein. Die beobachteten seine Begleiter, wie sie ohne vorherige Waschung ihr Brot aßen. Denn die Juden essen nicht, ohne mit der hohlen Hand Wasser zu schöpfen, zur Handwaschung, streng nach Vorschrift der Alten. Da fielen sie also über ihn her mit der Frage: „Warum halten deine Jünger sich nicht, an die Bräuche der Vorfahren, sondern essen das Brot mit der Hand?“ Er aber sprach zu ihnen: „Ihr Heuchler und Buchstabenvergötzer, ihr ehrt Gott mit den Lippen, aber euer Herz ist weit weg von ihm.“
Pharisäer:
Zunächst muss ich zu meinem Bedauern bemerken, dass ich wieder mancherlei überhören muss.
Reporter:
Was wir von Ihnen hören wollen ist dies: Wer ist dieser Mensch?
Pharisäer:
Das wird sich für uns, die wir im Jahr 32 leben, erst in dieser nächsten Zeit herausstellen, da unsere Untersuchungen noch nicht abgeschlossen sind.
Reporter:
Und wann sind Ihre Untersuchungen voraussichtlich abgeschlossen?
Pharisäer:
Meine Untersuchungen sind nur Voruntersuchungen. Und was dieses betrifft, ja so habe ich mein Möglichstes getan, sie zu einem vorläufigen Abschluss zu bringen.
Reporter:
Sie weichen aus! Ihr Urteil über den Rabbi Jesus lassen Sie sich fix und fertig ins Haus liefern – vom Hohen Rat. Sagen Sie mir lieber, schöne junge Frau, wer Sie sind!
Pharisäer:
Ja, sie ist's! Natürlich ist sie es, sie ist eine – nun sagen wir es doch ruhig – eine Ehebrecherin.
Ehebrecherin:
Was willst du jetzt noch von mir, Rabbi Elifas? Hast du mich doch tief genug beschämt und erniedrigt, als du in mein Haus eindrangst und mich bei dem jungen Nachbarn ertapptest, um mich dann zu ihm zu schleifen, zu ihm, der mich nicht verurteilte.
Reporter:
Ach, er war es, der das Stückchen geliefert hat, der Rabbi Elifas.
Pharisäer:
Ganz recht! Ich tat es im Auftrag des Hohen Rates.
Reporter:
Hören Sie den Wortlaut, in welchem Ihre Tat den Jahrtausenden überliefert wurde. So steht es bei Johannes:
Erzähler:
Frühmorgens aber erschien er wieder im Tempel, und das ganze Volk umdrängte ihn, und er setzte sich und lehrte. Da führten die Schriftgelehrten und Pharisäer eine Frau herbei, die beim Ehebruch ertappt worden war. Sie stellten sie so, dass sie von allen gesehen wurde.

Dann sagten sie zu Jesus: „Diese Frau wurde ertappt, als sie gerade Ehebruch beging. In unserem Gesetz schreibt Mose vor, solche Frauen zu steinigen. Was sagst du dazu?“ Mit dieser Frage wollten sie ihm eine Falle stellen, um ihn anklagen zu können. Aber Jesus bückte sich nur und schrieb mit dem Finger auf die Erde. Als sie nicht aufhörten zu fragen, richtete Jesus sich auf und sagte zu ihnen: „Wer von euch noch nie gesündigt hat, werfe den ersten Stein auf sie.“ Dann bückte er sich wieder und schrieb auf die Erde. Als sie das hörten, zog sich einer nach dem anderen zurück. Zuletzt war Jesus allein mit der Frau. Er richtete sich wieder auf und fragte sie: „Ist keiner mehr da, um dich zu verurteilen?“ „Keiner, Herr“, antwortete sie. „Gut“, sagte Jesus, „ich will dich auch nicht verurteilen. Geh' und sündige von jetzt an nicht mehr.“

Reporter:
Stimmt es, Rabbi Elifas?

Pharisäer:
(schweigt)

Reporter:
Stimmt es, junge Frau?

Ehebrecherin:
Jedes Wort!

Reporter:
Und wer ist für Sie dieser Mensch?

Ehebrecherin:
Er ist mein Erretter! Meine Zuflucht, meine Burg.

Pharisäer:
Sie hat allen Grund, dem Rabbi Jesus dankbar zu sein. Überhaupt ein höchst ansehnlicher Chor von Danksagern, den sich der Rabbi Jesus da geschaffen hat. Besteht er nicht aus lauter Leuten mit schlechtem Ruf? Verkehrt er nicht ganz offen mit Heiden, Zöllnern … und so allem möglichen Gesindel?

Reporter:
Ich sehe, da regt sich einer zur Gegenrede! Wer sind Sie?

Levi:
Ich bin Levi, ehedem von Beruf Zoll- und Steuereinnehmer! Nicht, als ob mich die Worte des Rabbi Elifas gekränkt hätten, er kann mich nicht mehr kränken, seit der Rabbi Jesu mich gerufen hat, ihm nachzufolgen. Aber ich kann es nicht mehr hören, wie dieser selbstgerechte Gesetzeshüter … dieser …

Reporter:
Nicht so, bitte, wir hatten eingangs jedem zugebilligt offen seine Meinung zu sagen, auch Rabbi Elifas. Erzählen Sie uns, was Sie bewegt hat, ein Jünger des Rabbi Jesus zu werden?

Levi:
Was mich bewegt hat? Ich saß an meiner Zollschranke und starrte über den See. Ich dachte halb an nichts, halb an die neuen Tarife. Ich schloss die Augen und rechnete. Da merkte ich einen Schatten, und ich machte die Augen auf und erblickte ihn. Nicht das erste Mal und doch eigentlich das erste Mal. Früher war mein Kopf immer voller Geschäfte. Aber diesmal – ich war plötzlich ganz leer, schrecklich leer, und er blickte mich an. Er sagte: „Komm, folge mir“, sonst nichts. Ich stand sofort auf, ich stützte mich mit beiden Händen auf den Tisch. Es lagen zwei Häufchen Geldstücke darauf. Ich hatte sie gezählt. Papiere lagen auf dem Tisch. Ich war schon ein paar Schritte vor der Tür, als ich zurückging, das Geld in meinen Mantelzipfel knüpfte und ihm nachlief. Ich dachte: Das Geld ist für ihn und alles ist für ihn. Erst als wir eine halbe Stunde ziemlich schweigsam gegangen waren, blickte er sich um und fragte: „Nun, ist Levi, der Zöllner, bei uns?“ Und da trat ich vor ihn hin und bat ihn, ob ich ihm und seinen Freunden für diesen Abend ein Fest richten dürfte. Ich durfte es. Natürlich nahmen alle Steuerbeamten der Umgebung teil. Da kamen die Pharisäer und sagten: „Mit solchen feiert er

Feste!“ Er aber antwortete: „Der Arzt geht nicht zu den Gesunden, sondern zu den Kranken.“

Reporter:
Darf ich Ihnen eine Frage stellen? Haben Sie, als Sie sich hinter Ihrer Zollstätte erhoben, gewusst, wer dieser Mensch ist, oder haben Sie zumindest darüber nachgedacht?

Levi:
Aber wie wäre es denn möglich gewesen! Ich war voll von ihm! So voll, dass es für mich keine Frage über ihn gab.

Reporter:
Wie lange sind Sie nun in seiner Gesellschaft?

Levi:
Fast zwei Jahre!

Reporter:
Und noch immer haben Sie nicht über ihn nachgedacht?

Levi:
Es ist unmöglich, über ihn nachzudenken. Man geht ihm nach, das ist alles.

Pharisäer:
So lästern Sie Gott! Fragt den dort – sprich doch, bist du nicht der Tempelhändler Gidas?

Tempelhändler:
Der bin ich!

Pharisäer:
Und ist es wahr, dass er euch zum Tempel hinausgejagt, dass er die Tische mit dem Wechselgeld umgestoßen hat?

Tempelhändler:
Leider ist es wahr!

Pharisäer:
Und dass er sich eine Geißel gemacht und damit auf euch richtig eingedroschen hat?

Tempelhändler:
Ja.

Reporter:
Sie können sich vermutlich vorstellen, warum er das tat! Wichtiger aber ist: Wer ist dieser Mensch, der das wagte, wissen Sie es, Herr Tempelhändler?

Tempelhändler:
Wer er ist? Natürlich wissen wir es, welche Frage. Wir sahen ihn doch. Der Rabbi Jesus ist es, der Sohn des Zimmermanns aus Nazaret. Und es ist gut, dass wir es wissen. Er wird es büßen müssen eines Tages, so alt werd' ich.

Reporter:
Zum Schluss, meine Damen und Herren, möchte ich gerne eine Frage an Sie stellen: Für wen halten Sie diesen Jesus?

1. Lest das Stück mit verteilten Rollen. Ihr könnt es auch als „Pressekonferenz“ gestalten. Besorgt euch die nötigen Requisiten, z. B.: Tische, Stühle, Zuschauerreihen, Mikrophone, Kameras usw. Außer den sprechenden Personen des Hörspiels sind weitere Rollen möglich, z. B. Kameraleute, schreibende Journalisten und Fotographen (vgl. Methode „Rollenspiel“ S. 191).
2. Stephan Andres lässt sein Hörspiel in der Gegenwart spielen. Nenne mögliche Gründe dafür.
3. Arbeite „dichterische Freiheiten“ heraus, die sich der Autor bei der Bearbeitung der biblischen Erzählungen genommen hat.
4. Wenn Menschen nur von Jesus fasziniert sind, bekennen sie ihn noch nicht als „Christus“ oder als „Sohn Gottes“. Bei welchen Personen des Spiels ist das Bekenntnis zu „Jesus Christus“ spürbar?
5. Notiere in Stichworten „Jesus ist für mich …“.
6. Überlegt, wo ihr das Hörspiel (in Ausschnitten) vorstellen könnt, z. B. in einer Frühschicht in der Kirche oder in einem Schulgottesdienst. Stellt dort das Hörspiel vor.

Christusbekenntnisse

Jesus Christus – der Sohn Gottes

Viele Menschen sehen heute in Jesus einen faszinierenden Menschen und Religionsstifter. Den meisten fällt es jedoch schwer, Jesus als Sohn Gottes zu verstehen.

Ein gläubiger Mensch könnte seine Erfahrungen mit Jesus Christus in folgendem Bekenntnis zum Ausdruck bringen:

„Wenn ich mich unvoreingenommen der Person Jesu nähere, nehme ich ihn zunächst als Menschen wahr: wie er gesprochen hat und wie er den Menschen begegnet ist. Ich sehe seine Freiheit, seine Geradlinigkeit, seine Barmherzigkeit und seine Liebe.

Indem ich aber auf den Menschen Jesus schaue, geht mir plötzlich auch Gott auf. Es ist nicht nur die Persönlichkeit Jesu, die mich fasziniert. In ihr rühre ich an ein Geheimnis, das das Menschliche übersteigt. Es ist das Geheimnis Gottes selbst, das mir in dem Menschen Jesus entgegenleuchtet.
In diesem Menschen begegnet mir Gott. Dieser Mensch ist Gottes Sohn.

Wenn dieser Mensch Jesus Gottes Sohn ist, hat das ganz wichtige Konsequenzen für mein Leben. Jeder Mensch spürt in sich die Sehnsucht, ganz Mensch zu sein in Freiheit und Glück. Dann stößt der Mensch aber an seine Grenzen, an Leid, Krankheit, Elend, Versagen und Tod. Hier bringt der Glaube an Jesus als den Sohn Gottes eine entscheidende Wende. In Jesus hat Gott alles Menschliche angenommen, unsere tiefsten Ängste, unsere Schuld, unsere Verletzungen, unsere Sterblichkeit. Jesus hat die Geburt und den Tod angenommen, die Freude und das Leid, die Dunkelheit und das Licht. Und so ist alles erlöst.

Gott bleibt auf seiner Suche nach dem Menschen nicht auf halbem Weg stehen, sondern geht bis in den Tod. Durch Jesus Christus ist der Mensch verwandelt und geheilt.

Gott antwortet auf meine tiefste Sehnsucht, dass mein Leben gelingt. Auf meinem Weg durch das Leben bin ich nicht alleine. Dieser Jesus, der ganz und gar von Gott durchdrungen ist, geht mit mir. Jesus lässt mich darauf vertrauen, dass auch in mir alles Abgründige und Sperrige, alles Brüchige und Gescheiterte von Gott verwandelt und geheilt wird. So werde ich zu der einmaligen Gestalt, die Gott von mir entworfen hat.

Hatigammana Uttarananda: Jesus-Portrait, Öl auf Leinwand, 24 x 18 cm.

1. Im Text erklärt ein gläubiger Mensch, wie er Jesus Christus erfährt. Beschreibe.

2. Wie siehst du Jesus? Was bedeutet er dir? Formuliere, wie du Jesus erfährst.

Sehr früh bildeten sich in den jungen Christengemeinden Lieder und Hymnen, die in kurzer Form das ganze Geheimnis des Lebens, Sterbens und Auferstehens Jesu Christi zu einem Glaubensbekenntnis zusammenfassten. Eine der ältesten Hymnen befindet sich im Brief an die Philipper (Phil 2,6–11):

Er war Gott gleich, hielt aber nicht daran fest, wie Gott zu sein, sondern er entäußerte sich und wurde wie ein Sklave und den Menschen gleich. Sein Leben war das eines Menschen; er erniedrigte sich und war gehorsam bis zum Tod, bis zum Tod am Kreuz. Darum hat ihn Gott über alle erhöht und ihm den Namen verliehen, der größer ist als alle Namen, damit alle im Himmel, auf der Erde und unter der Erde ihre Knie beugen vor dem Namen Jesu und jeder Mund bekennt „Jesus Christus ist der Herr" zur Ehre Gottes des Vaters.

Phil 2,6–11

1. Betrachte das Bild von H. Uttarananda einige Zeit in Stille und überlege, auf welche Aspekte der Person Jesu der Maler aufmerksam machen will.
2. Schreibe zu dem Christus-Hymnus einen Text in Form eines Gedichtes, eines Gebetes oder einer Meditation.

Christusbilder – Künstler machen sich ein Bild von Jesus

Bilder sehen lernen

Nicht nur Schriftsteller haben sich mit der Person Jesus beschäftigt, auch Künstler haben immer wieder versucht, sich ein Bild von Jesus zu machen. Zu welchen Ergebnissen sie dabei gekommen sind, ist auf den folgenden Seiten zu sehen. Natürlich ist das nur eine kleine Auswahl aus den vielen Bildern, die im Laufe der Geschichte gestaltet wurden. Manchmal könnte die Fülle der Bilder verwirren. „Was ist denn nun das richtige Jesusbild?", möchte man fragen. Die erste Antwort lautet: Alle Bilder haben recht, denn sie zeigen alle etwas, was auf Jesus zutrifft. Die zweite Antwort lautet: Kein Bild hat recht, denn wer Jesus wirklich war, kann kein Bild vollkommen darstellen. Die zwei Antworten klingen auf den ersten Blick widersprüchlich. Trotzdem passen sie zusammen. Jedes Bild zeigt etwas Richtiges von Jesus und es bleibt doch weit hinter dem zurück, was man von Jesus eigentlich sagen müsste.

So lerne ich Bilder sehen
Schaue das Bild in Ruhe an. Lasse deine Augen neugierig durch das ganze Bild wandern.
Teile den anderen mit, was du siehst. Alle Farben und Formen sollen genannt werden.
Dir wird langsam klar, was auf dem Bild wichtig ist. Fasse die Botschaft des Bildes in einem Satz zusammen.
Du hast aber noch Fragen an den Maler. „Warum, Herr/Frau ...?"
Stell dir vor, dass du in das Bild hineinsteigst und dich in ihm bewegst. Wähle eine Stelle aus, an der du etwas verweilen möchtest.
Lasse eine Person oder einen Gegenstand des Bildes sprechen: „Ich bin ... und mir geht so durch den Kopf, dass ...".
Male, gestalte oder schreibe etwas zu dem Bild.
Der Maler gibt uns etwas mit auf den Weg: „Ich, der Maler ..., will euch sagen, ..."
Gib zum Schluss dem Bild einen neuen Titel, der zum Ausdruck bringt, was an dem Bild wichtig ist.

1. Wende die Informationen von dieser Seite auf ein Christusbild aus dem Kapitel an.
2. Sammelt weitere Bilder von Jesus und gestaltet daraus eine Ausstellung.

Christus zerstört sein Kreuz
Clemente Orozco (1883–1949)
Wandgemälde in Mexiko-Stadt
1932–34

Christus am Kreuz
Mathis Gothard Nithart genannt „Grünewald"
Staatliche Kunsthalle Karlsruhe, um 1525

Kreuzigung
Joseph Beuys (1921–1986) Staatsgalerie Stuttgart
1962–63

Christus als Ursakrament

Ursakrament und Grundsakrament

Der Begriff „Sakrament“

Das Wort „Sakrament“ kommt vom lateinischen Begriff „sacramentum“ und bedeutet „Heilszeichen“. Die lateinische Wurzel „sacer“ bedeutet „heilig, unverletzlich“.
Ein Sakrament ist ein sichtbares Zeichen für die verborgene Wirklichkeit der Liebe Gottes zu den Menschen. Sakramente lassen Menschen erfahren, dass Gott ihnen nahe ist.

Vier Ebenen

„Zwischen“ den sichtbaren Zeichen der Sakramente und der unsichtbaren Wirklichkeit Gottes stehen für Christen bildlich gesprochen zwei Ebenen, nämlich die Person Jesus Christus und die Kirche. Beide hängen sowohl mit den sieben Sakramenten als auch mit der unsichtbaren Wirklichkeit Gottes zusammen.

Taufe, Firmung, Eucharistie, Bußsakrament (Beichte), Ehe, Priesterweihe, Krankensalbung

Jesus Christus – das Ursakrament

Das Ursakrament, das Urzeichen der Liebe Gottes ist Jesus Christus. Der unsichtbare Gott ist in Jesus von Nazaret sichtbar und greifbar geworden. In Christus „wohnt die ganze Fülle der Gottheit leibhaftig“ (Kol 2,9). Deshalb kann man sagen: Jesus ist das Ursakrament, das tiefste Zeichen Gottes in dieser Welt. In seiner Menschwerdung ist der unsichtbare Gott in unsere menschliche Geschichte eingetreten.
In Jesus dem Christus zeigte und zeigt sich immer wieder neu, wer Gott für uns Menschen sein will, sein kann und ist.

Die Kirche als Grundsakrament

Die Kirche setzt dieses sakramentale Zeichen fort; wir nennen es das „Grundsakrament“: Wo Menschen sichtbar und hörbar in Jesu Namen versammelt sind, wird der unsichtbare Christus in sichtbarer Gemeinschaft gegenwärtig. Die Kirche wird so zum Zeichen der Nähe Gottes in der Welt, besonders wenn es ihr gelingt, die Botschaft vom Reich Gottes trotz vieler menschlicher Schwächen wenigstens zeichenhaft Wirklichkeit werden zu lassen. Sie kann das also nicht aus eigener Kraft, sondern nur solange, wie sie Jesus Christus als Ursakrament nachfolgt.

Die sieben Sakramente

Zusammen mit dem Ursakrament ist die Kirche das Grundsakrament für die sieben Sakramente. Die sieben Sakramente können als Ausfaltungen und Konkretisierungen des Grundsakraments der Kirche betrachtet werden. In ihnen bleibt Christus „hörbar“, „sichtbar“, „greifbar“ in der Welt.

Wegweiser

Ein junger Mann hatte das Herumsitzen satt und wollte sich auf den Weg machen. Er hatte davon gehört, dass in einem fernen Land das Glück höchstpersönlich zu finden sei. Ein alter Mann, der behauptete, aus diesem Land zu stammen, hatte ihm davon erzählt. „Es ist ganz leicht, dieses Land zu finden", hatte er gesagt, „benutze einfach die Kirchtürme als Wegweiser. Sie zeigen dir, wo es lang geht."
„Nun, wenn dies so einfach ist", sagte sich der junge Mann, „dann will ich mich nicht länger mit Nichtstun aufhalten." Er machte sich auf den Weg und hielt dabei nach dem ersten Kirchturm Ausschau. Und tatsächlich, nach einer kurzen Strecke sah er weit entfernt vor sich einen Kirchturm hoch in der Landschaft aufragen. Ohne zu zögern ging er diesem Kirchturm entgegen. Nach einigen Stunden hatte er das Dorf, in dem der Kirchturm stand, erreicht. Und als er diesen Kirchturm nur ein wenig bestieg, sah er bereits den Turm der Kirche aus dem Nachbarort. Von diesem aus zeigte sich wiederum der nächste Turm, und so ging seine Reise sehr zügig von Ort zu Ort, immer den Kirchtürmen folgend, die wie riesige Wegweiser weithin sichtbar in der Landschaft standen.
Der junge Mann kam auf diese Weise in fremde Länder, die er zuvor noch nie gesehen hatte, die Kirchtürme hatten dort andere Formen und Gestalten, aber immer waren sie hoch aufgerichtet und von Weitem zu sehen. Doch in das Land, in dem das Glück höchstpersönlich wohnen sollte, kam er nicht. Nach und nach bekam der junge Mann Zweifel, ob das wirklich der richtige Weg war, um das Glück zu finden. Und wie der Zufall es wollte, gerade, als er die Reise aufgeben wollte, begegnete ihm wieder der alte Mann, der ihm zu dieser Suche Mut gemacht hatte. Der junge Mann klagte ihm sein Leid und die Vergeblichkeit seiner Reise, bei der ihm die Kirchtürme als Wegweiser dienten. Doch der alte Mann lächelte und sagte: „Du willst eine Reise unternehmen und weißt nicht einmal, wie man Wegweiser benutzt? Nun, du bist zwar von Kirchturm zu Kirchturm gegangen, aber du hast nicht den Weg benutzt, den dir die Türme gewiesen haben: Schau hin! Alle Wegweiser-Kirchtürme zeigen – nach oben!"

nach einer Idee von Hans-Dieter Hüsch

Lyonel Feiniger: Gelmeroda

1. Erkläre die Grafik auf S. 142 mit Hilfe des Textes.
2. Sakramente stiften zwischen Jesus Christus und den Glaubenden eine enge Beziehung. Erzähle, wie du das bei den bisher empfangenen Sakramenten erlebt hast.
3. Stelle die vier Zeichenebenen der Grafik (Gott, Jesus Christus, Kirche, sieben Sakramente) in anderer Form dar.
4. Beschreibe, worauf die Geschichte „Wegweiser" aufmerksam macht.
5. Erläutere, wo für dich die Nähe Gottes spürbar wird.
6. Interpretiere das Bild auf S. 143.

Kennst du dich aus?

1. **Suche aus der Bergpredigt zehn Jesusworte heraus, die für Menschen von heute von Bedeutung sein können, und gestalte eins davon als Spruchkarte** (vgl. Methode „Spruchkarte kreieren" S. 194).

2. **Nicht nur in der Bibel, sondern auch heute bekennen sich Menschen zu Jesus. Suche bekannte Persönlichkeiten, für die Jesus eine persönliche Bedeutung hat, und gestalte mit ihren Stellungnahmen (und Fotos) eine Wandzeitung.**

3. **Fotogeschichte**
   Entwirf mit Hilfe des Standfotos: „Josefs Sohn hält sich für den Messias!" von Paul Ronald eine Fotogeschichte (vgl. Methode „Fotogeschichte" S. 195).

4. **„Sensationeller Besuch!"**
   Verfasse einen Zeitungsbericht. Nutze dafür den vorgegebenen Anfang (vgl. Methode „Zeitungsartikel" S. 196).
   „Gestern Mittag traf völlig überraschend Jesus zu einem Besuch in .... ein. Um 15:10 Uhr kam er mit dem Bus am Marktplatz an. Nachdem Jesus sich umgeschaut hatte, ging er zum Erstaunen aller nicht gleich in die belebte Fußgängerzone, sondern in eine kleine Nebenstraße. Dort sah er ... "

5. **Schreibe eine Filmkritik über einen dir bekannten Film über Jesus. Das Schülerbuchkapitel „Jesus Christus neu entdecken" kann dir eine Hilfe dabei sein.**

Standfoto: „Josefs Sohn hält sich für den Messias!" von Paul Ronald zum Film „Jesus von Nazaret" von Franco Zefirelli

5. Weltreligionen in der einen Welt

1. Ordne die Symbole und die Fotos den fünf großen Weltreligionen zu.

2. Bildet fünf Kleingruppen und sammelt Assoziationen zu einer der Religionen (vgl. Methode „Assoziationen sammeln“ S. 189).

Religion und Glaube

Wie viele Menschen glauben an Gott?

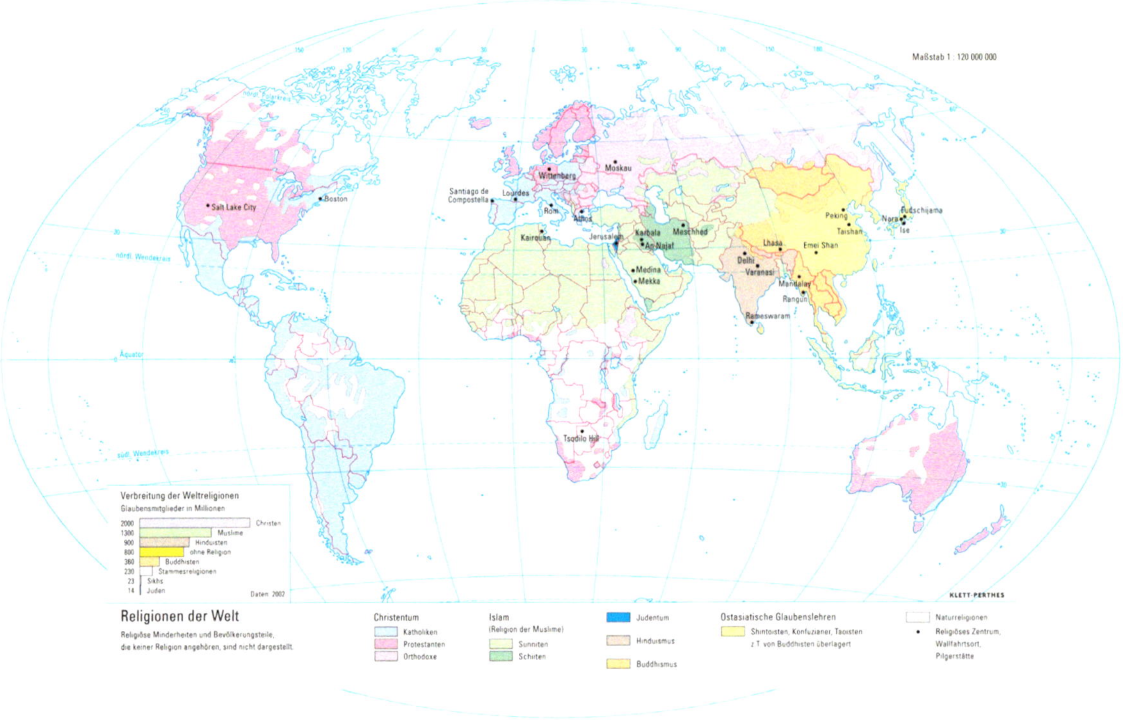

Weltweit gesehen ist es schwierig zu sagen, wie viele Menschen an Gott glauben und einer Religion angehören. Eine Reihe der Religionen und Weltanschauungen der Welt lassen sich nur schwer systematisieren, da vielfältige Elemente ineinander spielen. Eine klare Definition ist schwer zu leisten. Daher sind Auflistungen der Weltreligionen stets einer gewissen Willkür unterworfen.

Folgende fünf Religionen werden im Allgemeinen als Weltreligion bezeichnet: das Christentum, der Islam, der Hinduismus, der Buddhismus und das Judentum.

Die Religion mit den meisten Anhängern ist das Christentum. Weltweit gibt es über zwei Milliarden Christen. Die größte christliche Gruppe sind die Katholiken mit etwa 1,3 Milliarden.
An zweiter Stelle folgt der Islam. Es gibt über eine Milliarde Muslime, die hauptsächlich im Mittleren Osten und in Nord- und Westafrika leben.

Die 870 Millionen Hindus leben fast alle in Südasien. Davon findet man alleine in Indien, dem Geburtsland des Hinduismus, etwa 650 Millionen. Der Buddhismus hat weltweit etwa 379 Millionen Anhänger. 85 % der Bevölkerung von Myanmar und Thailand und über 70 % in Kambodscha, Laos und Japan sind buddhistisch. Der Buddhismus ist Staatsreligion in Thailand und Bhutan.
Zum Judentum bekennen sich ungefähr 15 Millionen Menschen. Etwa 47 % leben in Nordamerika, 34 % in Israel und 14 % in Europa.

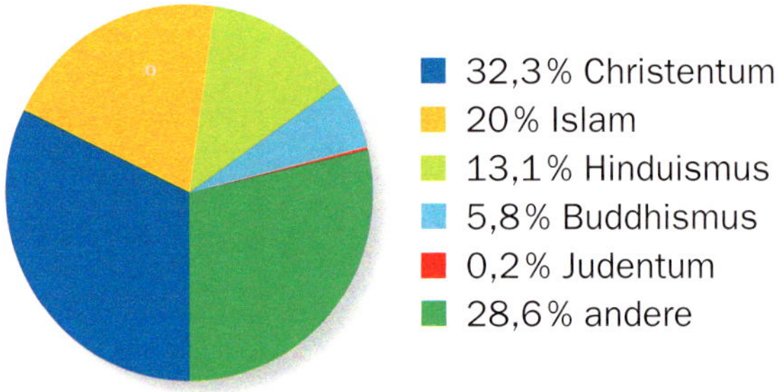

Religiöse Praxis hat einen hohen Stellenwert

Für über die Hälfte der jungen Katholiken hat die Mitfeier der Gottesdienste mittlere beziehungsweise hohe Bedeutung. Bei den evangelischen Jugendlichen sind es 39 bis 43 %. Das private Gebet ist für 60 bis 65 % der jungen Katholiken wichtig. Bei den evangelischen Jugendlichen sind es rund 50 %.
Dies ergibt sich aus der Auswertung von 7.000 Online-Fragebögen, die Jugendliche im Alter von 14 bis 21 Jahren im Rahmen des Religionsmonitors der Bertelsmann Stiftung ausgefüllt haben. Die Antworten bestätigen auch die Ergebnisse einer repräsentativen Untersuchung aus dem Jahr 2008. Weit über die Hälfte der christlichen Jugendlichen ist davon überzeugt, dass Gott keine menschliche Idee, sondern ein personales Gegenüber ist. Selbst rund 10 % der Konfessionslosen teilen diese Ansicht. Rund die Hälfte der jungen Christen hat die Gegenwart Gottes im eigenen Leben schon erfahren. Bei den Konfessionslosen sind es etwa 15 %. „Liebe“ verbinden mit Gott über 50 % der 14- bis 17-jährigen Katholiken, bei den evangelischen Gleichaltrigen sind es etwa 40 %. Bei den 18- bis 21-Jährigen sagen das rund zwei Drittel der katholischen und rund 47 % der evangelischen Christen.
Danach befragt, für wie religiös sie sich halten, schätzten sich Katholiken von 14 bis 17 Jahren zu 25 % als stark religiös oder spirituell und 41 % als religiös oder spirituell ein. Bei den 18- bis 21-jährigen Katholiken waren es 36 % beziehungsweise 33 %. Bei den evangelischen 14- bis 17-Jährigen schätzten sich 17 % als sehr religiös und 39 % als religiös ein. Von den 18- bis 21-jährigen Protestanten sagten 26 %, dass sie stark religiös und 34 % dass sie religiös seien. Die Ergebnisse bestätigen, dass sowohl katholische und evangelische, als auch konfessionslose 18- bis 21-Jährige ein deutlich höheres Interesse an religiösen Themen und Fragen haben als 14- bis 17-Jährige.

1. Unter Fachleuten ist umstritten, was man unter einer Religion versteht. Versucht in der Gruppe eine Definition zu formulieren und recherchiert dann mit Hilfe von Lexika und Internet.
2. Wenn ihr die Ergebnisse der Online-Fragebögen betrachtet, entdeckt ihr bestimmt Überraschungen. Macht in eurer Klasse/Schule eine eigene Umfrage und wertet sie in einem Kreisdiagramm aus.
3. Das Foto stammt von einem Taizé-Jugendtreffen. Betrachte die Gesichter und formuliere mögliche Gedanken und Gefühle der Jugendlichen.
4. Berichte von Erfahrungen, die du mit Menschen anderer Religionen in Deutschland oder bei Reisen im Ausland gemacht hast.
5. Sammle Bilder, Mythen, Legenden und Geschichten aus anderen Religionen und stelle sie in einer Mappe zusammen.

Spuren von Religion vor über 120.000 Jahren

Was sind die ältesten Spuren von Religion?

Für die Menschen, die vor Tausenden von Jahren lebten, muss die Welt voller Rätsel gewesen sein. Woher kamen Blitz und Donner? Warum floss aus einer Quelle kein Wasser mehr? Warum wurde man krank? Wie konnte man das Glück bei der Jagd beeinflussen?
Inzwischen hat sich eine wissenschaftliche Übereinstimmung über den Beginn menschlicher Religionsgeschichte herausgebildet. Demnach werden Bestattungen und Grabbeigaben als frühe archäologische Zeichen religiösen Ausdrucks anerkannt, die sich ab etwa 120.000 v. Chr. nachweisen lassen.
Ab ca. 40.000 v. Chr. – mit dem Auftreten künstlerischer Skulpturen, Malereien und Musikinstrumente – werden die Hinweise deutlicher. Welche religiösen Inhalte und Konzepte diesen Werken von Menschen zuzuschreiben sind, ist allerdings unklar.
Für die Menschen damals war die Welt von Geistern bevölkert, die man durch Opfergaben bei guter Stimmung halten musste. Kam kein Wasser mehr aus einer Quelle, hatte man vermutlich den Quellengeist beleidigt. Um ihn zu versöhnen, musste man ihm ein Opfer bringen. Eine Krankheit war sicher durch einen bösen Geist hervorgerufen worden, der in den Kranken gefahren war. Wenn man auf die Jagd gehen wollte, musste man das Beutetier verzaubern. Diesen Zauber vollbrachte der Schamane. Schamanen sind Geisterbeschwörer. Sie können mit Geistern in Verbindung treten und so zum Beispiel das Jagdglück beeinflussen oder Krankheiten heilen. Man hat in vielen Höhlen Wandzeichnungen gefunden, die wahrscheinlich für den Jagdzauber angefertigt wurden. Es sind die ältesten künstlerischen Darstellungen der Menschheit. Auf diesen Bildern erkennt man Tiere, die gejagt werden sollten. Manche sind mit gemalten Pfeilen durchbohrt.

Diese Höhlenmalerei zeigt eine Arbeit, die vermutlich als Jagdzauber gedient haben dürfte. Das Alter dieser prähistorischen Malerei wird auf 20.000 Jahre geschätzt.

Die Steinsetzung von Stonehenge besteht aus einem Rundgraben und zwei Ringwällen. Im Zentrum sind mächtige Felsen wie Tore aufgerichtet.

Wozu dienten Steinsetzungen?

In vielen Gegenden Europas findet man gewaltige Ansammlungen von Steinen, die nach einer bestimmten Ordnung aufgestellt sind. Berühmte Beispiele sind die kreisförmige Steinsetzung in Stonehenge in England und die gigantische Steinallee aus Menhiren (Hinkelsteinen) in Carnac in Frankreich. Sie entstanden vor etwa 5.000 Jahren zu Beginn der Bronzezeit.
Man vermutet heute, dass diese Steinsetzungen der Beobachtung der Sterne, von Sonne und Mond dienten. Wahrscheinlich waren diese Anlagen Sonnen- oder Mondheiligtümer. Man kann sich gut vorstellen, dass die Menschen in dieser Zeit Sonne und Mond für magische und übernatürliche Wesen hielten, vor allem die Sonne, die Licht und Wärme gab. Es liegt nahe, dass die Menschen sie wie einen Gott oder eine Göttin verehrten.

Woran glaubten die alten Ägypter?

Als sich die Menschheit langsam entwickelte, veränderten sich auch die Glaubensinhalte. Eine der ersten großen Hochkulturen war im dritten Jahrtausend vor Chr. im alten Ägypten entstanden. Das Leben war viel komplizierter geworden als bei den Menschen der Bronzezeit. Es gab große Städte, Handel und Verkehr. Auch hatten die Naturwissenschaften damals schon große Fortschritte gemacht. Viele Phänomene in der Natur und auch Krankheiten konnte man sich inzwischen erklären.
Die Ägypter waren Polytheisten. Sie glaubten an eine Vielzahl von Göttern, von denen jeder für einen bestimmten Lebensbereich „zuständig" war: Osiris war der Gott der Unterwelt (des Totenreiches) und der Landwirtschaft. Sein Bruder Seth war der Gott der Wüsten und Stürme. Osiris wurde einst von seinem Bruder Seth aus Eifersucht getötet. Durch die Liebe seiner Gattin Isis erwachte Osiris wieder zum Leben. Diese Geschichte gab den Ägyptern die Sicherheit, dass auch sie nach dem Tod zu neuem Leben erwachen würden. Der Ort, an dem man nach seinem Tod weiterleben würde, wurde als „das Land des Westens" bezeichnet. Horus, der Sohn von Osiris und Isis, hatte einen Falkenkopf. Der ägyptische Pharao galt als die menschliche Verkörperung von Horus und wurde ebenfalls als Gott verehrt.

Woran glaubten die alten Griechen?

Die alten Griechen (ca. 800–150 v. Chr.) glaubten, alle Götter seien Nachkommen von Gaia, der Mutter Erde, und Uranos, dem Himmel. In ihrer Vorstellung lebten die Götter an einem Ort, den man Olymp nannte. Der oberste Gott, Zeus, war der Herr über Blitz und Donner. Sein Bruder Poseidon mit dem Dreizack war der Herrscher der Meere. Jede Gottheit hatte ihren speziellen Zuständigkeitsbereich. Die Menschen bauten Tempel und brachten Opfer dar. Sie glaubten, wem die Götter gnädig seien, dem halfen sie im Leben, und wem sie nicht wohlgesonnen waren, dem fügten sie Schaden zu.

Die kultischen Praktiken waren das Wichtigste. Sie galt es strengstens einzuhalten. Ein noch so großes Opfer, das mit glühender Verehrung im Herzen dargebracht wurde, war wertlos, wenn ein einziges der vielen Details unsachgemäß ausgeführt wurde. Eine einzige Unterlassung machte aus einem heiligen Akt einen Akt des Frevels. Die geringste Veränderung des Kultes konnte dazu führen, dass aus einem beschützenden Gott ein grausamer Feind wurde.

„Jeder weise Mensch", sagte Platon, „ruft jeden Morgen und jeden Abend seine Gottheit an mit einem Opfer, Weihrauch und Gebeten." Die Bitten waren nicht immer an dieselben Götter gerichtet. Je nach Anliegen konnte man einen bestimmten Gott anrufen. Manchmal wurden auch alle Götter auf einmal beschworen. Auch bei den feierlichen Gebeten mussten gewisse Riten befolgt werden. Man musste sich zuvor die Hände waschen und sich mit Weihwasser besprengen. Die Gebetstelle musste beweihräuchert werden, während man sich selbst eine Krone aufsetzte. Betete man die Götter des Himmels an, so musste man die Arme heben und sich nach Osten wenden. Sprach man zu den Göttern der Meere, musste man die Arme zum Meer hin ausstrecken. Rief man die Götter der Unterwelt an, so legte man die Arme auf die Erde. Manchmal hielt man dabei einen mit Wolle umwickelten Stab oder einen Olivenzweig in der Hand. Normalerweise wurde im Stehen gebetet. Es war jedoch nicht selten, dass man niederkniete, sich auf den Boden legte oder die Erde küsste. Sehr fromme Leute pflegten die Hand auf den Mund zu legen, wenn sie an einer heiligen Stätte vorbeikamen.

Es war üblich, ein Gebet mit leiser Stimme zu sprechen. Mit Vorliebe verwendete man dabei auf Tafeln niedergeschriebene Gebetstexte.

Ein Dialog, den man bei Platon findet, vermittelt uns eine Vorstellung von dem, was die großen Denker Griechenlands unter einem Gebet verstanden. Sokrates' Vorschlag lautete folgendermaßen:

> „Zeus, schenke uns
> die wahren Güter des Lebens,
> ob wir nun danach verlangen
> oder nicht, und halte
> das Übel von uns fern."

Bei öffentlichen Zeremonien nahm das Gebet in Form von Hymnen und Gesängen einen wichtigen Platz ein. Am Beginn einer Schlacht, bei der Abfahrt aus einem Hafen, bei Hochzeiten oder Begräbnissen, am Ende einer Mahlzeit und zum Beginn eines Symposiums sprach man ein Gebet.

Woran glaubten die Germanen?

In den ersten Jahrhunderten n. Chr. bildeten sich die historisch bedeutenden germanischen Stämme heraus (u. a. Goten, Langobarden, Sachsen, Franken, Alemannen, Markomannen).

Die Germanen glaubten an „Allvater", ihren höchsten Gott. Die Südgermanen nannten ihn „Wotan", von den Nordgermanen wurde er „Odin" genannt. In „Wotan" klingt das Wort „Wut" an. Allvater sagte man Kräfte nach, durch die in der Welt das Außerordentliche geschehe. Als Herr des Himmels und der Erde wurde er für mächtig und weise gehalten.

Wenn Allvater seine Gestalt wechseln wollte, so glaubte man, legte er seinen Körper wie schlafend oder tot ab und verwandelte sich dann in einen Vogel, einen Fisch, eine Schlange oder ein anderes Tier. Er konnte sich von einem Augenblick zum anderen in ferne Länder versetzen. Außerdem glaubten die Germanen, könne er durch bloße Worte Feuer löschen, Meere beruhigen und Winde drehen. Er besaß also Zauberkräfte, mit denen er auch den Menschen Tod, Unglück oder Krankheit zufügen und sie ihres Verstandes oder ihrer Kräfte berauben und diese dann anderen verleihen konnte. Allvater konnte auch Tote auferwecken, weshalb er auch „Herr der Geister" genannt wurde.

1. Erkläre mit eigenen Worten, wie es zum Glauben an Götter kam.
2. Bildet Gruppen und stellt euch die unterschiedlichen Glaubensvorstellungen zum Glauben der Ägypter, der Griechen und der Germanen im Expertengespräch vor (vgl. Methode „Expertengespräch" S. 197).
3. Begib dich auf die Suche nach „Überresten" dieser alten Glaubensvorstellungen. Prüfe dazu verschiedene Quellen.

Wie kam es zum Glauben an den einen Gott?

Marc Chagall: Moses vor dem brennenden Dornbusch

Judentum, Christentum und Islam werden als monotheistische Religionen bezeichnet. Monotheismus (griech.: monos = „ein"; theos = „Gott") bedeutet Glaube an einen einzigen Gott. Im Gegensatz dazu wird in den polytheistischen Religionen eine Mehrzahl von Gottheiten verehrt.
In der Religionswissenschaft geht man heute davon aus, dass sich der Monotheismus in Ägypten und bei den Persern (um 530 v. Chr.) entwickelte. Erst die Juden, die aus dem Exil in Babylon zurückkehrten, gelangten, beeinflusst durch Vorstellungen der persischen Religion um 500 v. Chr., zum Monotheismus.

Die Gotteserfahrung von Mose

Der Anfang der Verehrung des Gottes JHWH wird in Ex 6 mit der Mose-Zeit verbunden, d. h. mit den Ereignissen der Rettung aus Ägypten und der Offenbarung Gottes am Sinai. Es handelt sich dabei um eine symbolische Geschichte aus dem Jahr 500 v. Chr. und nicht um ein historisches Ereignis. Als erklärende Erzählung verdeutlicht sie, dass der Glaube an Gott auf seiner Selbstoffenbarung beruht. Im Alten Testament stellt sich der Gott Israels am Anfang des Dekalogs mit dem Eigennamen JHWH vor: „Ich bin Jahwe, dein Gott, der dich aus Ägypten geführt hat; aus dem Sklavenhaus. Du sollst neben mir keine anderen Götter haben." (Ex 20,2–3) Darin enthalten ist die Forderung, einen einzigen Gott zu verehren. Diese Grundbeziehung zwischen JHWH und Israel ist eine zentrale Aussage des Alten Testaments.

Christlicher und islamischer Monotheismus

Jesus wuchs als Jude in der selbstverständlichen Tradition des jüdischen JHWH-Glaubens auf. Durch ihn war der Monotheismus auch für das Christentum grundgelegt. Auch die spätere Entwicklung des christlichen Gottesbildes in der Lehre vom dreifaltigen Gott darf nicht als Wiederaufleben des Polytheismus verstanden werden, sondern als Interpretation des Monotheismus. 600 Jahre später stiftete Muhammad auf der Grundlage von Judentum und Christentum eine neue Religion, den Islam. Auch diese Religion versteht sich aufgrund ihrer Tradition als streng monotheistisch.

1. Betrachte das Bild „Moses vor dem brennenden Dornbusch" von Marc Chagall und lies die Geschichte in Ex 3.
2. Mose – der „Erfinder" des Ein-Gott-Glaubens? Diskutiert darüber.
3. Schlagt Jes 43,10–11; Jes 45,14; Dtn 4,35.39; Dtn 32,39; Gen 1,1 nach im Hinblick auf die Entwicklung des Monotheismus.
4. „Zum JHWH-Glauben gehört offensichtlich schon früh auch ein gewisser Anspruch auf ausschließliche Verehrung." – Formuliere mögliche Konsequenzen dessen.
5. „Ich bin der ‚Ich bin da'. Dieser Name Gottes hat in den vergangenen Jahrhunderten unzähligen Menschen Mut gemacht. Gestaltet damit eine Spruchkarte (vgl. Methode „Spruchkarte kreieren" S. 194).

Gemeinsamkeiten und Unterschiede der drei monotheistischen Religionen Judentum, Christentum und Islam

Drei Religionen – ein Stammvater

Sieger Köder: Abraham

Eine wichtige Gemeinsamkeit der drei Religionen besteht in der Person des **Abraham** = „Vater der Menge" (hebräisch **Avraham**, arabisch **Ibrāhīm**). Die Heilige Schrift der Juden (Tora) und die Heilige Schrift der Christen (Bibel) stellen in vielen Erzählungen und Geschichten das Leben Abrams dar, der bei einem Bundesschluss mit Gott (EL, noch nicht JHWH) und dem Bundeszeichen der Beschneidung den neuen Namen Abraham erhält. Auch in der Heiligen Schrift der Muslime, dem Koran, steht viel über „Ibrahim", wie er arabisch heißt. Er wird darin auch als „Prophet" bezeichnet, der auf der arabischen Halbinsel gegen den Polytheismus gekämpft hat. Zusammen mit seinem Sohn Ismail habe Ibrahim in Mekka die Kaaba wiedererrichtet, die bereits Adam gebaut haben soll.

Aufgrund des Glaubens gehorchte Abraham dem Ruf, wegzuziehen in ein Land, das er zu Erbe erhalten sollte; und er zog weg, ohne zu wissen, wohin er kommen würde.

Hebr 11,8

Sieh doch zum Himmel hinauf und zähl die Sterne, wenn du sie zählen kannst. Und er sprach zu ihm: So zahlreich werden deine Nachkommen sein.

Gen 15,5

Abraham gilt in den drei Religionen als **„Vater des Glaubens"**. Er hat ein so großes Vertrauen in Gott, dass er dessen Ruf, in ein fremdes Land zu ziehen, bedingungslos nachkommt. Abraham vertraut auch der Zusage Gottes, Vater eines großen Volkes zu werden.

Er spürt im Verlauf seines langen Lebens immer wieder, dass Gottes Segen über ihm steht. Er macht in verschiedenen Situationen regelmäßig Erfahrungen mit Gott:
- Gott erscheint ihm in Visionen und spricht zu ihm,
- Gott verheißt ihm Land und Nachkommen und segnet ihn,
- Gott schließt einen Bund mit ihm,
- Gott stellt Abrahams Glauben auf die Probe, indem er die Opferung von Isaak (Bibel) bzw. Ismael (Koran) verlangt.

Abraham gilt als einer der **„Stammväter"** Israels. Weil er mit seiner Frau Sara kein Kind bekommen kann, gibt Sara Abraham ihre Dienerin Hagar zur Frau. Hagar wird schwanger und schenkt Abraham seinen ersten Sohn Ismael. Viele Jahre später bekommen Abraham und Sara auch einen eigenen Sohn: **Isaak**.

Die Nachkommenschaft, die mit den beiden Söhnen ihren Anfang genommen hat, macht Abraham zum **Stammvater** der drei Religionen Judentum, Christentum und Islam. Daher werden diese auch als **„abrahamitische“** Religionen bezeichnet.

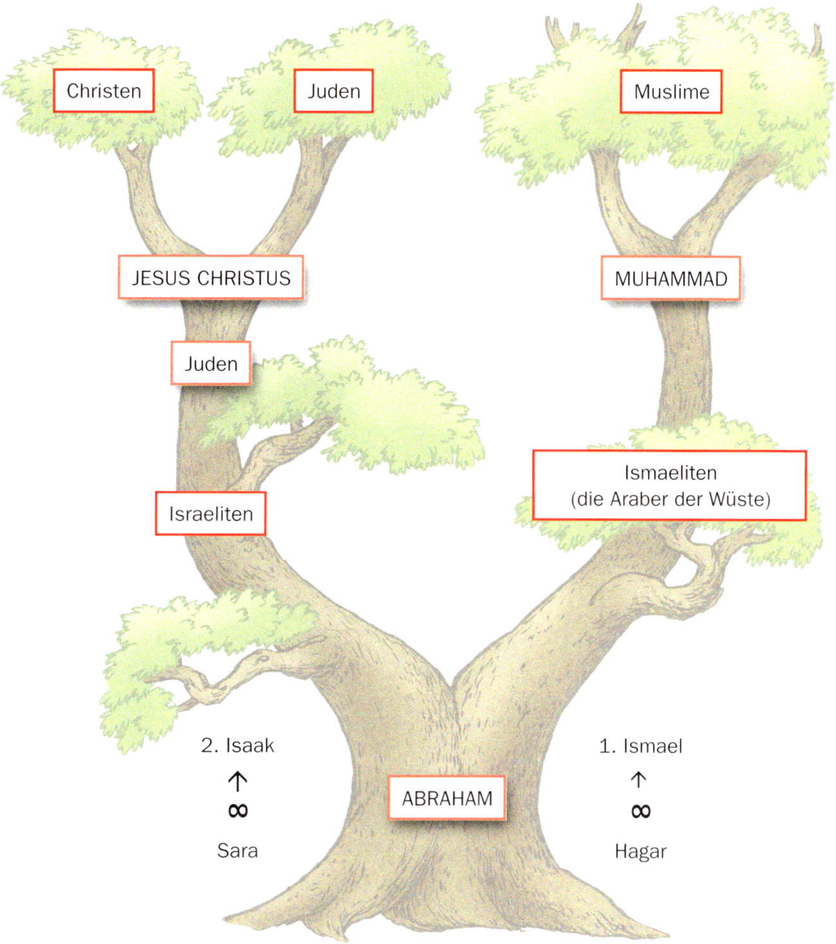

1. Erstelle eine Übersicht über die wichtigsten Ereignisse aus dem Leben Abrahams. Lies dazu in der Bibel nach (z. B. Auszüge aus Gen 12,1–25,11) und im Koran (Online auf der Webseite des Zentralrats der Muslime in Deutschland).
2. Begründe, weshalb Abraham in den drei Religionen eine so große Bedeutung hat.
3. Wählt in Gruppen eine Szene aus dem Leben Abrahams aus. Verfasst dazu gemeinsam einen Rap und tragt ihn der Klasse vor (vgl. Methode „Rap verfassen und vortragen“ S. 191) oder dreht dazu einen Kurzfilm und zeigt ihn der Klasse (vgl. Methode „Film drehen“ S. 195).

Drei Religionen – ein Glaube Abrahams?

Marc Chagall (1887–1985): Opferung Isaaks, 1960–66.

Die drei Religionen sind in der Person des Abraham verbunden, interpretieren seinen Glauben jedoch unterschiedlich. Dies zeigt der Blick auf eine Erzählung, die bei den Christen als „Abrahams Opfer" (Gen 22,1–19) bekannt ist. Die Juden sprechen von der „Bindung Isaaks" (Hände und Füße wurden zusammen gebunden) und die Muslime von der „Prüfung des Glaubens des Ibrahim". Der Koran erzählt von einer versuchten Opferung des Ismail in Sure 37. Danach ergibt sich Ibrahim in einem Traum dem Willen Allahs und will seinen Sohn opfern. Auch Ismail ist bereit, geopfert zu werden (durch diese „Hingabe" werden Ibrahim und Ismael zu den ersten Muslimen), doch Allah befreit Ibrahim von seinem Traumgesicht. Einen Ort für diese Prüfung des Glaubens nennt der Koran nicht.
Im Judentum hingegen wird das „Land Morija" als Stätte für die „Bindung Isaaks" erwähnt (Gen 22,2). Diese vage Ortsbeschreibung wird im Buch 2 Chr 3,1 dahingehend präzisiert, dass das Land mit einem konkreten Ortsnamen versehen wird: „Salomo begann, das Haus des Herrn in Jerusalem auf dem Berg Morija zu bauen."
Auf dem Gelände des ehemaligen Tempelbergs in Jerusalem steht seit dem 7. Jahrhundert n. Chr. der „Felsendom". Dieses dritthöchste Heiligtum des Islams ist keine Moschee, sondern ein Sakralbau über dem Felsen, von dem aus Muhammad seine Himmelsreise angetreten haben soll und über dem nach jüdischer Überlieferung Abraham seinen Sohn Isaak „gebunden" hat bzw. ihn, wie Christen glauben, als Opfer darbringen wollte.
Doch als Gott sich von Abrahams Bereitschaft, den eigenen Sohn zu opfern, überzeugt hatte, erließ er ihm diesen Auftrag und Abraham opferte anstelle Isaaks einen Widder.
Aus christlicher Sicht weist diese Opferung eines männlichen Schafes durch Abraham bereits auf den Tod Jesu am Kreuz hin: Jesus Christus starb in Jerusalem als das „Lamm Gottes".

Fresko der versuchten Opferung Ismaels in Shiraz/Iran, 18. Jh. n. Chr.

Die Muslime feiern zur Erinnerung an die Opferung des Widders das Opferfest.

In der Geschichte Israels waren gemeinschaftliche und individuelle Opfer, zumeist als Tieropfer, weit verbreitet (Kain und Abel, Abraham, Königs- und Prophetenzeit, Maria und Josef). Doch auch Menschenopfer, wie in der heidnisch-kanaanitischen Umgebung üblich, wurden in der Königszeit praktiziert. Sie galten als Ausdruck der Verehrung fremder Götter (Moloch, Baal), zogen den Zorn JHWHs auf sich und wurden nach Lev 20,2 mit dem Tod bestraft.

Das Alte Testament enthält keine durchgängige chronologische Auflistung von Ereignissen, sondern Inhalte werden immer wieder ergänzt oder eingeschoben. Dies verdeutlicht, dass die Bibel als Wort Gottes auch ein literarisches Werk ist, an dem über viele Jahrhunderte hinweg gearbeitet wurde (vgl. Pentateuch).

In den Abrahamgeschichten, die stark legendarische Züge tragen oder im Stil erklärender Sagen verfasst sind, spiegeln sich alle Quellen des Pentateuchs und ihre aus jüngerer Zeit stammende redaktionelle Bearbeitung wieder.

Dazu ein Beispiel: Abrahams Opfer wird in die Zeit der Stammväter (um 1800 v. Chr.) datiert. Die Geschichte wurde allerdings erst im 4. Jahrhundert v. Chr. abgefasst. Sehr anschaulich wird in ihr der Sieg des Gewissens über den blinden Glaubensgehorsam geschildert. Auch wird in dieser Geschichte von der Bindung Isaaks das Ende des jüdischen Opferkultes eingeläutet, der noch bis zur Zerstörung des Tempels (70 n. Chr.) andauern sollte.

1. a) Lies Gen 22,1–19 und gliedere die Geschichte in Erzählschritte.
   b) Wenn jemand diese Erzählung als Lehr-Sage bezeichnen würde, wie ließe sich eine solche Einordnung begründen?
2. Stelle in einer Übersicht zusammen, auf welche Weise in Israel Opfer praktiziert wurden. Schlage dazu einige der im Anhang der Einheitsübersetzung zum Stichwort „Opfer“ angegeben Stellen aus dem Alten und dem Neuen Testament nach.
3. Erarbeitet in Gruppen Plakate, die einem Kirchenbesucher im Schaukasten schnell und griffig erklären könnten, was mit Pentateuch gemeint ist.

Bertram Geiger: Die Opferung Isaaks auf dem Berg Morija, Kirche St. Thilo, Göppingen, 2007.

Bertram Geiger: Jesu Kreuzestod auf dem Berg Golgotha, Kirche St. Thilo, Göppingen, 2007.

„O mein Herr, schenk mir einen von den Rechtschaffenen." Da verkündeten Wir ihm einen langmütigen Knaben. Als dieser das Alter erreichte, dass er mit ihm laufen konnte, sagte er: „Mein lieber Sohn, ich sehe im Schlaf, dass ich dich schlachte. Schau jetzt, was du meinst." Er sagte: „O mein Vater, tu, was dir befohlen wird. Du wirst finden, so Gott will, dass ich zu den Standhaften gehöre." Als sie sich beide ergeben gezeigt hatten und er ihn auf die eine Stirnseite niedergeworfen hatte, da riefen Wir ihm zu: „O Abraham, du hast das Traumgesicht wahr gemacht." So entlohnen Wir die Rechtschaffenen. Das ist die offenkundige Prüfung.
Und Wir lösten ihn mit einem großen Schlachtopfer aus.

Koran, Sure 37, 100–107

Nach diesen Ereignissen stellte Gott Abraham auf die Probe. Er sprach zu ihm: Abraham! Er antwortete: Hier bin ich. Gott sprach: Nimm deinen Sohn, deinen einzigen, den du liebst, Isaak, geh in das Land Morija und bring ihn dort auf einem der Berge, den ich dir nenne, als Brandopfer dar. (...) Nach einer Weile sagte Isaak zu seinem Vater Abraham: Vater! Er antwortete: Ja, mein Sohn! Dann sagte Isaak: Hier ist Feuer und Holz. Wo aber ist das Lamm für das Brandopfer? Abraham entgegnete: Gott wird sich das Opferlamm aussuchen, mein Sohn. Und beide gingen miteinander weiter. Als sie an den Ort kamen, den ihm Gott genannt hatte, baute Abraham den Altar, schichtete das Holz auf, fesselte seinen Sohn Isaak und legte ihn auf den Altar, oben auf das Holz. Schon streckte Abraham seine Hand aus und nahm das Messer, um seinen Sohn zu schlachten. Da rief ihm der Engel des Herrn vom Himmel her zu: Abraham, Abraham! Er antwortete: Hier bin ich. Jener sprach: Streck deine Hand nicht gegen den Knaben aus und tu ihm nichts zuleide! Denn jetzt weiß ich, dass du Gott fürchtest; du hast mir deinen einzigen Sohn nicht vorenthalten. Als Abraham aufschaute, sah er: Ein Widder hatte sich hinter ihm mit seinen Hörnern im Gestrüpp verfangen. Abraham ging hin, nahm den Widder und brachte ihn statt seines Sohnes als Brandopfer dar.

Gen 22,1–13

1. Judentum, Islam und Christentum haben ein gemeinsames Motiv, das sich mit dem Thema des Opferns befasst. Beschreibe die gemeinsamen oder unterschiedlichen Betrachtungsweisen der einzelnen Religionen aufgrund des Vergleichs der künstlerischen Darstellungen der vorhergehenden Seiten und mit Hilfe des auf Seite 158 Erarbeiteten (vgl. Methode „Bildbetrachtung" S. 192).
2. Vergleiche die aus dem Alten Testament stammenden Geschichten von Hagar und Ismael (Gen 16,1–16) und von Isaaks Opferung mit der Erzählung aus dem Koran in Sure 37, 100–109.
3. „Ein Opfer bringen" oder „sich aufopfern" – erkläre diese Bildworte und erörtere ihre Herkunft und Verwendung.

Drei Religionen – drei Heilige Bücher

Die drei abrahamitischen Religionen gehören zu den Religionen, bei denen die Offenbarung Gottes als Grundlage der Lehre nicht nur mündlich überliefert, sondern auch schriftlich fixiert wurde und in einem „Heiligen Buch" zusammengefasst ist. Daher werden Judentum, Christentum und Islam auch als **„Schriftreligion"** bzw. **„Buchreligion"** bezeichnet. Das Heilige Buch der Juden ist der **Tanach**, das der Christen die **Bibel** und das der Muslime der **Koran**.

Die hebräische Bibel

Der Tanach, die hebräische Bibel, besteht aus drei Teilen: der Tora, den Propheten (Nebiim) und den Schriften (Ketubim). Das hebräische Wort **Tora** bedeutet „Lehre, Unterweisung, wie man leben soll". Die Tora enthält Bestimmungen für das Leben. Diese wollen das Leben aber nicht einschränken, sondern Hilfe und Wegweisung für ein gelungenes und glückliches Leben sein. Die Tora ist für die Juden Gottes Wort, das im Sprechen und Handeln Gottes in der Geschichte Israels offenbart wurde, und deshalb Richtschnur für ihr Leben. Für den gläubigen Juden ist die Tora somit die Hauptquelle seines Glaubens.
Ein weiteres wichtiges Buch für den Glauben und das Leben der Juden ist der Talmud. Er enthält die Auslegungen und Erklärungen der heiligen Schriften und Weisungen.

Die christliche Bibel

Die Grundlagen des Christentums finden sich in der Bibel (griechisch bíblos = „Buch"), die in das Alte Testament (AT) und in das Neue Testament (NT) eingeteilt ist. Wir Christen sehen die Bibel als Offenbarungsurkunde und glauben, dass Gott selber darin zu uns spricht. Auch Jesus und seine Jünger haben sich immer wieder auf das Alte Testament als „Wort Gottes" berufen. Der christlichen Überzeugung nach wurden die Verfasser der biblischen Bücher durch den Geist Gottes „inspiriert", d. h. der Inhalt der Bibel ist tatsächlich das Wort Gottes. Allerdings ist dies nicht im Sinne eines wörtlichen Diktats zu verstehen, sondern in dem, was Menschen niedergeschrieben haben, kommt das Wort Gottes zur Sprache. Daher wird die Bibel als „Gotteswort im Menschenwort" bezeichnet. Für uns Christen ist Jesus Christus selbst das „Fleisch gewordene Wort Gottes" (Joh 1): In seinem Handeln zeigt sich der Heilswille Gottes, d. h. Jesus macht deutlich, was Gott Gutes für uns Menschen will.

Koran

Die Heilige Schrift der Muslime ist der Koran, was so viel wie „Lesung" oder „Vortrag" bedeutet. Der Koran ist für Muslime das Wort Allahs, das dieser durch seinen Engel Gabriel im Verlauf vieler Jahre an Muhammad mitteilen ließ. Dieser ließ die 114 Suren (Abschnitte) in altarabischer Hochsprache aufschreiben. Nach einer Legende führte Allah sogar die Hand des Pro-

pheten. Jeder Muslim sollte möglichst viele der ihrer Länge nach geordneten Suren auswendig können, damit er die darin enthaltenen Anweisungen für das Leben besser befolgen kann. Der „Heilige Koran“, wie ihn deutschsprachige Muslime bezeichnen, darf eigentlich nicht aus dem Arabischen in eine andere Sprache übersetzt werden, da jede Übersetzung bereits eine Interpretation beinhaltet.

Drei Religionen – drei Stifter

Die drei monotheistischen Religionen sind durch einen jeweils eigenen Stifter gegründet worden. Das Judentum gilt als durch **Mose**, das Christentum durch **Jesus Christus**, der Islam durch **Muhammad** gegründet.
Über die (literarische) Gestalt des **Mose** erfahren wir in den Büchern des Alten Testaments Exodus bis Deuteronomium sehr viel. Auch der Koran kennt einige Geschichten aus dem Leben des Mose, der im Islam als Prophet gilt. Die historische Existenz des Mose wird allerdings von der modernen Bibelwissenschaft immer mehr angezweifelt.
Über Geburt, Leben und Wirken sowie über Tod und Auferstehung Jesu von Nazaret berichten die Evangelien auf unterschiedliche Weise, aber sehr ausführlich. Auch außerbiblische Quellen, wie Tacitus, Flavius Josephus oder Plinius, kennen Jesus Christus, sodass seine Existenz als historisch gesichert gelten kann. (Vgl. S. 117: Was wissen wir vom historischen Jesus?)
Muhammad gilt im Islam als der historisch „letzte Prophet“ in einer langen Reihe von 25 Propheten. Daher wird er auch als „Siegel der Propheten“ bezeichnet. Nach muslimischer Glaubensüberzeugung hat Mohammed den Koran empfangen, in dem sich Allah offenbart. Wegen des im Islam bestehenden religiösen Bilderverbotes (Bilderverehrung wird als Götzendienst verstanden) darf das Gesicht des Propheten nicht abgebildet werden. Sein Leben gilt innerhalb der bekannten Daten als historisch gesichert.

1. Lies die Überschriften der folgenden Bibelstellen. Verschaffe dir einen Überblick über Themen der Tora bzw. der ersten fünf Bücher Mose der Bibel: Gen 1; Gen 12; Gen 37; Ex 2; Ex 12; Ex 20; Lev 1; Num 13,1–4; Num 13,21–24; Dtn 12–26 und Dtn 34.
2. Lies im Koran die Stellen nach, die sich mit biblischen Ereignissen und Personen beschäftigen: Suren 3, 12, 14, 19 und 21 (du kannst sie auch im Internet finden). Vergleiche die Aussagen mit denen im AT und NT.
3. Ladet muslimische Mitschüler eurer Klassenstufe in den Religionsunterricht ein. Stellt Fragen zur Religion der anderen und tauscht euch gegenseitig aus. Ihr könnt dabei auch die Methoden Fragelandschaft (vgl. Methode „Fragelandschaft“ S. 189) und Pro-und-Kontra-Streitgespräch (vgl. Methode „Pro-und-Kontra-Streitgespräch“ S. 199) verwenden.
4. Erstelle eine Tabelle zu den drei abrahamitischen Religionen mit den Gesichtspunkten: Anrede, Offenbarung durch …, Bekenntnisformel, Besonderheiten usw.
5. Recherchiere über das Leben von Mose, Jesus von Nazaret und Muhammad und benenne besondere Stationen daraus. Arbeite heraus, aufgrund welcher Worte oder Taten sie als Religionsgründer gelten.
6. Verehren die drei Religionen wirklich denselben Gott? Erarbeite diese Frage schriftlich.
7. Erörtere, wie Vertreter der drei Religionen miteinander umgehen können, wenn und obwohl sie sich Ähnlichkeiten und Unterschiede ihrer Gottesbilder bewusst machen.

Religion – Glück oder Unglück für uns Menschen?

Blick in die Vergangenheit des Christentums – Licht- und Schattenseiten

Wie jede andere große Gruppe in der Gesellschaft erfährt auch die Kirche Zuspruch und Kritik. Ein Blick in wichtige Epochen der Kirchengeschichte verdeutlicht, dass es zu allen Zeiten in der Kirche Licht- und Schattenseiten gab.

Hexenverfolgung

Kirche im Nationalsozialismus

Naturwissenschaft und Kirche

Ketzer

Inquisition

Ablass

Dreißigjähriger Krieg

Missionierung in Lateinamerika

Kreuzzüge

1. Über einige dieser Ereignisse weißt du sicher Bescheid. Gib mit eigenen Worten wieder, was sich hinter den Stichwörtern und Bildern verbirgt.
2. Die Themen der folgenden Seiten eignen sich gut für Referate und Präsentationen. Verteilt die Themen untereinander und sammelt über das Schulbuch hinaus weitere Informationen (vgl. Methoden „Assoziationen sammeln“ S. 189 und „Plakat gestalten“ S. 195).

Kreuzzüge – Kriege im Namen Gottes

Papst Urban II. ruft 1095 auf der Kirchenversammlung zu Clermont zum Kreuzzug auf, um 1480.

Wir schreiben das Jahr 1096. Tausende von Christen aus ganz Europa nehmen an einem Kreuzzug teil. Sie ziehen nach Jerusalem, um die Stadt und das Land, in dem Jesus lebte, von den Muslimen zurückzuerobern. Mit dem Aufruf des Papstes Urban II. in Clermont 1095 fing alles an: „Ein türkisches gottloses Volk hat das heilige Land, das Ursprungsland unseres Glaubens, das Vaterland von Jesus Christus, in seiner Gewalt. Diese Gottlosen unterdrücken und misshandeln die Christen. Sie nehmen sogar ihre Söhne weg! Wem bricht da nicht das Herz? Die heiligen Orte sind zu Viehställen geworden. Welche Schande für den Ort, wo Christus gelebt hat!
Bewaffnet euch, liebe Brüder! Ich fordere euch zum Kriegsdienst für Gott auf! Erobert die heiligen Stätten zurück! Das ist kein ungerechter Krieg, kein ungerechtes Töten! Es ist ein Kampf Gottes, ein Kreuzzug des Herrn! Wer an diesem Kreuzzug teilnimmt, der wird reich belohnt. Er erkauft sich die Vergebung seiner Sünden! Wer im Kampf stirbt, dem ist das ewige Leben sicher. Wer für Gott kämpft, der steht unter dem Schutz der Kirche."
Natürlich waren es nicht nur religiöse Gründe, die Tausende von Christen verschiedenster sozialer Herkunft zum Aufbruch in das Heilige Land bewegten. Den europäischen Herrschern ging es auch um den Erwerb von Land, Macht und Ansehen. Manche wollten mit dem Krieg gegen die Muslime von den Problemen ablenken, die sie in ihren Ländern hatten.
Zahlreiche Kaufleute folgten dem Tross in der Hoffnung, mit den heiß begehrten Waren des Orients, z.B. mit seltenen Gewürzen, Edelsteinen, teuren Stoffen, Teppichen oder dünnem Papier, große Gewinne erzielen zu können. Viele Bauern und Tagelöhner kratzten ihr letztes Hab und Gut zusammen, um die Überfahrt über das Mittelmeer bezahlen zu können. Schlechter als in ihrer Abhängigkeit vom Grundherrn könne es ihnen im gelobten Land sicher nicht gehen, dachten sie sich. Zur Hoffnung auf ein besseres Leben kam sicher bei so manchem auch ein Quäntchen Abenteuerlust.
Fast zweihundert Jahre lang dauerte der Kampf zwischen Christen und Muslimen um die heiligen Stätten. Die Europäer erreichten am Ende ihr ursprüngliches Ziel nicht.
Die Idee von der Befreiung der Heiligen Stätten und der Vergebung ihrer Sünden bezahlten Tausende mit ihrem Leben.

1. Nenne die Forderungen, die der Papst stellt, und die Versprechen, die er macht, um den Kreuzzug zu begründen, und beziehe Stellung dazu.
2. Könige, Ritter, Mönche, Bauern, Kaufleute und viele Arme folgten dem Aufruf. Stelle ihre Beweggründe zusammen.
3. Erinnere dich an das, was du über Jesus und seine Botschaft gelernt hast. Was hätte Jesus wohl zum Aufruf des Papstes gesagt?
4. Auch heute noch gibt es Menschen, die Gewalt und Krieg im Namen des Glaubens ihrer Religion gutheißen. Sammle Beispiele und vergleiche die Gründe mit denen des Papstes.
5. Die Kreuzzüge endeten mit einem Misserfolg. Skizziere Gedanken, die dem Reiter auf dem Bild auf der Rückkehr vom Kreuzzug durch den Kopf gehen könnten. Fülle damit eine Gedankenblase (vgl. Methode „Sprechblasen verfassen" S. 197).

Botschafter des Friedens: Franz von Assisi

Franz von Assisi wurde 1182 in Assisi geboren und hieß ursprünglich Giovanni Francesco Bernardone. Aus einer wohlhabenden Familie stammend führte er als junger Mann ein sorgloses Leben. Nach einer Schlacht zwischen Assisi und Perugia wurde Franz über ein Jahr in Perugia festgehalten und litt während seiner Gefangenschaft an einer schweren Krankheit, die ihn zum Nachdenken brachte. Er veränderte sein Leben: Im Jahr 1205 kehrte er nach Assisi zurück, pflegte Leprakranke und führte ein Leben als Bettler. Während einer Messe 1208 hörte er eine Stimme, die ihn im Wortlaut des Matthäusevangeliums 10,5–14 aufforderte, in die Welt zu gehen, allem Besitz zu entsagen und Gutes zu tun. „Wollten wir etwas besitzen, so müssten wir auch Waffen zu unserer Verteidigung haben." Ab 1209 schlossen sich ihm einige Gefährten an. Er gab ihnen Worte des Neuen Testaments als Lebensnorm (erste Regel) und verpflichtete sie als „Mindere Brüder" zum Dienst an Menschheit und Kirche in Armut und Buße. Gegen Ende des Jahres 1212 machte sich Franz auf den Weg ins Heilige Land, erlitt jedoch Schiffbruch und sah sich somit zur Rückreise gezwungen. Im Jahre 1219 begab er sich mit einer Gruppe von Brüdern auf eines der Kreuzfahrerschiffe, die von Ancona nach Damiette (Ägypten) zum 5. Kreuzzug aufbrachen. Er tat dies nicht, um mit den Soldaten gegen die Andersgläubigen zu kämpfen, sondern um in einer gewaltlosen Aktion Frieden zu schaffen. Obwohl Franz ausdrücklich vor den schlimmen Folgen eines Kampfes gewarnt hatte, rief der Vertreter des Papstes zum Kampf mit den Waffen auf. Er tat dies trotz der Bereitschaft des Sultans Melek-al-Kamil für einen Waffenstillstand. Erst nach der vernichtenden Niederlage des christlichen Heeres gelang es Franz, mit dem Sultan Melek-al-Kamil persönlich zu reden. Franziskus bot den muslimischen Priestern die Feuerprobe an: Er sei bereit, durch ein Feuer zu schreiten, um zu beweisen, welcher Glaube der richtige sei. Der Sultan jedoch wagte diese Entscheidung nicht, war aber vom mutigen Bekenntnis Franz von Assisis stark beeindruckt. Er hörte ihm aufmerksam zu und bat ihn beim Abschied um sein Gebet. Sein eigentliches Anliegen, Frieden zu stiften und den Sultan zu bekehren, erreichte Franz allerdings nicht. Trotzdem ist diese Begegnung bis heute vorbildlich geblieben.

Franz von Assisi

1. Franz von Assisi hat zu allen Zeiten Menschen fasziniert. Was beeindruckt dich an dieser Person?
2. Begründe, warum die Begegnung mit dem Sultan ein Modell für christliches Handeln darstellen kann.

Hexenverfolgung – Friedrich Spee

„Sie vergiften Brunnen, lassen Hagelkörner auf Felder prasseln, verderben Wein und andere Früchte auf den Feldern, sie bringen Seuchen, sind mit dem Teufel im Pakt und reiten auf ihren Besen durch die Nacht.“ – Am Ende des Mittelalters und zu Beginn der Neuzeit greift der Hexenwahn um sich. Jahrhundertelang hatte das Christentum die Vorstellung von Dämonen, Zauberern und Hexen als Aberglauben bekämpft. Doch nun passierte es, dass die große Mehrheit der Christen, ja selbst Theologen, dem heidnischen Wahn erlag. Die „Hexenbulle“ von Papst Innozenz VIII. und der von zwei Dominikanern verfasste „Hexenhammer“ waren wesentliche Grundlagen für die großen Hexenverfolgungen des 16. und 17. Jahrhunderts.
Der Weg, auf dem man feststellen wollte, ob die Angeklagten Hexen oder Ketzer waren, war ein besonderes Gerichtsverfahren, das sogenannte Inquisitionsverfahren (lat. inquisitio = „Befragung, Untersuchung“).
Besonderes Kennzeichen war die Befragung der Angeklagten und der Zeugen. Als oberstes Ziel verfolgte man das Schuldgeständnis des Angeklagten. Ursprünglich war die Inquisition ein Fortschritt im Vergleich zu den alten Formen der Rechtsfindung jener Zeit. In der Zeit vor der Inquisition gab es Vergeltung, Rache und Blutrache. Die vernünftige Grundidee der Inquisition wurde jedoch durch die Anwendung der Folter zunichte gemacht. 1252 erlaubte Papst Innozenz IV. den Einsatz der Folter, um die Verdächtigen zu einem Geständnis zu zwingen. Für viele der Angeklagten war das Schuldgeständnis die einzige Möglichkeit, den brutalen Quälereien ein Ende zu machen.
Bis zu diesem Zeitpunkt hatte es im Kirchenrecht keine Folter gegeben. Im 16. und 17. Jahrhundert erlag die große Mehrheit der Christen dem Hexenglauben. Deshalb wurde das alte Inquisitionsverfahren für die Hexenverfolgung eingesetzt. Vielfach erfolgte diese auch durch weltliche Gerichte. Auch in den protestantischen Territorien des Deutschen Reiches wurden Hexen verfolgt.
Allerdings gab es damals auch Menschen, die andere als Hexen anklagten, um sich an deren Eigentum zu bereichern.
Zwischen 1450 und 1750 wurden in Mitteleuropa 50.000 bis 80.000 Menschen als Zauberer oder Hexen verbrannt. Einige wenige Zeitgenossen fingen an zu zweifeln. Einer von ihnen war der Jesuitenpater Friedrich Spee von Langenfeld, der Menschen, die als Hexen beschuldigt wurden, geistlichen Beistand leistete. Berühmt wurde er durch sein 1631 unter falschem Namen veröffentlichtes Buch „Cautio Criminalis“, das sich gegen die Hexenprozesse, insbesondere die Anwendung der Folter, wandte. Obwohl er zuerst selbst an die Existenz von Hexen glaubte, war er einer der ersten, der sich öffentlich gegen diese Hexenprozesse aussprach: „Kein deutscher Edelmann würde es ertragen, wenn man seinen Jagdhund so zerfleischen würde.“ Sein Eintreten für die Hexen stieß teilweise auf Unverständnis und Widerstand. „Wer die Hexen in Schutz nimmt, macht sich selbst verdächtig“, wurde er gewarnt. So wurde seine Entlassung aus dem Jesuitenorden erwogen und er selbst nach Trier strafversetzt. Dennoch trug sein Buch maßgeblich dazu bei, dass die Hexenprozesse nach und nach kritischer betrachtet und schließlich verboten wurden. Die zweite Auflage seines Werkes wurde mit Zustimmung der Provinzialleitung des Jesuitenordens veröffentlicht. Friedrich Spee starb mit 44 Jahren am 7. August 1635 in Trier.

1. Fasse aus dem Text die wesentlichen Zusammenhänge für die Entstehung der Hexenverfolgung in wenigen Sätzen zusammen.
2. Recherchiere zum Leben und Wirken von Friedrich Spee (vgl. Methode „Internetrecherche“ S. 189).
3. Jede Gesellschaft, auch unsere, ist blind gegenüber manchen Ungerechtigkeiten. Nenne aktuelle Beispiele dafür.

Kirche in der NS-Zeit

Der Aufstieg der NSDAP und deren rassistische und antichristliche Parolen gaben schon vor der Machtergreifung 1933 vielen Priestern und Bischöfen Anlass zur Sorge, die sie auch in ihren Predigten zum Ausdruck brachten. Schon am 30.9.1930 verneinte das Bischöfliche Ordinariat Mainz die Frage, ob ein Katholik auch Nationalsozialist sein kann. Nach Hirtenbriefen im Frühjahr 1931 erklärten die deutschen Bischöfe im August 1932 nochmals, dass die Zugehörigkeit zur NSDAP unerlaubt sei.

Nach der Machtübernahme waren Hitler und die NSDAP darum bemüht, zumindest nach außen hin, ein gutes Verhältnis zur Kirche zur Schau zu stellen. Die deutschen Bischöfe hatten nach Hitlers kirchenpolitischem Entgegenkommen (Regierungserklärung vom 23. März 1933) bereits am 28. März 1933 ihre allgemeinen Verbote und Warnungen vor der NSDAP zurückgezogen, gleichwohl aber an der Verurteilung der nationalsozialistischen Weltanschauung festgehalten.

Am 20. Juli 1933 kam es zur Unterzeichnung des Reichskonkordats zwischen der Reichsregierung und dem Heiligen Stuhl. Hitler gewann durch das Konkordat auf diplomatischer Bühne internationales Ansehen. Bald kam es allerdings zu zahlreichen schikanösen Maßnahmen, die Staat und Partei gegen die Stützpfeiler des katholischen Milieus einleiteten. Speziell der Ausschaltung des Klerus dienten die 1935 und 1937 mit großem propagandistischen Aufwand durchgeführten Devisen- und Sittlichkeitsprozesse, in denen Bischöfe, Priester und Ordensleute als korrupt, geldgierig und moralisch beispiellos verkommen hingestellt wurden. Bei Kirchenvolk und Klerus führten die Übergriffe zu einer Klärung der Fronten: Die Erkenntnis wuchs, dass der NS-Staat mit seinen Aktivitäten auf die völlige Entkirchlichung und Entchristlichung der Gesellschaft zielte.

Große Teile der Katholiken reagierten seit 1934 mit einer intensiveren Beteiligung am kirchlichen Leben auf die Einschränkungen und die Bedrohung ihres Glaubens und brachten dies bei öffentlichen Glaubenskundgebungen, Wallfahrten und Prozessionen demonstrativ zum Ausdruck. Überregional bekannt wurde 1936 der „Oldenburger Kreuzkampf“: Eine eindrucksvolle Massenmobilisierung zwang die nationalsozialistischen Machthaber, die verfügte Abnahme der Kreuze aus den Klassenzimmern wieder rückgängig zu machen.

Die Mehrzahl der katholischen Geistlichen hielt sich mit offener Kritik und Ablehnung gegenüber den Vorgehensweisen des Regimes zurück, da ihnen in dieser totalitären Diktatur sonst Foltergefängnisse, Denunziation, Strafmethoden durch SA-Schlägertrupps und sogar die Todesstrafe drohten. Lediglich einzelne Vertreter der katholischen Obrigkeit wandten sich öffentlich gegen die menschenverachtenden Vorgehensweisen Hitlers und seiner Gefolgsleute und bekannten sich in Denken und Handeln zu den eigenen, christlichen Wertvorstellungen.

Papst Pius XI. wandte sich 1937 mit seiner Enzyklika „Mit brennender Sorge“ scharf gegen die deutsche Kirchenpolitik und wies auf den von den Nationalsozialisten nicht erfüllten Teil der Konkordatsvereinbarungen, aber auch auf Gegensätze zwischen christlichem Glauben und NS-Ideologie hin. Die Enzyklika prangerte die systematische Entrechtung der Juden oder anderer Religions- und Bevölkerungsgruppen nicht direkt an, verurteilte aber eine Unterscheidung nach Rassen.

Das Verlesen der Enzyklika in den Kirchen hatte zur Folge, dass viele theologische Hochschulen, Fakultäten und auch Klöster schließen mussten. Druckereien, die am Druck der Enzyklika beteiligt waren, wurden enteignet.

1. Die Verantwortlichen der Kirche hatten es in der NS-Zeit nicht einfach. Erläutere.
2. Vier Jahre nach Abschluss des Konkordats verfasste der Papst ein Rundschreiben mit der Überschrift „Mit brennender Sorge“. Fasse (mit Hilfe deines Wissens aus dem Geschichtsunterricht) zusammen, was Anlass zur Sorge geben konnte.

Clemens August Kardinal Graf von Galen

Der Bischof von Münster, Clemens August Kardinal Graf von Galen (1878–1946), war einer dieser wenigen mutigen Priester. Im Sommer 1941 erregte er großes Aufsehen mit seinen Predigten. Darin wandte er sich gegen die Beschlagnahmung kirchlichen Eigentums, gegen die Ordensverfolgung und gegen das nationalsozialistische „Euthanasie-Programm". Seine Texte wurden in weiten Teilen Deutschlands vervielfältigt und heftig diskutiert.

Auszüge aus von Galens Predigt zur Euthanasiepolitik am 3.8.1941 in Münster:

Seit einigen Monaten hören wir Berichte, dass aus Heil- und Pflegeanstalten für Geisteskranke auf Anordnung von Berlin Pfleglinge, die schon länger krank sind und vielleicht unheilbar erscheinen, zwangsweise abgeführt werden. Regelmäßig erhalten dann die Angehörigen nach kurzer Zeit die Mitteilung, der Kranke sei verstorben, die Leiche sei verbrannt, die Asche könne abgeliefert werden. Allgemein herrscht der an Sicherheit grenzende Verdacht, dass diese zahlreichen unerwarteten Todesfälle von Geisteskranken nicht von selbst eintreten, sondern absichtlich herbeigeführt werden, dass man dabei jener Lehre folgt, die behauptet, man dürfe so genanntes „lebensunwertes Leben" vernichten, also unschuldige Menschen töten, wenn man meint, ihr Leben sei für Volk und Staat nichts mehr wert. Eine furchtbare Lehre, die die Ermordung Unschuldiger rechtfertigen will, die gewaltsame Tötung der nicht mehr arbeitsfähigen Invaliden, Krüppel, unheilbar Kranken, Altersschwachen grundsätzlich freigibt. […]
Deutsche Männer und Frauen! Noch hat Gesetzeskraft der §211 des Reichsstrafgesetzbuches, der bestimmt: „Wer vorsätzlich einen Menschen tötet, wird, wenn er die Tötung mit Überlegung ausgeführt hat, wegen Mordes mit dem Tode bestraft." Wohl um diejenigen, die jene armen Menschen, Angehörige unserer Familien, vorsätzlich töten, vor dieser gesetzlichen Bestrafung zu bewahren, werden die zur Tötung bestimmten Kranken aus der Heimat abtransportiert in eine entfernte Anstalt. Als Todesursache wird dann irgendeine Krankheit angegeben. Da die Leiche sofort verbrannt wird, können die Angehörigen und auch die Kriminalpolizei es hinterher nicht mehr feststellen, ob die Krankheit wirklich vorgelegen hat und welche Todesursache vorliegt. Es ist mir aber versichert worden, dass man im Reichsministerium des Innern und auf der Dienststelle des Reichsärzteführers Dr. Conti gar kein Hehl daraus mache, dass tatsächlich schon eine große Zahl von Geisteskranken in Deutschland vorsätzlich getötet worden ist und in Zukunft getötet werden soll. […]
So müssen wir damit rechnen, dass die armen,

wehrlosen Kranken über kurz oder lang umgebracht werden. Warum? Nicht weil sie ein todeswürdiges Verbrechen begangen haben, nicht etwa, weil sie ihren Wärter oder Pfleger angegriffen haben, sodass diesem nichts anderes übrig blieb, als dass er zur Erhaltung des eignen Lebens in gerechter Notwehr dem Angreifer mit Gewalt entgegentrat. Das sind Fälle, in denen neben der Tötung des bewaffneten Landesfeindes im gerechten Krieg Gewaltanwendung bis zur Tötung erlaubt und nicht selten geboten ist. Nein, nicht aus solchen Gründen müssen jene unglücklichen Kranken sterben, sondern darum, weil sie nach dem Urteil irgendeines Amtes, nach dem Gutachten irgendeiner Kommission „lebensunwert" geworden sind, weil sie nach diesem Gutachten zu den „unproduktiven Volksgenossen" gehören. [...]

Hast du, habe ich nur so lange das Recht zu leben, solange wir produktiv sind, solange wir von andern als „produktiv" anerkannt werden? Wenn man den Grundsatz aufstellt und anwendet, dass man den „unproduktiven" Mitmenschen töten darf, dann wehe uns allen, wenn wir alt und altersschwach werden. Wenn man die unproduktiven Mitmenschen töten darf, dann wehe den Invaliden, die im Produktionsprozess ihre Kraft, ihre gesunden Knochen eingesetzt, geopfert und eingebüßt haben, wenn man die unproduktiven Mitmenschen gewaltsam beseitigen darf, dann wehe unseren braven Soldaten, die als Schwerkriegsverletzte, als Krüppel, als Invaliden in die Heimat zurückkehren. [...]

Dann ist keiner von uns seines Lebens mehr sicher. [...]

Es ist nicht auszudenken, welche Verwilderung der Sitten, welch allgemeines Misstrauen bis in die Familien hineingetragen wird, wenn diese furchtbare Lehre geduldet, angenommen und befolgt wird. Wehe den Menschen, wehe unserem deutschen Volke, wenn das heilige Gottesgebot: „Du sollst nicht töten!", [...] nicht nur übertreten wird, sondern wenn diese Übertretung sogar geduldet und ungestraft ausgeübt wird.

Bernhard Lichtenberg

P. Rupert Mayer

Karl Leisner

Alfred Delp

1. Gegen Bischöfe schreckten die Nationalsozialisten vor Gewalttaten zurück, Priester jedoch mussten mit dem Schlimmsten rechnen. Berichte.
2. Informiere dich über Karl Leisner, Bernhard Lichtenberg, P. Rupert Mayer und Alfred Delp. Tauscht euch dann darüber in der Klasse aus.
3. Recherchiert, ob es auch in eurem Umfeld mutige Widerstandskämpfer gab.

Die Kirche bekennt ihre Schuld und öffnet sich gegenüber anderen Religionen

Papst Johannes Paul II. (Papst von 1978–2005)

Über Jahrhunderte hinweg hat die Kirche ihre eigene Geschichte in einem einseitig positiven Licht gesehen. Zwar gestand man ein, dass es einzelne Christen gab, die sich schuldig gemacht hatten, aber die Kirche als Institution betrachtete sich als schuldlos. Das änderte sich unter Johannes Paul II. Von besonderer Bedeutung ist bis heute das Schuldbekenntnis des Papstes: Im Rahmen eines Gottesdienstes im Petersdom in Rom bekannte Papst Johannes Paul II. die Schuld der Kirche und bat um Vergebung.
Der Papst bekannte sich zu den Sünden, die die Kirche im vermeintlichen „Dienst der Wahrheit" begangen hatte: die gewaltsame Verbreitung des Glaubens der katholischen Kirche, also die Verbrechen der Religionskriege und der Inquisition. Daneben nannte er Sünden, die gegen die Einheit der Christen begangen wurden, ungerechtfertigte Exkommunizierungen und Kirchenteilungen. Außerdem sprach der Papst von den Sünden im Verhältnis zu den Juden, die Haltung der katholischen Kirche, die der Ausbreitung des Antisemitismus Vorschub geleistet hat.
Er bekannte sich zu den Sünden gegen das Völkerrecht und gegen den Frieden und den Respekt gegenüber anderen Völkern und Religionen. Gemeint waren vor allem Sünden bei der „Evangelisierung" Lateinamerikas und Afrikas mit dem Schwert. Der Papst räumte ein, dass viele Mitglieder der Kirche Frauen herabgesetzt und somit Schuld auf sich geladen hätten. Schließlich bekannte sich Papst Johannes Paul II. zu den Sünden gegen die soziale Gerechtigkeit. Weder Kirchenmänner, die allzu lange in Saus und Braus gelebt hatten, noch christliche Nationen hätten sich „wie der barmherzige Samariter benommen".

Im Hinblick auf das „Verhältnis der katholischen Kirche zu den nichtchristlichen Religionen" hatte bereits das Zweite Vatikanische Konzil 1965 einen großen Schritt getan: Die dort verabschiedete Erklärung „Nostra Aetate" wagte erstmalig Aussagen der Kirche über die anderen Religionen, die auch heute noch aufhorchen lassen:

Die katholische Kirche lehnt nichts von alledem ab, was in diesen Religionen wahr und heilig ist. Mit aufrichtigem Ernst betrachtet sie jene Handlungs- und Lebensweisen, jene Vorschriften und Lehren, die zwar in manchem von dem abweichen, was sie selber für wahr hält und lehrt, doch nicht selten einen Strahl jener Wahrheit erkennen lassen, die alle Menschen erleuchtet.
[...] Deshalb mahnt sie ihre Söhne, dass sie mit Klugheit und Liebe, durch Gespräch und Zusammenarbeit mit den Bekennern anderer Religionen sowie durch ihr Zeugnis des christlichen Glaubens und Lebens jene geistlichen und sittlichen Güter und auch die sozial-kulturellen Werte, die sich bei ihnen finden, anerkennen, wahren und fördern.

1. Nie zuvor hat eine Institution wie die Kirche ein solches Schuldbekenntnis abgelegt. Versuche mit Blick auf den Text zu begründen, weshalb diese Geste des Papstes in der Weltöffentlichkeit mit so großer Aufmerksamkeit wahrgenommen wurde.
2. Gestalte zur Schuld in der Geschichte der Kirche ein „Denk-Mal". Das Bild von Johannes Paul II. kann dich inspirieren (vgl. Methode „Denkmal herstellen" S. 194).
3. Fasse Aussagen zur Religion bzw. zu den Religionen aus dem Konzilstext zusammen.
4. Beschreibe, wie nach dem Konzilstext Katholiken mit Menschen anderen Glaubens umgehen sollen und welche Auswirkungen dieses Verhalten auf den Umgang mit bestimmten Gruppen in unserer Gesellschaft heute haben sollte.

Religion heute

Nur

Ein Mensch, der, sagen wir, als Christ,
Streng gegen Mord und Totschlag ist,
Hält einen Krieg, wenn überhaupt,
Nur gegen Heiden für erlaubt.
Die allerdings sind auszurotten,
Weil sie des wahren Glaubens spotten!
Ein andrer Mensch, ein frommer Heide,
Tut keinem Menschen was zuleide,
Nur gegenüber Christenhunden
Wär jedes Mitleid falsch empfunden.
Der ewigen Kriege blutige Spur
Kommt nur von diesem kleinen „nur".

Eugen Roth

Terroranschlag auf das World Trade Center am 11.09.2001

1. Beziehe zu den Zeitungsartikeln Stellung. Schreibe zu einem der Texte einen Leserbrief an die Zeitung (vgl. Methode „Brief schreiben" S. 196).
2. Verfasse zu dem Gedicht „Nur" von Eugen Roth ein Parallelgedicht.
3. Suche nach weiteren aktuellen Beispielen dafür, wo Menschen im Zusammenhang mit Religion Unglück erfahren.

Selbstmordattentäter im Irak tötet zwölf Pilger vor Moschee

Bei einem Anschlag auf schiitische Pilger sind in einer nördlich von Bagdad gelegenen Kleinstadt zwölf Menschen getötet worden. Viele Tausend Pilger warteten auf dem Platz vor der als heilig geltenden Moschee auf Einlass in das Gebäude, als ein in der Menge stehender Selbstmordattentäter einen Sprengstoffgürtel zündete. Durch die Explosion starben 12 Pilger, die in unmittelbarer Nähe des Terroristen gestanden waren, 40 weitere wurden zum Teil schwer verletzt.

Anschlag auf koptische Kirche vereitelt

Nach einem Hinweis des schwedischen Geheimdienstes wurde mit großer Wahrscheinlichkeit ein möglicher Anschlag auf die koptische Kirche der Hauptstadt verhindert. Drei aus dem Jemen stammende Männer wurden von der Polizei festgenommen. Nach ersten Verhören wurden ihre Wohnungen durchsucht. Dort fanden die Beamten Baupläne der Kirche und stellten verschiedene Materialien sicher, die zur Herstellung einer Bombe geeignet waren.

Eine bis zu acht Meter hohe Mauer trennt Betlehem von Jerusalem und kleineren palästinensischen Dörfern. So schränkt Israel die Bewegungsfreiheit der palästinensischen Bewohner der Stadt Betlehem ein und versucht Terroranschläge zu verhindern.

Die Welt ein bisschen besser hinterlassen …

In den Medien wird jeden Tag davon berichtet, wie Menschen aus angeblich religiösen Motiven Verbrechen begehen. Ich erinnere mich noch zu gut an den letzten Terroranschlag vor wenigen Wochen, bei dem so viele unschuldige Menschen getötet wurden. Wenn ich nach dem Sinn von Religion frage, schreckt es mich eher ab, wenn ich sehe, was da immer alles schief geht.

Muss Religion immer gleich zu solchen Extremen führen? Ich finde es wichtig zu glauben, weil es mir hilft zu verstehen, wo ich herkomme, wo ich hingehe, was eigentlich wichtig ist im Leben. Wenn Religion aber dazu führt, dass man andere mit dem Tod bedroht oder umbringt, dann läuft doch etwas gewaltig schief! Ich habe kein Verständnis für Selbstmordattentäter, für Morddrohungen gegenüber Kritikern oder für das Umbringen von Menschen, die zufällig gerade dort sind, wo eine Bombe gezündet wird. Was hat das mit Glauben, mit Gott zu tun? Ich kann mir nicht vorstellen, dass das Gottes Wille ist.

Beeindruckender finde ich, dass es immer wieder Menschen gibt, die sich für andere einsetzen. Das sind Leute, die aus dem Glauben an Gott viel Ermutigung und Kraft ziehen, auch Kraft zum Widerspruch. Das gefällt mir, denn ich wäre auch gerne so: mutig, stark, mit einer klaren Vision, was richtig und falsch ist und wo es hingeht!

Ich denke, Religion sollte dazu dienen, dass man weiß, Gott ist da und meint es gut mit uns.

Religion gibt mir auch ein Stück das Gefühl von Heimat. In der Pfarrjugend, in die ich jeden Mittwoch gehe, treffe ich meine Freunde. Ich weiß, dass wir auf einer Wellenlänge sind, weil der Glaube an Gott uns Halt im Alltag gibt. In der Gemeinschaft solcher Gleichgesinnter fühle ich mich wohl.

Religion sollte aber auch zeigen, was richtig und falsch ist im Leben. Damit meine ich solche Dinge wie Werte und Orientierung. Außerdem sollte Religion Toleranz und Achtung vor der Meinung des anderen lehren. Es kann doch nicht sein, dass wir uns gegenseitig in die Luft jagen, nur weil einer etwas anderes glaubt als ich. Ich wünsche mir Religionen ohne Unterdrückung. Stattdessen sollten Religionen helfen, dass wir Menschen die Welt ein bisschen besser hinterlassen, als sie jetzt ist.

Martin, 16 Jahre

1. Martin nennt Kritikpunkte und Punkte, die ihm an den Religionen wichtig sind. Stelle sie in einer Pro-und-Kontra-Tabelle zusammen und ergänze sie um eigene Argumente.
2. Du bist Teil einer Religionsgemeinschaft. Verfasse einen Brief und lege dar, was es für dich bedeutet, Christ/in zu sein (vgl. Methode „Brief schreiben“ S. 196).
3. Gestalte eine Collage, in der du zum Ausdruck bringst, wie du dazu beitragen kannst, die Welt ein bisschen besser zu hinterlassen (vgl. Methode „Collage herstellen“ S. 193).

Fußball – eine Religion?

Für Fans ist Fußball Kult. Seine Rituale erinnern unbewusst an einen Gottesdienst. Damit rückt Fußball in die Nähe von Religion, aber ohne Bezug zum Göttlichen.
Wie das Kirchenjahr den Gläubigen die liturgischen Tage und Hochfeste vorgibt, weist der Terminplan der Bundesligasaison die Fans auf bedeutende Ereignisse im Laufe des Jahres hin: Meisterschaftsspiele, Pokalspiele, Champions League, Europa League und, als Höhepunkte jeweils alle vier Jahre, Europa- oder Weltmeisterschaften.
Während der Saison „pilgern" an jedem Wochenende Millionen in die Stadien, die sie als „Fußballtempel" oder „Kathedralen" bezeichnen. Dort erwartet sie vor, während und nach jedem Spiel eine grandiose gottesdienstähnliche Inszenierung:
Bereits die Anfahrt bzw. der Anmarsch ins Stadion lässt sich mit einer Wallfahrt vergleichen. Busse, Straßen- oder S-Bahnen quellen über von in den Vereinsfarben gekleideten Fans, die dadurch ihre Identifizierung mit ihren Idolen („Göttern") zum Ausdruck bringen. Auf den Wegen von den Haltestellen oder Parkplätzen zum Stadion werden die Fahnen ausgepackt und geschwungen, halten die Fans ihre Schals mit beiden Händen ausgebreitet über den Köpfen. Es ertönen erste Fangesänge sowie Schmährufe an die Fans der gegnerischen Mannschaft. Nach der Einlasskontrolle geht es dann endlich ins Stadion. Die einen ziehen zu ihren Sitzplätzen auf die Tribünen, die anderen nehmen ihre Stehplätze ein, wo es auffällig viele Stammplätze gibt.
Bei der Begrüßung der Fangemeinde durch den Stadionsprecher und der Vorstellung der einzelnen Spieler haben sich die meisten Zuschauer in einer Mischung aus Andacht und Begeisterung bereits von ihren Plätzen erhoben. Die Vereinshymne wird lautstark mitgesungen. Die einlaufende Heimmannschaft wird mit Tröten, Schals, Fahnen, Gesängen und Schlachtrufen gefeiert, der Gegner entweder fair begrüßt oder gnadenlos ausgepfiffen.
Dann ertönt der Anpfiff. Viele Fans küssen zum Beginn des Spiels, vor einem Eckball oder Freistoß ihre Schals oder Trikots. Spieler, die den Platz betreten bzw. verlassen, bekreuzigen sich oder recken nach einer erfolgreichen Aktion die Zeigefinger zum Himmel. Während des Spiels werden die Mannschaften angefeuert, Fahnen und Schals geschwenkt, die Musikinstrumente eingesetzt, auf den Stehplätzen wird getanzt und es ertönen Fangesänge – in einer Art „Wechselgesang" auch zwischen den gegnerischen Lagern. Nach einem erfolgreichen Torschuss ist davon die Rede, dass dabei „Gott seine Hand im Spiel" hatte.
Am Ende eines Spiels wird wieder die Vereinshymne gesungen. Noch einmal brandet bei einem Sieg Begeisterung auf, besonders dann, wenn die Siegermannschaft sich vor ihrer Fan-Kurve aufstellt. Wer dann den ins Publikum geworfenen Ball oder ein getragenes Spieler-Trikot auffangen kann, wird diese Trophäe wie eine „Reliquie" mit nach Hause nehmen. Nach einer Niederlage werden die Fahnen und Schals zum Zeichen der Trauer eingerollt und die Fans verlassen schweigend das Stadion, bei einer deutlichen Niederlage auch vorzeitig. Ein wahrer Fan kann jedoch auch mit Niederlagen umgehen, denn die Enttäuschung macht bald der Hoffnung Platz und die Trauer wandelt sich in die Zuversicht, dass beim nächsten Spiel wieder ein Sieg möglich ist.

1. Suche aus dem Text und aus deinem eigenen Erleben nach Begriffen und Ereignissen, die Fußball als Religion und den Ablauf eines Fußballspieles wie einen Gottesdienst erscheinen lassen.

2. Beschreibe deinen letzten Besuch im Fußballstadion oder bei einem Pop-Konzert. Erstelle dazu eine Fotogeschichte (vgl. Methode „Fotogeschichte" S. 195) und reflektiere sie kritisch.

Religiöse Symbole in der Musikkultur

Geht es um popkulturelle Symbolverwurstung, ist Madonna ein Global Player: Vom christlichen Kreuz bis zur muslimischen Burka ist kein Symbol, keine Folklore vor ihr sicher. Das Kruzifix gehört seit jeher zu ihrem Outfit; dass sie sich im Rahmen ihrer aktuellen Tournee selber an eines hängt, ist letztlich nur konsequent: die Pop- als Leidensqueen, in deren Selbstinszenierung sich Ideologie und Mode zum provokanten Erscheinungsbild vermengen. Natürlich ist die Aufregung groß, seitdem der Popstar am vorvergangenen Sonntag in Rom auftrat. Der römische Kardinal Ersilio Tonini sprach von einem „Akt offener Feindseligkeit", das Erzbistum Köln ereiferte sich über die Freiheit der Kunst (...). Das Martyrium dauert dabei nur rund vier Minuten: Solange hängt Madonna am Kreuz, bis sie herabsteigt und sich auf die Bühne legt. Immer noch lang genug, um hierzulande sogar die Gesetzeshüter auf den Plan zu rufen. Ermittelt wird jetzt aber doch nicht, heißt es heute aus der Rheinstadt. Es liege kein Anfangsverdacht für eine Straftat vor, so Johannes Mocken, der Sprecher der Düsseldorfer Staatsanwaltschaft heute. Die Szene habe zwar vermutlich die religiösen Gefühle von Menschen verletzt, eine Verhöhnung von Bekenntnissen und Religionsgemeinschaften im strafrechtlichen Sinne liege aber nicht vor.
So kann sie also ihre Mission fortsetzen, die Pop-Aktivistin (...). Kann per Video Terroristen und politische Schurken in die Arena zitieren, ihre Tänzer mit jüdischen und muslimischen Symbolen dekorieren und abhängen an eben jenem gefliesten Kreuz, das einen „Welt"-Reporter an einen „Märtyrer im Swimmingpool" denken ließ. Und man weiß ja: Im Planschbecken der Provokationen bewegt sich Madonna wie ein Fisch im Weihwasser.

dan/ddp/dpa

Popstar Madonna am Kreuz

1. Arbeite die Kritikpunkte heraus, welche im Zeitungsbericht am Verhalten der Popsängerin Madonna geübt werden.
2. Führt eine Pro-und-Kontra-Diskussion über die Verwendung religiöser Symbole in der Musik. Bezieht verschiedene Musikstile in die Diskussion ein (vgl. „Methode Pro-und-Kontra-Streitgespräch" S. 199).
3. Stelle weitere in unserer Gesellschaft auftretende „quasireligiöse" Phänomene (z. B. Popkultur, Filmstars, Gebäude großer Firmen oder Banken, Luxushotels ...) zusammen und beziehe dazu Stellung.

Gemeinsame Beiträge der Religionen für die Welt von morgen

Gemeinsame Probleme erfordern gemeinsame Anstrengungen

20 % der Weltbevölkerung beanspruchen etwa 80 % der globalen Ressourcen. – Um den Zugang zu Wasser, landwirtschaftlichen Flächen und Bodenschätzen entbrennen immer wieder Konflikte und Kriege. – Der Unterschied zwischen Arm und Reich nimmt in vielen Ländern sowie weltweit zu. – Es gibt einen Teufelskreis der Unterentwicklung bestehend aus Armut, politischer Instabilität, Überschuldung, Gewalt, Verletzungen der Menschenrechte, Misswirtschaft, Korruption und armutsbedingtem Raubbau an der Natur. – Der Lebenswandel der Industrieländer verbraucht immer mehr Ressourcen und beeinträchtigt das Wohl zukünftiger Generationen. – Viele Probleme der heutigen Welt sind nicht mehr von einer Nation alleine zu lösen …

1. Nenne Schwierigkeiten, die einem friedlichen Zusammenleben der Menschheit im Weg stehen.
2. Die Welt braucht ein Gleichgewicht. Stelle den Problemen der Menschheit mögliche Reaktionen und Ziele gegenüber, indem du ein Mobile dazu skizzierst oder gestaltest (vgl. Methode „Mobile gestalten“ S. 194).

Religionen geben Orientierung und weisen den Weg

Welt und Religion – was haben sie miteinander zu tun? Hat der Glaube Auswirkungen auf den Alltag, auf die Gestaltung der Welt? – Menschen antworten heute sehr unterschiedlich auf diese Fragen. Doch wer seinen Glauben ernst nimmt, der sucht auch Wege, die Welt in einem guten Sinn mitzugestalten. Anregungen dazu finden sich in vielen Veröffentlichungen des Papstes und der deutschen Bischöfe in den letzten Jahren.

Papst Benedikt XVI. schreibt in „Caritas in Veritate“:

(7) Jemanden lieben heißt sein Wohl im Auge haben und sich wirkungsvoll dafür einsetzen. Neben dem individuellen Wohl gibt es eines, das an das Leben der Menschen in Gesellschaft gebunden ist: das Gemeinwohl. Es ist das Wohl jenes „Wir alle“, das aus einzelnen, Familien und kleineren Gruppen gebildet wird, die sich zu einer sozialen Gemeinschaft zusammenschließen. Es ist nicht ein für sich selbst gesuchtes Wohl, sondern für die Menschen, die zu der sozialen Gemeinschaft gehören und nur in ihr wirklich und wirkungsvoller ihr Wohl erlangen können. Das Gemeinwohl wünschen und sich dafür verwenden ist ein Erfordernis von Gerechtigkeit und Liebe.
(10) Die Kirche hat keine technischen Lösungen anzubieten und beansprucht keineswegs, „sich in die staatlichen Belange einzumischen“. Sie hat aber zu allen Zeiten und unter allen Gegebenheiten eine Sendung der Wahrheit zu erfüllen für eine Gesellschaft, die dem Menschen und seiner Würde und Berufung gerecht wird.

Die Deutsche Bischofskonferenz betont in ihrer Schrift „Gerechter Friede“:

(163) Die Kirche wirkt als Sakrament des Friedens, indem sie alle rassischen, nationalen, ethnischen und auch sozialen Grenzen überschreitet und jene Barrieren überwindet, die Menschen voneinander trennen und oft genug zu Feinden machen.

Benedikt XVI. verkündet in „Gott ist die Liebe“:

(28) Die Kirche kann nicht und darf nicht den politischen Kampf an sich reißen, um die möglichst gerechte Gesellschaft zu verwirklichen. Sie kann und darf nicht sich an die Stelle des Staates setzen. Aber sie kann und darf im Ringen um Gerechtigkeit auch nicht abseits bleiben. Sie muss auf dem Weg der Argumentation in das Ringen der Vernunft eintreten, und sie muss die seelischen Kräfte wecken, ohne die Gerechtigkeit, die immer auch Verzichte verlangt, sich nicht durchsetzen und nicht gedeihen kann. Die gerechte Gesellschaft kann nicht das Werk der Kirche sein, sondern muss von der Politik geschaffen werden. Aber das Mühen um die Gerechtigkeit durch eine Öffnung von Erkenntnis und Willen für die Erfordernisse des Guten geht sie zutiefst an.
(29) Die unmittelbare Aufgabe, für eine gerechte Ordnung in der Gesellschaft zu wirken, kommt dagegen eigens den gläubigen Laien zu. Als Staatsbürger sind sie berufen, persönlich am öffentlichen Leben teilzunehmen. Sie können daher nicht darauf verzichten, sich einzuschalten „in die vielfältigen und verschiedenen Initiativen auf wirtschaftlicher, sozialer, gesetzgebender, verwaltungsmäßiger und kultureller Ebene, die der organischen und institutionellen Förderung des Gemeinwohls dienen“.

1. Papst Benedikt XVI. und die Bischöfe sehen die Kirche in der Verantwortung, wenn es um die Zukunft der Menschheit geht. Nenne Stichworte, die ihnen dabei besonders wichtig sind.
2. Vollende den Satz: Als Christ zu leben bedeutet für mich …

Religionen gemeinsam auf dem Weg

Friedenstreffen der Weltreligionen in Krakau 2009

Aus dem Offenen Brief von 138 muslimischen Theologen an Papst Benedikt XVI. und die ganze Christenheit im Oktober 2007:

Zwischen Ihnen und uns

Die Suche nach Gemeinsamkeiten zwischen Muslimen und Christen ist nicht einfach eine Frage des höflichen ökumenischen Dialogs zwischen ausgewählten religiösen Führern. Das Christentum und der Islam sind die größte beziehungsweise die zweitgrößte Religion in der Welt und in der Geschichte. Christen und Muslime stellen nachweislich mehr als ein Drittel beziehungsweise mehr als ein Fünftel der Menschheit. Gemeinsam machen sie 55 Prozent der Weltbevölkerung aus, und damit ist die Beziehung zwischen diesen beiden Religionsgemeinschaften der wichtigste Faktor, um zu einem bedeutungsvollen Frieden auf der ganzen Welt beizutragen. Wenn Muslime und Christen nicht miteinander im Frieden leben, kann es auf der Welt keinen Frieden geben. Angesichts der schrecklichen Waffen auf der Welt, angesichts der nie zuvor dagewesenen Verflechtung zwischen Muslimen und Christen kann keine Partei einseitig einen Konflikt gewinnen, in den mehr als die Hälfte der Weltbevölkerung involviert sein würde. Deshalb geht es um unsere gemeinsame Zukunft.

Vielleicht steht sogar das reine Überleben der Welt auf dem Spiel.
Und all diejenigen, die dessen ungeachtet um ihrer eigenen Zwecke Willen in Konflikten und Zerstörung schwelgen oder der Ansicht sind, letztendlich aus diesen Gewinn ziehen zu können, wollen wir sagen, dass auch unsere unsterblichen Seelen auf dem Spiel stehen, wenn wir keine ernsthaften Anstrengungen unternehmen, miteinander in Frieden und Harmonie zu leben. (...) Deshalb sollten unsere Differenzen nicht zu Hass und Streit zwischen uns führen. Lasst uns vielmehr miteinander um Rechtschaffenheit und gute Werke wetteifern. Lasst uns einander respektieren, lasst uns fair, gerecht und freundlich zueinander sein, lasst uns in einem echten Frieden, in Harmonie und in gegenseitigem Wohlwollen miteinander leben.

Dr. Dieter Graumann, Präsident des Zentralrats der Juden in Deutschland anlässlich des Besuches von Papst Benedikt XVI. in Deutschland im September 2011:

Die Kontakte zwischen der jüdischen Gemeinschaft in der Bundesrepublik und der katholischen Kirche hierzulande sind ganz besonders vielfältig, vertrauensvoll und eng. Doch nichts ist so gut, dass es nicht auch noch besser, herzlicher und produktiver sein könnte. Denn nun müssen wir den Dialog noch weiter vertiefen, einen Dialog, der als Gespräch unter Gleichen von gegenseitigem Respekt und von Akzeptanz geprägt ist. Freundschaft und brüderlicher Umgang zwischen Juden und Christen wundern heute niemanden mehr, und das ist gut so. Es ist zu wünschen, dass sie immer mehr zu einer Selbstverständlichkeit werden und es auch für alle Zeit bleiben.

Rede des Dalai-Lama bei der UNO-Weltkonferenz für Umwelt und Entwicklung in Rio de Janeiro, Juni 1992:

Um den Herausforderungen unserer Zeit gerecht zu werden, müssen wir Menschen ein tieferes Empfinden von universeller Verantwortlichkeit entwickeln. Jeder von uns muss lernen, nicht nur für sich selbst, die Familie oder das Land zu arbeiten, sondern für das Wohlergehen der gesamten Menschheit. Universelle Verantwortlichkeit ist der eigentliche Schlüssel für ein Überleben des Menschen. Sie ist die sicherste Grundlage für den Weltfrieden, den ausgleichenden Umgang mit natürlichen Ressourcen durch die Vorsorge für zukünftige Generationen und für ein angemessenes eigenes Umweltverhalten.
Ob wir das nun mögen oder nicht: Wir sind auf dieser Erde geboren als Teil einer großen Familie. Reich oder arm, gebildet oder ungebildet, der einen oder anderen Nation, Religion oder Ideologie angehörend – letztlich ist jeder von uns genauso ein menschliches Lebewesen wie andere auch. (…) Die Notwendigkeit des Gefühls einer universellen Verantwortung lässt sich in jedem Bereich des menschlichen Lebens erkennen. (…) Wir können nicht länger rassische oder ideologische Barrieren, die uns trennen, vorschieben, ohne zerstörerische Rückschläge zu erleiden. Im Kontext unserer neuen Abhängigkeit erkennen wir, dass die Einbeziehung der Interessen anderer sicherlich die beste Art ist, sich selbst zu nutzen.

1. Die Vertreter der Religionen sehen Herausforderungen für die Zukunft im Blick auf das Miteinander der Religionen und im Blick auf ihr Engagement für die Welt. Fasse in eigenen Worten zusammen, welche.
2. Überlege, welche Vorteile und welche Schwierigkeiten das Zusammenarbeiten der Religionen mit sich bringt.

Sri Sri Ravi Shankar ist Indiens populärster spiritueller Lehrer und einer der bekanntesten Hindus der Welt. Shankar war nominiert für den Friedensnobelpreis.
Interview in DIE ZEIT mit Sri Sri Ravi Shankar, Juni 2011:

DIE ZEIT: Sie als Hindu waren immer politisch aktiv. Sie sprechen auf Weltfriedenskonferenzen. Sie schlichten religiös motivierte Konflikte. Und neben Ihren Anti-Stress-Programmen für Industrie und Handel haben Sie Schulprojekte für Indien entwickelt, die von der Unicef anerkannt sind. Was lehren Sie da?
Sri Sri: Dialog. Ich komme ja aus der Tradition Mahatma Gandhis, und als ich Kind war, gab es schon interreligiöse Gebete. Ich lernte gleich ein wenig über die Bibel, den Islam, den Buddhismus. Ich musste mich nie anstrengen, den Glauben anderer zu akzeptieren, denn ich bin mit diesen Unterschieden aufgewachsen. (…)
DIE ZEIT: Was kann die moderne Welt von den fernöstlichen Religionen lernen?
Sri Sri: Friedliche Koexistenz. Die Welt hat zehn große Religionen, vier aus dem Nahen und sechs aus dem Fernen Osten. Die vier – Judentum, Christentum, Islam, Bahaismus – haben abrahamitische Wurzeln. Aber die sechs – Hinduismus, Buddhismus, Sikhismus, Jainismus, Taoismus, Konfuzianismus – sind ganz unterschiedlich, trotzdem gab es zwischen ihnen nie große Konflikte. Daran kann die Welt sich orientieren. Wenn ich zum Beispiel sehe, was in Israel und Palästina geschieht, das schmerzt mich. Israelis sind täglich in Gefahr, Palästinenser leiden. Alles ist beherrscht von Angst und Aggression. Es fehlt eine Brücke.
DIE ZEIT: Sie selber haben sich mittlerweile auch schon in den Konflikt eingemischt.
Sri Sri: Ja, denn ich sehe mich als Brückenbauer.

Die Weltreligionen auf dem Weg zu einer friedlichen Welt

Die weit überwiegende Mehrheit der Menschen sehnt sich nach Frieden. Das belegen alle wissenschaftlichen Umfragen und Untersuchungen. Die Wirklichkeit aber sieht anders aus. Wir leben in einer Welt voller Konflikte und Kriege. Die Nachrichtensendungen berichten täglich davon. Das 20. Jahrhundert erlebte die beiden größten Kriege der Geschichte. Und bis heute gibt es Krieg in vielen Ländern der Erde.
Angesichts dieser Situation stellte sich der Theologe Hans Küng die Frage, welchen Beitrag die Weltreligionen zur Erlangung des Weltfriedens leisten können.
Als Direktor des Instituts für Ökumene an der Universität Tübingen erforschte Küng die großen Weltreligionen und traf mit Vertretern aus anderen Weltreligionen zusammen. Dabei zeigte sich immer deutlicher, dass es trotz vieler Verschiedenheiten Übereinstimmung in grundlegenden Fragen des menschlichen Zusammenlebens gibt. In allen Religionen existieren gemeinsame elementare Werte, Maßstäbe und Haltungen. So haben zum Beispiel alle Weltreligionen die „Goldene Regel" und wichtige ethische Grundsätze gemeinsam.
Seit 1993 gibt es immer wieder Versammlungen von Vertretern der Weltreligionen, an denen auch Hans Küng teilnahm. Es geht diesem „Parlament der Weltreligionen" nicht darum, Verschiedenheiten und Unterschiede der Religionen zu betonen, sondern die gemeinsamen ethischen Grundlagen zu entdecken und für den weltweiten Frieden nutzbar zu machen.
Um dieses Anliegen zu fördern und zu unterstützen, gründete Hans Küng 1995 die Stiftung „Weltethos". Ziel dieser Stiftung ist es, einen Bewusstseinswandel zu erreichen. Die Stiftung „Weltethos" will

- Neugierde auf andere Kulturen wecken, Wissen über die eigene und über fremde Kulturen weitergeben,
- helfen, Vorurteile abzubauen,
- Werte vermitteln, die für ein gutes Zusammenleben notwendig sind,
- ein Bewusstsein dafür schaffen, dass es in den verschiedenen Religionen gemeinsame Werte gibt, auch wenn diese Werte von den einzelnen Religionen unterschiedlich begründet werden.

Um diese Ziele zu erreichen, engagiert sich die Stiftung im Bereich Erziehung und Schule, aber auch in Wirtschaft und Politik. Außerdem pflegt sie internationale Kontakte zu Partnerstiftungen weltweit.
Kritiker haben Hans Küng vorgeworfen, dass das Projekt „Weltethos" auf eine Einheitsreligion für alle hinauslaufen könnte. Dem ist entgegen zu halten, dass die Stiftung „Weltethos" nicht die Einheit oder Vereinheitlichung der Weltreligionen beabsichtigt. Das Projekt „Weltethos" will auch keine Ersatzreligion sein. Es zielt darauf, die gemeinsamen ethischen Grundlagen in den Weltreligionen zu entdecken. Die Gemeinsamkeiten im Ethos bilden dann die Basis, um sich gemeinsam für Frieden einzusetzen: zwischen den Menschen, die unterschiedlichen Religionen angehören, zwischen den Menschen unterschiedlicher Herkunft und Kultur, zwischen den Menschen weltweit.

1. Führt eine Schreibmeditation zum Stichwort Frieden durch (vgl. Methode „Schreibmediation" S. 199).
2. Sammle Artikel und Schlagzeilen aus der Zeitung, die die Aussage belegen, dass die Welt Frieden braucht.
3. Informiert euch über „Weltethos" und das Anliegen von Hans Küng anhand der Internetseite der Stiftung.

Die „Goldene Regel“ in den Weltreligionen

Man sollte sich gegenüber anderen nicht in einer Weise benehmen, die für einen selbst unangenehm ist; das ist das Wesen der Moral.

Mahabharata XII 114,8

Alles, was ihr also von anderen erwartet, das tut auch ihnen! Darin besteht das Gesetz und die Propheten.

Matthäus 7,12

Keiner von euch ist ein Gläubiger, solange er nicht seinem Bruder wünscht, was er sich selber wünscht.

40 Hadithe an Nawawi 13

Tue nicht anderen, was du nicht willst, dass sie dir tun.

Rabbi Hillel, Sabbat 31a

Ein Zustand, der nicht angenehm oder erfreulich für mich ist, soll es auch nicht für ihn sein; und ein Zustand, der nicht angenehm oder erfreulich für mich ist, wie kann ich ihn einem anderen zumuten?

Samyutta-Nikaya V. 353.35–354.2

1. Stelle dir vor, alle Menschen hielten sich tatsächlich an die „Goldene Regel“. Beschreibe, wie sich die Welt dadurch verändern würde. Beziehe in deine Überlegungen die auf den Fotos dargestellten Kinder mit ein.

Das Gesicht der Welt verändern

Das „Parlament der Weltreligionen" verabschiedete 1993 eine Erklärung zum Weltethos. Hans Küng stellte die darin enthaltenen ethischen Weisungen in einer Rede vor der UN-Vollversammlung 2001 vor:

„Was ist dann die Basis für ein Weltethos, wie es Menschen aus allen großen Religionen und ethischen Traditionen teilen können?

Erstens das Prinzip der Menschlichkeit: ‚Jeder Mensch – ob Mann oder Frau, weiß oder farbig, reich oder arm, jung oder alt – muss menschlich behandelt werden'. Noch deutlicher ausgedrückt ist dies in der ‚Goldenen Regel' der Gegenseitigkeit: ‚Was du nicht willst, das man dir tu, das füge auch keinem anderen zu.' Diese Prinzipien werden in vier zentralen Lebensbereichen entfaltet und rufen jeden Menschen, jede Institution und jede Nation dazu auf, ihre Verantwortung wahrzunehmen:

- für eine Kultur der Gewaltlosigkeit und der Ehrfurcht vor allem Leben,
- für eine Kultur der Solidarität und eine gerechte Wirtschaftsordnung,
- für eine Kultur der Toleranz und ein Leben in Wahrhaftigkeit,
- für eine Kultur der Gleichberechtigung und die Partnerschaft von Mann und Frau.

Gerade im Zeitalter der Globalisierung ist ein solch globales Ethos absolut notwendig. Denn die Globalisierung von Wirtschaft, Technologie und Kommunikation führt auch zu einer Globalisierung von Problemen auf der ganzen Welt, die uns zu überwältigen drohen: Probleme im Umweltbereich, der Atomtechnologie und der Gentechnologie, aber auch im globalisierten Verbrechen und Terrorismus. In einer solchen Zeit ist es dringend nötig, dass die Globalisierung von Wirtschaft, Technologie und Kommunikation von einer Globalisierung des Ethos unterstützt wird. Mit anderen Worten: Die Globalisierung braucht ein globales Ethos, nicht als zusätzliche Last, sondern als Grundlage und Hilfe für die Menschen, für die Zivilgesellschaft."

Es hat eine große Bedeutung für die Geschichte der Menschheit, dass das Parlament der Weltreligionen auf ein Weltethos hinarbeitet. Von Herzen begrüße ich die Idee „der Harmonie der Religionen und der modernen Welt". Der Dialog zwischen den verschiedenen Religionen ist von großer Bedeutung, das gegenseitige Verständnis der Menschen zu fördern und zu einer besseren Zukunft der Welt beizutragen.

Hajime Nakamura, Professor der Universität Tokio und einer der bedeutendsten Historiker des Buddhismus

Selbst wenn sich die Religion des Juden von der des Muslimen, des Christen oder des Buddhisten unterscheidet, haben sie doch etwas gemein: die Möglichkeit und Notwendigkeit, sich auf ein und dieselbe Ethik zu einigen – nämlich auf eine Ethik, die der Menschheit Ehre macht und dadurch auch dem Schöpfer.

Elie Wiesel, Schriftsteller jüdischer Herkunft, Träger des Friedensnobelpreises

Das weltweite menschliche Ethos, das, wie die Erklärung des Parlamentes der Weltreligionen betont, die Menschheit vor dem Untergang retten kann, ist auch das für alle Menschen verbindliche Ethos, das im Zentrum der islamischen Lehre steht.

Mahmoud Zakzouk, Dekan der Fakultät für Islamische Theologie an der Al-Azhar-Universität in Kairo

1. Kläre die Begriffe „Kultur" und „Ethos".
2. Sammle Argumente, die für ein gemeinsames Weltethos sprechen. Lass dich dabei von den Aussagen der Vertreter der verschiedenen Weltreligionen anregen.
3. Hans Küng nennt vier Prinzipien, nach denen die Menschheit leben soll. Formuliere sie in konkrete Handlungsanweisungen um für a) Politiker, b) Menschen unterschiedlicher Kulturen, die in einem Land zusammenleben, c) deinen Alltag.

Religionen beten für den Frieden

Meldung von Radio Vatikan am 1.1.2011:

Zur allgemeinen Überraschung hat Papst Benedikt an diesem Samstag ein neues Friedensgebet der Religionen in Assisi angekündigt. Damit greift er eine Initiative seines Vorgängers Johannes Paul auf, als deren Kritiker der heutige Papst eigentlich immer gegolten hatte. Die großen Religionen könnten „ein wichtiger Faktor der Einheit und des Friedens für die Menschheitsfamilie" sein, meinte Benedikt XVI. bei seinem Angelusgebet zur Begründung von Assisi II.

„In diesem Jahr 2011 jährt sich zum 25. Mal das Friedensgebet, zu dem Johannes Paul II. 1986 nach Assisi eingeladen hatte. Darum werde ich im kommenden Oktober in die Stadt des heiligen Franziskus pilgern, um an diese historische Geste meines Vorgängers zu erinnern und feierlich den Einsatz der Gläubigen aller Religionen zu bekräftigen, den eigenen Glauben als Dienst am Frieden zu leben. Ich lade alle christlichen Brüder der verschiedenen Konfessionen, die Vertreter der religiösen Traditionen der Welt und ideell alle Menschen guten Willens dazu ein, sich diesem Weg anzuschließen."

Im Rückblick war das Friedensgebet der Religionen von 1986 von einigen kritisiert worden: Es habe in gewisser Hinsicht so getan, als ob die Gläubigen aller Kirchen und Religionen zusammen beten könnten. Das verdecke, dass sich die Kirchen und Religionen oft in ihrem Gottes- und auch in ihrem Menschenbild stark unterscheiden. Auch Kardinal Joseph Ratzinger, der heutige Papst Benedikt, war von vielen diese Ansicht zugeschrieben worden. Die heutige Ankündigung hat daher etwas durchaus Spektakuläres. Nach den Attentaten des 11. September 2001 hatte Johannes Paul II. ein weiteres Friedensgebet in Assisi durchgeführt. Dabei wurde 2002 streng darauf geachtet, dass es nicht zu synkretistischen [die Besonderheiten der einzelnen Glaubensgemeinschaften aufhebenden] Szenen kam. Die Franziskaner von Assisi haben an diesem Samstag „mit Freude und Dankbarkeit" auf die Ankündigung eines neuen Friedensgebets im nächsten Oktober reagiert.

Weltgebetstreffen am 28. Oktober 1986 in Assisi mit Papst Johannes Paul II. vor der Portiunkulakapelle in der Kirche Santa Maria degli Angeli. Für den Frieden beteten Vertreter aller großen Weltreligionen, kirchlicher Gemeinschaften und Naturreligionen.

1. Nenne Gründe, die Papst Benedikt XVI. bewegt haben, zum Friedensgebet nach Assisi einzuladen.
2. Formuliere Argumente, die Kritiker gegen ein solches Friedensgebet vorbringen könnten. Erarbeite dazu Gegenargumente.
3. Gestaltet in eurer Klasse ein Friedensgebet. Verdeutlicht eure Aussagen durch passende Symbole (vgl. Methode „Gebet verfassen" S. 190).

Meinen Beitrag zum Frieden leisten

Die deutschen Diözesen bieten jungen Menschen die Möglichkeit, im Ausland im Sinne der Völkerverständigung zu arbeiten. Sowohl die Erzdiözese Freiburg als auch die Diözese Rottenburg-Stuttgart haben Fachstellen eingerichtet, die jungen Erwachsenen Einsatzorte im Ausland vermitteln, wo sie ein Jahr lang mitleben und mitarbeiten können. Die Fachstellen beraten die Freiwilligen (Volontäre) bei der Wahl des Projektes, bereiten sie vor, begleiten sie und werten mit ihnen das Jahr am Ende aus.

Die Erzdiözese Freiburg entsendet ihre Freiwilligen als „Schalomboten" z. B. nach Nordirland und nach Israel. In Rundbriefen berichten die Volontäre von ihren Erfahrungen und halten so Kontakt zu ihren Unterstützern. Das können Kirchengemeinden, Verbände oder auch Privatpersonen sein.

Johannes schreibt von seinem Aufenthalt in Israel:

Liebe Schalomgemeinde,
ich bin jetzt schon seit fast drei Monaten in meiner Einsatzstelle in Israel und trotzdem kommt mir die Zeit, die seit meiner Ankunft vergangen ist, viel kürzer vor …
Tabgha liegt direkt am See Gennesaret und es ist eigentlich kein richtiger Ort, sondern ein deutsches Benediktinerkloster, in dem nur fünf Mönche dauerhaft wohnen. Die Kirche des Klosters ist die sogenannte Brotvermehrungskirche, in der sich auch das berühmte Mosaik der Brotvermehrung befindet.
Aus diesem Grund kommen viele Pilger nach Tabgha, in der Hochsaison sind es so um die 3.000 pro Tag. Einige der Volontäre hier in Tabgha arbeiten in einem Souvenirshop für die Pilger.
Die anderen Volontäre, darunter auch ich, arbeiten auf der sogenannten Begegnungsstätte. Auf diesem Gelände haben Gruppen – zum Teil mit körperlich oder geistig Behinderten – aus verschiedenen Kulturen (Israelis, Palästinenser, Deutsche) und Religionen (Muslime, Juden, Christen) die Möglichkeit Urlaub zu machen. Dadurch, dass Gruppen aus verschiedenen Kulturen gleichzeitig auf der Begegnungsstätte sind und sich z. B. den Pool (ein aufgestauter Bach) und das Gelände teilen, soll hier die interkulturelle Begegnung gefördert werden. …
Auch wir Volontäre sollen in Kontakt mit den verschiedenen Gruppen kommen und so war es z.B. schon mal für einen Vormittag unsere Aufgabe, mit einer Gruppe Kinder aus dem SOS-Kinderdorf Betlehem im Pool zu spielen.

Du bist fröhlich und kontaktfreudig.
Du bist aufgeschlossen für Neues.
Du glaubst an Gott und möchtest als Christ die Welt mitgestalten.
Du möchtest andere Kulturen kennenlernen und kannst dich auf einen einfachen Lebensstil einlassen.
Du bist mindestens 18 Jahre alt und hast die Schule beendet.
Dann bist DU möglicherweise genau der Richtige/die Richtige für einen **Weltkirchlichen Friedensdienst!**

Auch die Diözese Rottenburg-Stuttgart vermittelt Einsatzorte für den Weltkirchlichen Friedensdienst. Sie liegen in Afrika, Lateinamerika und Asien. Cornelia war für ein Jahr in Thailand. Sie berichtet:

rnelia mit nem budd-stischen önch.

Ich habe in Pattaya gelebt, einer zwar bunten, aber auch sehr gegensätzlichen und teils hässlichen Großstadt. In dieser „Hauptstadt des Sextourismus", nur etwa 160 km von der Hauptstadt Bangkok entfernt, unterrichtete und half ich in einem Tageszentrum für Frauen. Viele von ihnen arbeiteten als Prostituierte oder waren sonst irgendwie vom Sextourismus betroffen. Im obersten Stockwerk des „Fountain of Life Center" lebte ich gemeinsam mit Freiwilligen aus vielen Ländern und einigen Thai-Mitarbeiterinnen in einer Wohngemeinschaft und wir wurden bald gute Freunde. Dadurch lernte ich die mir völlig fremde und stark vom Buddhismus geprägte Kultur sehr schnell kennen und auch lieben.
Besonders intensiv erlebte ich die buddhistische Kultur an meinem Geburtstag, nur zwei Wochen nach meiner Ankunft. Um diesen besonderen Tag auf Thai-Art zu begehen, bin ich schon frühmorgens mit zwei Thailänderinnen auf den Markt gegangen, um den dort bettelnden Mönchen Lebensmittel und etwas Geld zu opfern. Für mich als Europäerin war es ungewöhnlich, mitten auf einer belebten Straße aus den Schuhen zu schlüpfen und sich vor einem Mönch hinzuknien.
Man übergibt ihm das mitgebrachte Obst, den Reis, die Milch, Geld … und erhält einen Segen. In diesem bittet er Buddha, dass die Wünsche der Person vor ihm in Erfüllung gehen.
Songkran ist das thailändische Neujahrsfest. Es dauert eine Woche (im April!), wird aber in den verschiedenen Regionen Thailands jeweils nur zwei oder drei Tage lang gefeiert. Um sich ein frohes und glückliches neues Jahr zu wünschen, übergießt man sich gegenseitig mit Wasser und schmiert sich eine weiße Masse aus Puder, Öl und Wasser ins Gesicht. Das Ganze artet natürlich immer in eine große Wasserschlacht aus. Zu Fuß oder mit einem offenen Fahrzeug kommt man in diesen Tagen so gut wie nie trocken ans Ziel.
Natürlich haben wir auch bei uns im Zentrum das Fest mit den Frauen ganz ausgelassen begangen. Christen (die Ordensschwestern des Zentrums und die Freiwilligen) und Buddhisten feierten gemeinsam – wie eigentlich jedes christliche und buddhistische Fest.

1. Diskutiert über die Vor- und Nachteile, die der Weltkirchliche Friedensdienst für junge Erwachsene mit sich bringt.
2. Formuliere Gründe für die Unterstützung dieser Friedensdienste durch die Kirche.
3. Informiere dich über die Freiwilligendienste deiner Diözese auf der Homepage der Fachdienste Diözese Rottenburg-Stuttgart: www.bdkj.info/freiwilligendienste; Erzdiözese Freiburg: www.fsj.kja-freiburg.de (vgl. Methode „Internetrecherche" S. 189).

Kennst du dich aus?

1. **Wähle eine der Weltreligionen aus und gestalte zu ihr eine Collage** (vgl. Methode „Collage herstellen“ S. 193).

2. **Was wäre, wenn es die Weltreligionen in der Vergangenheit nicht gegeben hätte? Erstelle eine Liste.**

3. **Stell dir vor, es findet eine Friedenskonferenz von Vertretern der verschiedenen Weltreligionen statt. Formuliere aus ihrer Perspektive zehn Wünsche an die mächtigsten Staaten der Welt.**

4. **Beschreibe in Form von Thesen die Bedeutung der Religion für Gesellschaft und Kultur der Weltgemeinschaft und für das persönliche Leben der einzelnen Menschen.**

6. Evaluation

Satzergänzung

Manchmal ist es für Lehrer und Schüler gut, wenn die Schüler sich über den Unterricht und die Themen eines bestimmten Zeitraumes ein Urteil bilden. Dazu kann der Lehrer euch Satzanfänge zu verschiedenen Aspekten des Unterrichts vorgeben, die ihr ergänzen sollt. Die Satzanfänge werden entweder auf einer Overhead-Folie präsentiert oder auf einem Blatt abgedruckt. Ihr werdet gebeten, die Sätze sinnvoll zu ergänzen, z. B.:
„Mir hat am Unterricht gefallen, dass …"
„Die schönste Stunde war für mich …"
„Ich habe mich gefreut, dass …"
„Verbessern könnte man …"
„Gar nicht gefallen hat mir …"
„Mir wurde im Religionsunterricht klar, dass …"
Ihr könnt die Satzenden aller Schüler – geordnet oder ungeordnet – als Wandplakat gestalten. Überlegt mit dem Lehrer, welche Veränderungen eure Satzergänzungen für die Unterrichtsarbeit nach sich ziehen sollten.

Stimmungsbarometer

Mit Hilfe des Stimmungsbarometers können sich Lehrer und Schüler einen Überblick über die „Stimmung" innerhalb einer Klasse zu einer bestimmten Frage, einem Erlebnis usw. verschaffen. Unterschiedliche Wahrnehmungen werden mit geringem Zeitaufwand sowohl für den Lehrer als auch für euch sichtbar gemacht.

Variante a:

- In die Ecken des Raumes werden vier Gesichter oder vier Stichwörter gehängt, die unterschiedliche Stimmungen widerspiegeln, welche euer Erleben während einer Unterrichtsstunde oder einer Reihe von Unterrichtsstunden wiedergeben.

- Ihr werdet gebeten, euch zu dem Gesicht oder Stichwort zu stellen, das euer Erleben am besten wiedergibt.
- Die Gruppen, die sich auf diese Weise bilden, erklären kurz, warum sie sich zum entsprechenden Gesicht/Stichwort gestellt haben.

Variante b:

- Im Raum werden zwei Pole markiert mit der Bezeichnung

Stimmung gut **Stimmung schlecht**

- Ihr verteilt euch im Raum, je nachdem, wie weit ihr euch von den jeweiligen Polen entfernt fühlt.
- Danach könnt ihr eure Begründungen austauschen.

Papierkorb und Schatzkästlein

Der Lehrer präsentiert euch einen Papierkorb, in den man alles Unangenehme und Ärgerliche hineinwerfen kann, und ein Schatzkästlein, in dem alle schönen Eindrücke und Erinnerungen aufbewahrt werden können. Ihr könnt angenehme und unangenehme Aspekte des Unterrichts/der Schule benennen. Diese werden vom Lehrer jeweils auf einem Zettel festgehalten und in den Papierkorb geworfen bzw. ins Schatzkästlein gelegt. Anschließend werden die Inhalte der beiden Behälter getrennt voneinander vorgelesen und die Klasse kann sich darüber unterhalten, wie künftig solcher Müll vermieden, die Schätze jedoch gehegt bzw. weitere gesammelt werden können. Die Zettel werden aufbewahrt und können später wieder hervorgeholt werden, um zu besprechen, was aus den Vorsätzen geworden ist.

Ich und meine Klasse

Der folgende Fragebogen soll euch helfen wahrzunehmen, wie eure Klasse „funktioniert“. Kreuzt anonym die zutreffenden Kästchen an. Wertet die Fragebögen aus, indem ihr auf einer Folie des Fragebogens die Anzahl der angekreuzten Kästchen eintragt. Was könnt ihr tun, um das Zusammenleben in eurer Klasse zu verbessern?

	trifft voll zu	trifft stark zu	trifft teilweise zu	trifft wenig zu	trifft nicht zu
Wir achten uns gegenseitig.					
Ich komme gut mit den Schülern in meiner Klasse aus.					
Wir helfen uns gegenseitig.					
Ich fühle mich in meiner Klasse wohl.					
Der Unterricht in meiner Klasse macht mir Spaß.					
Ich werde beim Lernen durch meine Klasse gestört.					
Hier kämpft jeder allein, um für sich selbst eine bessere Note oder einen Vorteil zu erringen.					
Wir treffen uns auch außerhalb der Schule, um gemeinsame Dinge zu tun.					
In der Klasse fällt es leicht, Freiwillige zu finden, wenn zusätzliche Aufgaben zu erledigen sind.					

Stärken erkennen

Im Abstand von ca. vier Wochen kann euch der Lehrer jeweils ca. zehn Minuten Gelegenheit geben, mit Datum eure persönlichen Stärken und Erfolge, die ihr während einer Anzahl von Unterrichtsstunden bei euch festgestellt habt, in Stichpunkten zu notieren.

- Was hast du für dich neu erkannt/entdeckt?
- Welche Stärken hast du in den Unterricht eingebracht?
- Wo bist du weitergekommen?
- Was kannst du im Moment richtig gut?

Du hast das Recht, deine ganz persönlichen Maßstäbe für den Erfolg zu setzen. Ihr könnt eure Stärken und Erfolge auch den anderen vorstellen. Dabei darf keine Kritik geübt werden.

Verhalten bei der Gruppenarbeit

Was in der Gruppenarbeit unter den Schülern so alles „passiert", bleibt oft unsichtbar. Deshalb ist es gut, wenn sich Schüler ab und zu über ihre Rolle bei der Gruppenarbeit klar werden. Der kleine Fragebogen soll dir dabei helfen.

	trifft voll zu	trifft stark zu	trifft teilweise zu	trifft wenig zu	trifft nicht zu
Ich akzeptiere, dass andere eine andere Meinung haben können als ich.					
Ich bin kompromissbereit und kann von meinem Standpunkt abweichen.					
Bei Streit gleiche ich aus.					
Nach Gruppenarbeit vertrete ich die gewonnenen Erkenntnisse, auch wenn sie nicht von mir stammen.					

Der Klassenwald

Der Lehrer kann euch einladen, die eigene Klasse als Wald mit vielen Bäumen zu zeichnen: „Zeichnet euch als Bäume in einem Klassenwald. Überlegt, welche Gestalt eure Bäume haben sollen. Sind sie kräftig, biegsam oder von Sorgen gebeugt? Stehen sie allein oder mit anderen?
Einer der gezeichneten Bäume soll dabei für den Schüler stehen, der das Bild gezeichnet hat: Ihr habt 10–15 Minuten Zeit.“ Die Zeichnungen sollen anonym bleiben und keinen Namen tragen.
Die fertigen Bilder werden auf den Boden gelegt und insgesamt betrachtet. Dann werden sie auf einem Stoß zusammengelegt und ein Bild nach dem anderen wird aufgedeckt. Der Lehrer fordert euch auf, euch auf jedem Bild in die Rolle des Baumes, der euch besonders auffällt, hineinzuversetzen: „Ich bin der Baum und mir geht so durch den Kopf .../ich fühle mich ...“
Jeder im Kreis darf seine Eindrücke sagen.
Eure Aussagen können anschließend daraufhin besprochen werden, was sie über die Situation in eurer Klasse aussagen.
Nach zwei Monaten kann noch einmal ein Bild vom Klassenwald gezeichnet werden.

7. Methoden
Informationen sammeln

Assoziationen sammeln

Was fällt dir ein, wenn du das Wort „Frieden" hörst? Jede und jeder von euch antwortet reihum mit einem Stichwort oder einem ganzen Satz auf die Frage. Es geht nicht darum, dass ihr schon alles über den Begriff wisst. Es geht um das Sammeln von Assoziationen, von Gedanken, die euch zu diesem Wort einfallen. Dadurch dass jede/r etwas zu diesem Wort sagt, bekommt ihr einen ersten Eindruck, was sich alles hinter dem erfragten Begriff verbirgt.
Diese Methode eignet sich für den Einstieg in ein Thema oder zur Ergebnissicherung am Ende. Es kann auch spannend sein, die Assoziationen am Anfang und am Ende zu sammeln. Wahrscheinlich sind am Ende ein paar wichtige Gedanken dazugekommen und der Begriff, um den es geht, erscheint euch in einem anderen Licht.

Assoziationsstern

Auch hier werden Assoziationen gesammelt. Allerdings gibt der Assoziationsstern vor, wie viele Ideen/Stichworte/Problemlösungen ihr sammeln sollt. Ihr schreibt nämlich in die Mitte des Sterns das Stichwort, zu dem ihr Assoziationen sucht und an die Sternspitzen eure Einfälle. Auf diese Weise strukturiert der Stern das Sammeln der Assoziationen und verdeutlicht durch seine Form die Zusammenhänge. Den Stern könnt ihr zum Brainstorming am Anfang eines Themas einsetzen oder am Ende einer Einheit zur Wiederholung.

Fragelandschaft

Der, dem klar ist, was er wissen will, der kann gezielter nach Informationen und Antworten suchen. Die richtigen Fragen zu stellen, hilft außerdem, Informationen zu ordnen und zu beurteilen, ob sie tatsächlich weiterhelfen.
Es gibt Wissens-, Verständnis- und Wertfragen. Wollt ihr euch ein neues Thema erarbeiten, könnt ihr damit beginnen, viele verschiedene W-Fragen zu dem Thema auf Kärtchen zu schreiben. Die Fragen könnten z. B. mit diesen Frageworten beginnen: Was? Wann? Wo? Warum? Wozu? Welche? Wer? Wodurch? Wogegen? Woher? Womit? Worauf? Wie? Wovon? Wohin? Worüber? Wen? Wem?
Habt ihr die Fragen formuliert, könnt ihr sie nach Themenkreisen und Zielrichtung ordnen. Bei der Informationsbeschaffung zu eurem Thema können sie euer Leitfaden sein. Mit ihrer Hilfe könnt ihr die Informationen aussortieren, die für euch unwichtig sind, und gezielt nach den Fakten suchen, die ihr für euer Thema braucht.
Nicht zuletzt könnt ihr die Fragen nutzen, um am Ende zu überprüfen, was ihr über das erarbeitete Thema wisst. Auch für ein abschließendes Fragequiz könnt ihr sie einsetzen.

Internetrecherche

Es gibt eine Vielzahl von Möglichkeiten, wie ihr euch Informationen zu einem bestimmten Stichwort oder Thema beschaffen könnt. Außer durch Bücher (Schulbücher, Duden, Lexika, Atlanten usw.), zu denen ihr in der Schule, zu Hause oder in der örtlichen Bibliothek Zugang habt, gibt es auch die Möglichkeit, dass ihr euch über Hörfunk, Fernsehen sowie aus dem Internet informiert.

Gerade das Internet bietet eine Vielfalt von Möglichkeiten zur Recherche. Bei der Suche helfen euch Suchmaschinen wie:

- www.wasistwas.de
- www.wikipedia.de
- www.google.de

Klärt zunächst, nach welchen Begriffen ihr suchen wollt.
Wenn ihr Informationen zu eurem Thema gefunden habt, müsst ihr entscheiden, welche davon ihr übernehmen wollt. Da im Internet jeder ungeprüft Informationen veröffentlichen kann, sind nicht alle Quellen zuverlässig. Manche geben persönliche Meinungen wieder, andere können unvollständig oder sogar falsch sein. Vergleicht

daher verschiedene Informationsquellen und entscheidet erst dann, welchen Informationen ihr trauen wollt. Fasst dann eure Erkenntnisse in eigenen Worten zusammen.
Solltet ihr Texte, Bilder oder Skizzen aus dem Internet kopieren, so ist es wichtig, diese mit einer Quellenangabe zu versehen und die kopierten Texte in Anführungszeichen zu setzen, damit sie als Zitat erkennbar sind.

Mindmap

Eine Mindmap ist eine Gedanken(land)karte. Mit ihrer Hilfe könnt ihr Zusammenhänge sichtbar machen. Wichtige Begriffe und Zusammenhänge bilden den Mittelpunkt der Darstellung. Gedanken und Texte zum Thema werden dem zugeordnet, sodass eine übersichtliche Struktur erkennbar wird. Mindmaps helfen bei der Gliederung des Stoffes und beim Erkennen von Zusammenhängen. So sind sie eine gute Hilfe, um Assoziationsketten zu bilden und sich Lerninhalte zu merken.

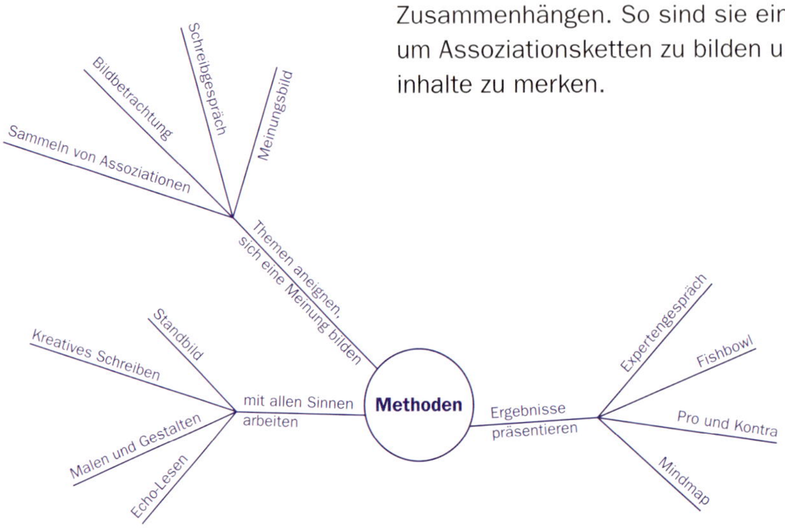

Ganzheitlich arbeiten

Echo-Lesen

Bibeltexte sind oft sehr inhaltsreiche Texte, wo es auf jedes Wort ankommt. Um auch die feinen Nuancen und Untertöne hörbar zu machen, gibt es eine einfache Methode. Zunächst einmal liest eine/r von euch den gesamten Bibeltext vor. Danach geht ihr den Bibeltext noch einmal von oben nach unten durch. Jetzt dürft ihr einzelne Worte, Satzteile oder auch ganze Sätze wiederholen und laut in die Klasse hineinsprechen. Dabei könnt ihr verschiedene Betonungen ausprobieren, laut oder leise sprechen und den Sinn der Worte zum Klingen bringen. Achtet darauf, nacheinander zu sprechen, damit ihr einander zuhören könnt. Am Ende lest ihr den Text noch einmal in seiner ganzen Länge laut vor. Wenn ihr ihn jetzt hört, könnt ihr bestimmt Aussagen entdecken, die ihr beim ersten Durchlesen gar nicht bemerkt habt.

Gebet verfassen

Im Gebet sprechen wir zu Gott und tragen ihm unsere Anliegen vor. Das können Bitten, Ängste, Befürchtungen oder auch Hoffnungen sein. Gebete können Klagen genauso enthalten wie Lob oder Dank. Im Gebet kann ich meine Situation vor Gott bedenken und mir so auch klarer darüber werden.
Formuliere ich selbst ein Gebet, so wähle ich zunächst eine Anrede, z. B. Lieber Gott, Herr, Vater, guter Gott ... Dann formuliere ich mein Anliegen:

Wofür möchte ich danken? Worum möchte ich bitten? Für wen möchte ich noch bitten?
Ich schließe das Gebet mit dem Wort „Amen“, was so viel bedeutet wie: „So ist es“, „So steht es fest“ oder moderner ausgedrückt: „Das meine ich!“

Gottesdienste gestalten

Ein Gottesdienst kann mit der ganzen Schule gefeiert werden oder in der Klasse. Er kann in einer Kirche, an einem öffentlichen Ort oder im eigenen Klassenzimmer gefeiert werden. Von Ort und Anlass hängt dann auch die Gestaltung ab.

Woran ihr denken solltet, wenn ihr im Klassenzimmer Gottesdienst feiert:

- den Raum gestalten, z. B. einen Stuhlkreis bilden, eine Mitte gestalten, die Gegenwart Gottes durch eine Kerze, die Bibel und/oder ein Kreuz verdeutlichen,
- Lieder festlegen, die ihr singen wollt,
- Texte zum Thema des Gottesdienstes/der Andacht auswählen, wie z. B. eine Schriftstelle aus der Bibel, eine Geschichte, Gebete ...,
- überlegen, ob es eine Zeichenhandlung geben soll, wie z. B. die Hand zum Friedensgruß reichen, miteinander Brot teilen, ein Licht entzünden ...,
- Anfang und Ende bewusst setzen durch das Kreuzzeichen.

Lerngang

Bei verschiedenen Themen bietet es sich an, dass ihr für euer Thema interessante Orte aufsucht. Beim Thema „Sterben – Tod – Auferstehung“ kann das z. B. ein Friedhof oder ein Hospiz sein. Damit ihr möglichst viele Erkenntnisse und Eindrücke auf eurem Lerngang gewinnt, ist es wichtig, ihn vorzubereiten. Es ist sinnvoll schon vorher zu überlegen: Was genau wollen wir uns ansehen? Worauf wollen wir achten? Müssen wir uns anmelden? Wollen/dürfen wir Fotos machen? Was wollen wir dokumentieren?
Vielleicht habt ihr auch einen Gesprächspartner vor Ort. Dann ist es gut, bereits vor der Begegnung Fragen zu sammeln, die ihr stellen wollt.
Zum Lerngang gehört auch die Auswertung: Was haben wir erlebt? Was war uns neu? Welche Erkenntnisse haben wir über unser Thema gewonnen? Welche Zusammenhänge sind uns klar geworden?

Rap verfassen und vortragen

Hier könnt ihr zeigen, wie kreativ ihr seid. Es geht darum, eure Gedanken zum Thema in einen Sprechgesang zu fassen. Am Anfang hilft es, bereits bekannte Sätze und Aussagen rhythmisch zu sprechen. Dann fallen euch bestimmt Ergänzungen ein. Nicht zuletzt braucht ihr natürlich auch den Mut, den Rap anderen vorzutragen. Gemeinsam und mit ein bisschen Übung geht es da oft leichter.

Rollenspiel

Im Rollenspiel geht es darum, eine oder mehrere Szenen zu spielen. Überlegt miteinander vor Spielbeginn, welche Personen in der zu spielenden Szene vorkommen und welche Absichten sie verfolgen. Wenn ihr nicht aus dem Stegreif spielen wollt, schreibt ihr zunächst ein Drehbuch. Dann verteilt ihr die Rollen.
Spielt der Klasse die Szene vor. Überlegt miteinander: Wie entwickelt sich die Handlung? Hätte sie auch anders verlaufen können? Was geschieht, wenn ihr den Handlungsablauf verändert?
Im Rollenspiel könnt ihr mehrere Varianten ein und derselben Szene durchspielen und euch so veranschaulichen, wie sich Situationen und Reaktionen verändern, wenn sich die Beteiligten anders verhalten.
Während der Aufführungen beobachten eure Mitschüler das Rollenspiel und berichten nach dem Ende, wie sie die Darstellung der Charaktere erlebt haben.

Standbild

Beim Standbild geht es darum, sichtbar und eventuell auch hörbar zu machen, was in Menschen vorgeht.

Variante 1:
Ein „Bildhauer“, den ihr zuvor ausgewählt habt, modelliert zu einer Bibelstelle ein Bild. Sein „Werkstoff“ sind Mitschüler, die er bittet, sich in einer bestimmten Art und Weise aufzustellen. So kann der Bildhauer die Mitschüler bestimmte Körperhaltungen einnehmen lassen. Er kann die einzelnen Personen zueinander gruppieren und so ihre Beziehungen bzw. Einstellungen verdeutlichen. Alle bleiben in der Körperhaltung „eingefroren“ stehen, die ihnen der Bildhauer gibt.

Variante 2:
Ihr entscheidet selbst, wie die Person, um die es geht, dargestellt wird, und stellt sie mit eurem eigenen Körper dar.

Variante 3:
Am Standbild bisher unbeteiligte Schüler treten hinter einzelne Schüler aus dem Standbild und sprechen in der Ich-Form aus, was in der dargestellten Person vor sich gehen könnte, z. B. Abraham: „Lange habe ich darauf gewartet, einen Sohn zu bekommen und nun soll ich ihn opfern? Das ist schwer für mich, aber ich will Gott vertrauen.“

Bei jeder Variante sollte im Anschluss besprochen werden:
a) Wie hat das Standbild auf die Zuschauer gewirkt?
b) Wie haben sich die Darsteller in ihrer Rolle gefühlt?
c) Was wollte der Bildhauer darstellen und wie steht er zu der Meinung der Zuschauer und Darsteller?

Bilder verstehen – sich durch Bilder ausdrücken

Bildbetrachtung

Bilder sprechen auf ihre Weise zu uns. Um ihrer Aussage auf die Spur zu kommen, helfen euch folgende Fragen:
- Was hat der Künstler dargestellt?
- Wie stellt er sein Thema dar? Welche Mittel setzt er ein? (z. B. Farben und Formen)
- Wie wirkt das Kunstwerk auf mich?
- Welche Erkenntnisse gewinne ich aus dem Kunstwerk im Blick auf unser Thema?
- Welche Fragen ergeben sich für mich aus der Bildbetrachtung?

Diese Fragen kann zunächst jede/r für sich klären. Ihr könnt sie aber auch in Kleingruppen bearbeiten und dann eure Ergebnisse der Klasse vorstellen.

Bilder auswählen

Zu vielen Themen gibt es viele Bilder. Das gilt auch für biblische Darstellungen von z. B. Jesus. Wenn euch viele verschiedene Bilder vorliegen, die ihr zu einem Thema gesammelt habt, kann es spannend sein, das Bild auszuwählen, das euer Thema/Anliegen am besten wiedergibt. Wenn ihr geteilter Meinung seid, dann sprecht über die Gründe, die zu eurer Meinung geführt haben.

Bilder vergleichen

Gerade in der christlichen Kunst gibt es zu vielen Themen Bilder aus verschiedenen Zeiten. So war die Sicht der Künstler auf den Tod Jesu vor 1.000 Jahren eine andere als vor 500 Jahren oder als heute. Darin spiegelt sich nicht nur Kunstgeschichte, sondern auch unterschiedliche Aussagen und Botschaften werden deutlich. Zum Bildvergleich legt ihr zwei oder mehrere Bilder nebeneinander. Dann sammelt ihr, was euch an Gemeinsamkeiten und Unterschieden auffällt. Gibt es Zeichen, Farben und Symbole, deren Verwendung gleich ist? Welche Stimmung drücken die Bilder aus? Was überrascht oder verwundert euch?

Bild-Text-Vergleich

Zu einem Bild wird ein Text aus der Bibel oder ein anderer Text vorgestellt. Zuerst wird geklärt, welche Botschaft das Bild vermittelt. Dann wird sie mit dem Text verglichen. Worin unterscheidet sich das Bild vom Text? Worin sind Bild und Text gleich oder sehr ähnlich?

Bildtitel suchen

Um die Botschaft eines Bildes zu entschlüsseln, hilft es, ihm einen Titel zu geben. Dabei kann deutlich werden, was ihr persönlich in dem Bild seht, aber auch, was die Künstlerin/der Künstler ausdrücken wollte. Bildet dazu Kleingruppen und sammelt Bildtitel, die euch spontan einfallen. Wählt anschließend den Titel aus, der euch am treffendsten erscheint. Überlegt, warum ihr euch gerade für diesen Titel entschieden habt und teilt dies auch der Klasse mit.

Bild übermalen

Wollt ihr die Bildaussage verändern oder die Aufmerksamkeit auf einen bestimmten Bildausschnitt lenken, dann könnt ihr Teile des Bildes übermalen. Dafür braucht ihr eine Folie, wie ihr sie für den Tageslichtprojektor verwendet, und verschiedene Folienstifte. Die Teile des Bildes, die euch nicht so wichtig erscheinen, könnt ihr nun übermalen. So kommen die frei bleibenden Teile besonders deutlich zur Geltung. Ihr könnt die Wirkung durch Umrandungen oder Farbe noch verstärken.

Bild weitermalen – Collage herstellen

Ein Bild zeigt einen bestimmten Ausschnitt. Seine Aussage kann sich erweitern oder verändern, wenn ihr das Bild nach oben, unten, rechts und links weitermalt. Dazu klebt ihr das Bild auf ein möglichst großes weißes Blatt. Je nach Art des Bildes wählt ihr die passenden Malutensilien. Das können Pastellkreiden, Wachsmalstifte, Kohlestifte oder Farbkasten und Pinsel sein. Es gibt aber auch die Möglichkeit, die Umgebung des Bildes mit farbigem Papier, Zeitungsausschnitten oder Bibelversen zu gestalten. So wird eine Collage daraus.

Farben sprechen lassen

Auf einem Bild müssen nicht immer Personen, Gegenstände oder Landschaften dargestellt sein. Mit Farben und Formen alleine kann man auch schon vielfältige Aussagen zum Ausdruck bringen. So lassen sich gut Gefühle und Stimmungen ausdrücken. Überlegt daher, welche Farben und Formen zu der Stimmung passen, die ihr darstellen wollt. Soll das Bild eher ruhig wirken oder aufgewühlt und bewegt? Soll es aufschrecken oder beruhigen? Spricht es von Hoffnung oder von Angst?

Konturen ausmalen

Von einem Bild werden nur die Konturen abgemalt, sodass eine Skizze entsteht, auf der nur die Umrisse zu sehen sind. Jetzt habt ihr die Möglichkeit, diese Umrisse nach euren Vorstellungen farbig zu gestalten. Über die Farben könnt ihr dem Bild eine neue Aussage oder eine andere Grundstimmung geben. Gestaltet zum Schluss eine Klassenausstellung mit euren Bildern.

Malen und gestalten

Worte sind nur eine Möglichkeit, sich auszudrücken. Stimmungen und Eindrücke lassen sich aber auch mit Farben und Formen erkennbar machen, Botschaften mit Texten und Farben unterstreichen.

Denkmal herstellen

Ein Denkmal will an ein Ereignis, eine Person oder bestimmte gegenwärtige oder vergangene Zustände erinnern. Bevor ihr also beginnt, ein Denkmal zu gestalten, sollte klar sein, was ihr den Betrachtern damit mitteilen wollt.
Dann geht es an die Gestaltung des Denkmals: Wie soll es aussehen? Wie erreicht ihr die Wirkung beim Betrachter, die ihr erreichen wollt? Welche Materialien wollt ihr einsetzen bzw. stehen euch zur Verfügung?
Wird das Denkmal später in einem Innenraum stehen, könnt ihr Papier, Pappe und Klebstoff verwenden. Wird es draußen aufgestellt, sind Steine, Holz und Draht geeigneter. Natürlich darf die Farbe dabei nicht fehlen.

Logo entwerfen

Hier kommt es auf klar erkennbare Formen an, welche die Botschaft einfach und deutlich vermitteln.

Mobile gestalten

Grundprinzip des Mobiles ist das Gleichgewicht. Egal, ob ihr Symbole, Wortkarten oder kleine Gegenstände für den Bau des Mobiles verwendet, sie müssen in ein Gleichgewicht gebracht werden, sonst funktioniert das Mobile nicht. Daher ist das Mobile ein gutes Symbol dafür, dass Dinge/Gefühle/Verhaltensweisen miteinander zusammenhängen und einander bedingen. Verändert ihr ein Teil, so hat das auch Auswirkungen auf andere Teile.

Protest- oder Werbeplakat entwerfen

Solche Plakate haben eine Botschaft. Bevor ihr anfangt, solltet ihr klären, welche Aussage vermittelt werden soll. Sie bestimmt Farben, Formen und Gestaltung.

Spruchkarte kreieren

Im Mittelpunkt steht eine Botschaft, ein Spruch. Das kann ein Bibelvers sein oder ein Sprichwort, das eine Lebensweisheit wiedergibt. Farben und Formen, die ihr verwendet, veranschaulichen den Inhalt des Textes.

Lerninhalte vertiefen und an andere weitergeben

Akrostichon

Das Akrostichon ist ein antikes Schreibspiel. Die Buchstaben eines Wortes werden dafür senkrecht untereinander geschrieben. Jedem Buchstaben werden dann in der Waagerechten neue Worte zugeordnet. Dabei gibt das vorgegebene Wort das Thema vor.

Ihr könnt diese Form der Darstellung nutzen, um zu zeigen, welche Assoziationen sich mit einem Begriff (oder Satz) verbinden. Um selbst ein Akrostichon zu erstellen, schreibt ihr das Wort, welches ihr charakterisieren wollt, so auf, dass die einzelnen Buchstaben senkrecht untereinander stehen. Für jeden Buchstaben des

Wortes sucht ihr nun ein Wort, welches mit diesem Buchstaben beginnt und etwas über den Begriff aussagt.

Bsp.: **A** lt
K unstvoll
R ätselhaft
O rginell
S taunen
T rickreich
I nteressant
C lever
H ilfe
O ffenbarend
N ützlich

Film drehen

Wenn das Thema feststeht, über das ihr einen Film drehen wollt, müsst ihr als nächstes ein Storyboard entwickeln. Das Storyboard besteht aus vielen kleinen Skizzen, die zeigen, was im Film dargestellt werden soll. Auf diese Weise könnt ihr nicht nur die Reihenfolge der Szenen festhalten, sondern auch veranschaulichen, wo ihr dreht, was in den Szenen geschieht und ob ihr die Bilder aus der Nähe oder Ferne aufnehmen wollt. Steht das Storyboard, geht es an die Rollenverteilung und eventuell an die Requisitenbeschaffung. Nicht zuletzt braucht ihr eine Kamera (und ein Wiedergabegerät, damit ihr euren Film später auch anschauen könnt). Und dann kann es losgehen mit dem Filmen!

Fotogeschichte

Bei einer Fotogeschichte wird eine Geschichte in einzelnen Bildern dargestellt, die erst zusammen eine Geschichte ergeben. Euch bietet sich folgende Vorgehensweise an:
- Besprecht die Geschichte, die fotografisch festgehalten werden soll,
- überlegt, welche Szenen in einem Foto festgehalten werden sollten, damit ein späterer Betrachter die Geschichte verstehen und nachvollziehen kann,
- entwerft ein Storyboard, indem ihr aufschreibt oder skizziert, was auf jedem Foto zu sehen sein soll,
- entscheidet, wer von euch welche Person darstellt,
- stellt die Szenen und fotografiert,
- druckt die Bilder aus oder lasst sie entwickeln und klebt sie auf Fotokarton,
- verseht die Fotos mit Sprechblasen und fügt kurze, zu den Fotos passende Texte ein.

Plakat gestalten

Mit einem Plakat könnt ihr Ergebnisse eurer Gruppenarbeit für die Mitschüler übersichtlich und ansprechend zusammenfassen.
- Sammelt dazu Material wie Photos, Zeitungsartikel, Broschüren, Gegenstände …
- Beschafft euch die nötigen Arbeitsmaterialien, wie Tonpapierbögen, Stifte, Scheren und Klebstoff.
- Überlegt, was ihr auf dem Plakat darstellen wollt. Formuliert dazu eine passende Überschrift.
- Teilt die Plakatfläche so auf, dass die wichtigen Informationen übersichtlich und gut lesbar dargestellt werden können.
- Stellt euer Thema mithilfe selbst verfasster Texte und der von euch gesammelten Materialien dar.
- Hängt das Plakat gut sichtbar im Klassenraum auf und stellt das Thema der Klasse vor.

Reportage

Für eine Reportage versetzt du dich in die Rolle eines Journalisten, der für seine Zeitung einen wichtigen Artikel/Leitartikel schreiben darf. Beginne deine Reportage mit einer gut gelungenen, den Inhalt deiner Geschichte treffenden Überschrift („Aufmacher“). Die Geschichte selbst schreibst du in einer bildhaften Sprache und erzählst dabei spannend, damit sie das Interesse der Leser weckt. Alle Fakten müssen überprüfbar sein, evtl. mit Foto belegt. Der Umfang deiner Reportage sollte überschaubar bleiben.

Synonyme suchen

Wollt ihr ein Wort erklären, verwendet ihr automatisch Synonyme, also sinnverwandte, ähnliche Wörter oder Wörter mit der gleichen Bedeutung. Die Suche nach Synonymen könnt ihr verwenden, um zu prüfen, ob ihr wisst, was mit einem Begriff gemeint ist. Ihr könnt daraus auch ein Spiel machen. Dazu schreibt ihr verschiedene Wörter, deren Bedeutung ihr im Unterricht bereits besprochen habt, auf kleine Zettel. Dann zieht ein Schüler oder eine Schülerin einen der Zettel und erklärt den Begriff, der darauf steht, mit Synonymen und ohne den Begriff zu nennen. Alle anderen versuchen zu erraten, welcher Begriff erklärt wurde. Wer richtig geraten hat, darf als nächstes einen Begriff ziehen und erklären.

Zeitungsartikel/Zeitungsinterview

Wenn ihr einen fiktiven Artikel oder ein Interview für eine Zeitung verfasst, formuliert ihr Gedanken und Ereignisse so, wie ihr sie in einer Zeitung vorfinden würdet. Ihr braucht also eine passende und interessante Schlagzeile als Überschrift. Anschließend schreibt ihr zwei bis drei Sätze, die wie eine zweite Überschrift die wichtigsten Inhalte des Artikels zusammenfassen. Wichtig ist natürlich auch, dass diese einleitenden Sätze Interesse wecken, damit eure Leser den Artikel auch zu Ende lesen und nicht vorzeitig weglegen. Gelingt euch ein interessanter Artikel, so können auch lange zurückliegende biblische Ereignisse durch diese Art der Darstellung ganz neu und aktuell wirken. Eure Leser begreifen dann besser, was an den damaligen Geschehnissen wichtig war.

Sich in Personen bzw. Situationen hineinversetzen

Anklage-/Verteidigungsrede

Wollt ihr eine Anklage- oder Verteidigungsrede halten, ist es wichtig, zunächst viele Argumente zu sammeln. Was spricht für das Verhalten der Person, die ihr anklagen/verteidigen wollt? Was dagegen? Dabei hilft es auch zu bedenken, welche Argumente die Gegenseite bringen könnte. Wie könnt ihr deren Argumente entkräften?
Anklage- oder Verteidigungsreden helfen euch, Menschen und ihre Handlungen einzuschätzen, denn sie decken Motivationen, Gründe und Interessen auf. Es kann sehr spannend sein, zu ein und demselben Thema eine Verteidigungs- und eine Anklagerede zu hören. Im Widerstreit der Argumente wird deutlich, ob eine bestimmte Handlung gerechtfertigt ist oder nicht.

Brief schreiben

Ein Brief ist eine Mitteilung an andere. Bei persönlichen Briefen geht diese Mitteilung über die sachliche Darstellung von Ereignissen hinaus. Der Schreiber/die Schreiberin stellt seine Sicht der Dinge dar, drückt Gefühle aus und nimmt Wertungen vor. Der Brief nimmt natürlich auch Bezug zur Situation des Adressaten: Was interessiert ihn? Was soll ihm mitgeteilt werden? Erhofft sich der Verfasser eine bestimmte Reaktion vom Adressaten des Briefes?
Anders als Kurzmitteilungen kann ein Brief mehrere Seiten lang sein und bietet viel Raum für die Mitteilungen des Briefschreibers.

Dialog schreiben

Diese Methode kann gut dazu verwendet werden, sich in bestimmte Personen z. B. aus einer Geschichte hineinzuversetzen und ihr Handeln bzw. ihre Gedanken nachzuvollziehen.
Wählt zwei Personen aus der Geschichte aus und lasst sie einen Dialog miteinander führen. Was haben sie einander zu sagen? Wo besteht zwischen ihnen Einigkeit, wo gibt es Differenzen? Welche Beweggründe haben die beiden? Schreibt diesen Dialog auf und tragt ihn mit verteilten Rollen der Klasse vor.

Sprechblasen verfassen

Wenn ihr Texte für Sprechblasen formuliert, könnt ihr schnell auf den Punkt bringen, was in bestimmten Personen vorgeht und wie sie sich äußern. Hier sind keine langen Texte gefragt, sondern eher kurze, treffende Aussagen. Wenn ihr Sprechblasen für mehrere Personen zeichnet und mit Text füllt, könnt ihr auch die unterschiedlichen Reaktionen verschiedener Personen darstellen.

Tagebucheintrag

Tagebücher dienen nicht nur dazu, Ereignisse festzuhalten. In Tagebucheinträgen werden auch Gefühle und Gedanken niedergeschrieben und Geschehnisse reflektiert.
Wenn ihr also einen fiktiven (erfundenen) Tagebucheintrag verfasst, ist es wichtig, dass ihr euch in die Person hineinversetzt, deren Tagebucheintrag ihr schreiben wollt. Was hat sie erlebt und wie ist es ihr dabei ergangen? Was hat sie gefühlt? Welche Gedanken haben sie im Laufe der Ereignisse bewegt? Wie beurteilt sie das Geschehen? Welche Konsequenzen zieht sie daraus?
Ein Tagebucheintrag bietet Raum, diese Gedanken und Gefühle ausführlich darzustellen. Sogar über die weitere Entwicklung der Ereignisse kann darin spekuliert werden.

Sich austauschen

Expertengespräch

Ihr bildet in eurer Klasse mehrere Kleingruppen, sogenannte „Stammgruppen“. In diesen Gruppen erarbeitet ihr ein Thema. Bevor ihr eure Ergebnisse den anderen mitteilt, vergewissert ihr euch, dass alle die Ergebnisse eurer Gruppenarbeit verstanden haben, denn im nächsten Schritt vermittelt jeder von euch als Experte den anderen Schülern eure Ergebnisse. Und das geht so:
Wenn ihr fünf Stammgruppen mit je fünf Schülerinnen und Schülern gebildet hattet, so bildet ihr jetzt fünf Expertengruppen. Die Expertengruppe setzt sich aus je einem Vertreter der verschiedenen Stammgruppen zusammen. Jetzt berichtet reihum jeder Stammgruppenvertreter als Experte von den Ergebnissen seiner Gruppe. So kommt jede und jeder zu Wort und zum Schluss haben alle den gleichen Kenntnisstand.

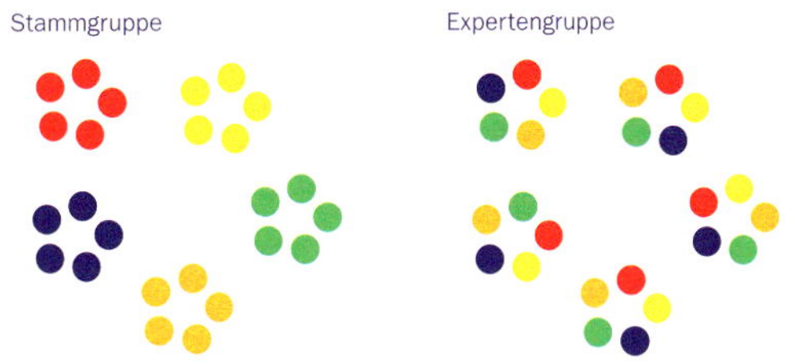

Fishbowl

Diese Methode eignet sich, um Ergebnisse aus der Kleingruppenarbeit allen Schülerinnen und Schülern mitzuteilen und sie auch zu diskutieren. Bevor ihr startet, bestimmt jede Kleingruppe einen Vertreter, der eure Gruppenergebnisse in der nachfolgenden Gesprächsrunde vertritt. Außerdem legt ihr fest, wer die Gesprächsleitung übernimmt. Das kann eine Schülerin/ein Schüler oder die Lehrerin/der Lehrer sein.
Dann bildet ihr einen Stuhlkreis. In der Mitte des Stuhlkreises bildet ihr noch einen inneren Stuhlkreis. Hier sitzen die Vertreter der Arbeitsgruppen und der Gesprächsleiter. Außerdem gibt es im inneren Stuhlkreis einen freien Stuhl. Auf ihn kann sich jeder aus dem Außenkreis setzen, der einen Beitrag zum Gespräch einbringen möchte. Die Gesprächsleitung moderiert nun den Austausch der Gruppenergebnisse und leitet die Diskussion.
Die Schülerinnen und Schüler aus dem äußeren Stuhlkreis hören zu, sofern sie sich nicht über den freien Stuhl im Innenkreis am Gespräch beteiligen wollen.

Karussellgespräch

Ihr setzt euch in einem Innen- und Außenkreis einander paarweise gegenüber. In der ersten Gesprächsrunde haben diejenigen das Wort, die im Innenkreis sitzen. Sie beziehen Stellung zu einer vom Lehrer vorgegebenen Frage. Während sie sprechen, hören diejenigen aus dem Außenkreis zu. Haben die erzählenden Schüler ihre Ausführungen beendet, fasst sein Gegenüber mit eigenen Worten zusammen, was er gehört hat.
Auf ein Zeichen des Lehrers hin rücken alle im Innenkreis zwei Stühle weiter, sodass sich neue Gesprächspaare ergeben. Nun sind die Schülerinnen und Schüler aus der Außenrunde dran zu erzählen. Die Gegenseite hört zu und fasst anschließend zusammen.
Für die nächste Frage kann sich das „Karussell“ weiterdrehen, sodass ihr euch mit immer neuen Gesprächspartnern austauschen könnt. Sprecht am Ende darüber, welche Eindrücke ihr in den Paargesprächen gewonnen habt.

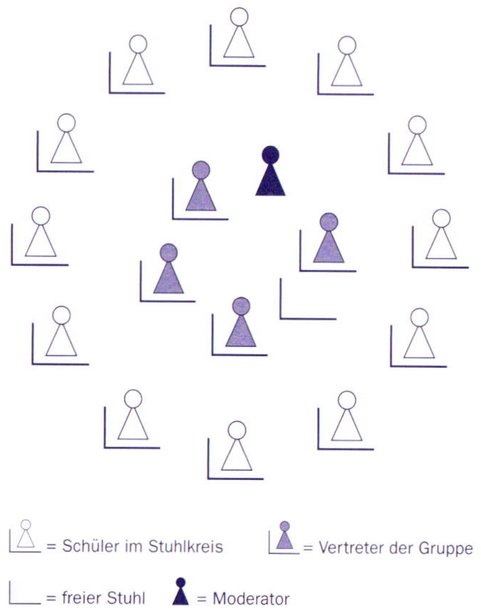

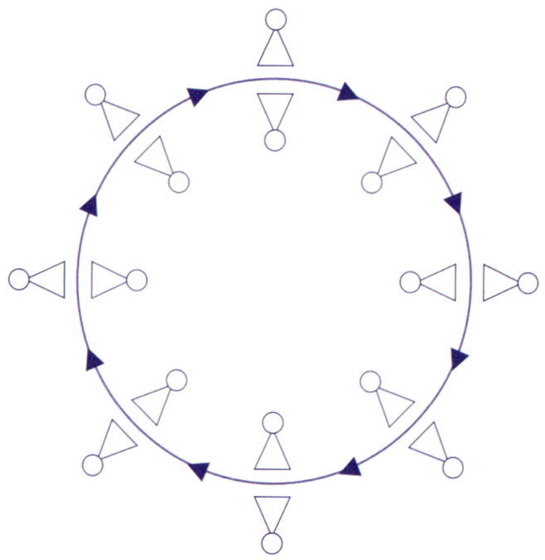

Pro-und-Kontra-Streitgespäch

Es gibt viele Themen, zu denen es in unserer Gesellschaft und vielleicht auch in eurer Klasse unterschiedliche Meinungen gibt. Um verschiedene Argumente und Begründungen zu hören, könnt ihr zwei Gruppen bilden. Eine Gruppe vertritt die „Pro“-Seite, das heißt sie spricht für die Sache/das Thema. Die andere Gruppe vertritt die „Kontra“-Seite, sie argumentiert dagegen. Zur Vorbereitung eurer Diskussion könnt ihr innerhalb der Pro- und Kontra-Gruppen Gründe sammeln, die für euren Standpunkt sprechen. Im Streitgespräch mit der anderen Gruppe geht es dann darum, die eigene Position sachlich darzustellen und überzeugend zu begründen. Die Gesprächsleitung kann zu Beginn der Pro- und-Kontra-Diskussion jeder Seite Gelegenheit geben, ihre Position in wenigen Minuten darzustellen. Sie sorgt außerdem dafür, dass jede Seite zu Wort kommt und der Austausch der Argumente in geordnetem und fairem Rahmen abläuft.

Schreibgespräch/Schreibmeditation

Nicht alles muss gesagt werden. Das Schreibgespräch bietet die Möglichkeit, in einer Atmosphäre der Ruhe in einen Austausch zu treten. Ihr bildet Gruppen mit drei bis fünf Teilnehmern und legt ein großes Blatt in die Mitte. Ihr könnt das Schreibgespräch zu einem Stichwort, einem Bild oder zu einer interessanten Aussage führen. Nacheinander schreibt ihr eure Meinung zu dem Gegenstand des Schreibgesprächs auf das Blatt in der Mitte. Es hilft, wenn ihr eure Aussagen als Ich-Aussagen formuliert, also: „Ich finde ...“, „Ich denke ...“ In der Folge könnt ihr euren eigenen Text oder den der anderen ergänzen und kommentieren. Achtet dabei darauf, mit der Meinung der anderen sorgsam umzugehen. Ziel ist es, ein möglichst umfassendes Bild vom Gegenstand der Schreibmeditation zu bekommen.

8. Glossar

Abraham	gilt in den drei abrahamitischen Religionen Judentum, Christentum und Islam als Vater des Glaubens und Stammvater. Er wird im Islam auch als Prophet bezeichnet.
Abtreibung	bezeichnet umgangssprachlich die absichtliche Beendigung einer unerwünschten oder die Gesundheit der Frau gefährdenden Schwangerschaft (Schwangerschaftsabbruch). Ob eine Abtreibung erlaubt oder verboten ist richtet sich danach, ob das Selbstbestimmungsrecht der Frau oder das Lebensrecht des ungeborenen Kindes höher gewertet wird.
Aids	Eine schwere, in den meisten Fällen tödlich endende Infektionskrankheit, die vor allem durch Geschlechtsverkehr übertragen wird. Sie schwächt die Abwehrkräfte des Körpers so sehr, dass dieser sich nicht mehr gegen Infektionen schützen kann.
Allah	(arabisch: Allāh) Name für Gott. Allah hat sich, dem Glauben der Muslime nach, durch den Propheten Muhammad den Menschen in endgültiger Weise im Koran offenbart. Ein gläubiger Muslim bekennt mehrmals am Tag: „Es gibt keinen Gott außer Allah."
Auferstehung/ Auferweckung	Zentraler Inhalt des christlichen Glaubens. Nach Jesu Tod und Grablegung begegneten Jüngerinnen und Jünger dem Auferstandenen und wurden so zu Zeugen seiner Auferstehung. Damit ist jedoch nicht die Wiederbelebung des Leichnams Jesu gemeint, sondern sein Übergang in die Dimension göttlichen Lebens. Auf der Überzeugung von der Auferweckung Jesu Christi durch Gott baut der Glaube der Christen auf, dass der Tod kein Ende ist, sondern zum ewigen Leben führt.
Behinderung	bezeichnet die dauerhafte und schwerwiegende Beeinträchtigung der gesellschaftlichen und wirtschaftlichen Teilhabe einer Person. Behinderte Menschen haben Eigenschaften, die ihnen das Überwinden von bestimmten Hindernissen (= Barrieren) unmöglich machen. Behindernd wirken können aber auch Einstellungen anderer Menschen.
Bergpredigt	Die Bergpredigt ist eine überlieferte Rede des Jesus von Nazaret, die im Matthäusevangelium drei Kapitel umfasst (Mt 5–7). Sie umfasst wesentliche Punkte der Botschaft Jesu, u. a. die Seligpreisungen, das Vaterunser und die Goldene Regel. Sie bildet den Beginn des öffentlichen Wirkens Jesu. Jesus legt den in der Tora offenbarten Willen Gottes neu aus.
Beschneidung	Jüdische und muslimische Jungen werden beschnitten. Im Judentum werden Jungen am achten Tag nach der Geburt beschnitten und so in den Bund Gottes mit Abraham (Gen 17) aufgenommen. Bei der Beschneidung wird ein Teil der Vorhaut entfernt. Die Beschneidung ist mit der Namensgebung verbunden. Im Islam ist die Vornahme der Beschneidung bis zum 13. Lebensjahr als Zeichen ritueller Reinheit Pflicht.
Bewahrung der Schöpfung	Gott hat dem Menschen seine Schöpfung und damit auch alles Leben auf der Erde anvertraut. Daraus ergibt sich die Verantwortung des Menschen, die Schöpfung zu erhalten und zu pflegen und sie nicht durch Ausbeutung oder Gewinnsucht zugrunde zu richten.

Bibel	Für Christen ist die Bibel Heilige Schrift und Wort Gottes. Genauer kann sie als „Gotteswort im Menschenwort“ bezeichnet werden, denn sie wurde von Menschen verfasst, die ihre Erfahrungen mit der Offenbarung Gottes verschriftlicht haben. Aufgeschrieben wurde das Alte Testament zwischen 1200 v. Chr. und 100 v. Chr. und das Neue Testament zwischen 50 n. Chr. und 150 n. Chr. Die Bibel ist das meistübersetzte Buch auf der Welt. Im Jahr 2010 war die Bibel oder Teile von ihr in fast 2500 Sprachen aus ihren Ursprachen Hebräisch und Griechisch übersetzt.
Bisexualität	Die sexuelle Orientierung oder Neigung, sich zu Menschen beiderlei Geschlechts sexuell hingezogen zu fühlen.
Bulle	Vom Bleisiegel (lat. bulla) des Dokuments hergeleiteter Begriff für päpstliche Urkunden im Mittelalter. Besonders bekannt sind die 1521 gegen Martin Luther verfasste Bannbulle und die Hexenbulle von 1484, mit der die Kirche erstmals die Existenz von Hexerei bestätigte.
Dekalog	Der Dekalog oder die Zehn Gebote sind die nach Exodus 20 bzw. Deuteronomium 5 am Sinai von Jahwe an Moses übergebene religiös-sittliche Grundordnung.
Deuterojesaja	Als Deuterojesaja (griech. = „zweiter Jesaja“) wird von der Bibelwissenschaft ein unbekannter Prophet des Alten Testaments bezeichnet, der ca. zwischen 550 und 539 v. Chr. auftrat. Ihm werden wichtige Teile des Buches Jesaja zugeschrieben.
Evangelium	griechisch: „Frohe Botschaft“. Der Begriff kann Unterschiedliches meinen: 1. die vier Evangelien des Neuen Testaments; 2. die Zusammenfassung des christlichen Glaubens; 3. die Lesung aus den Evangelien in der Eucharistiefeier.
Frieden	leitet sich vom althochdeutschen „fridu“ ab und bedeutet Schutz, Sicherheit, Freundschaft; bezeichnet einen Zustand, in dem Menschen ohne Störung oder Beunruhigung in Sicherheit miteinander leben können. Konflikte werden ohne Gewalt und vor allem ohne Krieg ausgetragen.
Fruchtwasseruntersuchung	Mit Fruchtwasseruntersuchung (oder Amniozentese) wird in der Medizin die Punktion der Fruchtblase einer schwangeren Frau zur Untersuchung der im Fruchtwasser befindlichen Zellen des ungeborenen Kindes (Fötus) bezeichnet. Auf diese Weise kann sein Gesundheitszustand überprüft werden.
Gerechtigkeit	bezeichnet einen idealen Zustand des menschlichen Zusammenlebens. Jedem Menschen kommt dabei das zu, was er braucht und was ihm zusteht. Es gilt der Grundsatz, dass Gleiches gleich zu behandeln ist. Das bedeutet, dass alle Menschen Anteil an den zur Verfügung stehenden Gütern und Lebenschancen erhalten.
Goldene Regel	Die Goldene Regel ist ein wichtiger ethischer Grundsatz, der in allen Weltreligionen zu finden ist. Die Goldene Regel fordert dazu auf, andere so zu behandeln, wie man selbst behandelt werden möchte; in den Worten der Bibel ausgedrückt: „Alles, was ihr von anderen erwartet, das tut auch ihnen.“ (Mt 7,12)

Gottesknecht	Das Buch des Propheten Jesaja und Deuterojesaja erzählt von einem Beauftragten Gottes, der in ferner Zukunft Licht und Recht zu allen Völkern bringen wird und dafür stellvertretend Schmach und Schande bis zum Opfer des eigenen Lebens trägt. Die junge Kirche hat von Anfang an die Aussagen über diesen Gottesknecht auf Jesus bezogen.
Grundsakrament	ist eine Bezeichnung für die Kirche. Sie ist Grundsakrament und damit Zeichen der Nähe Gottes in der Welt, insofern sie in der Nachfolge Jesu Christi die Liebe Gottes sichtbar macht und vermittelt.
Heide	Im frühen Christentum wurde zwischen Judenchristen und Heidenchristen unterschieden. Judenchristen hingen dem jüdischen Glauben an, bevor sie Christen wurden, Heidenchristen waren häufig zuvor Anhänger der Vielgötterei. Später bezeichnete man im Christentum Menschen als „Heiden", die nicht der eigenen Religion angehörten, ähnlich verhält es sich im Islam. Heute kann mit „Heide" auch ein Religionsloser oder ein Anhänger von Naturreligionen gemeint sein.
Herrschen	In Gen 1,26 beauftragt Gott die Menschen zum „Herrschen" über die Erde und was darauf lebt. Wie dieses „Herrschen" gemeint ist, ergibt sich aus dem Satz davor: „Dann sprach Gott: Lasst uns Menschen machen als unser Abbild." Ganz offensichtlich sollen Menschen auch nach dem Bilde Gottes herrschen, sollen mit den Fischen des Meeres, mit dem Vieh und den wilden Tieren gottähnlich umgehen. Herrschen bedeutet demnach wertschätzenden, achtsamen Umgang mit den Mitmenschen und der natürlichen Umwelt, Fürsorge und Verantwortung.
Heterosexualität	Die auf Angehörige des anderen Geschlechts gerichtete Sexualität.
Hexenhammer	Ein zuerst 1486 und danach in vielen Auflagen veröffentlichtes Buch, in dem mit scheinbar wissenschaftlichen Argumenten die Hexenverfolgung legitimiert wurde.
Hohepriester	ist der Titel für das höchste priesterliche Amt am Tempel von Jerusalem. Der Hohepriester hatte in allen Fragen der Religion, der Priesterschaft und des Gottesdienstes die oberste Aufsicht.
Hoher Rat	Der Hohe Rat (oder auch: Sanhedrin, Synhedrium, von griech.: „Versammlung") war das höchste Regierungs- und Richterkollegium der Juden, dessen Macht durch die Römer allerdings stark beschnitten wurde.
Homosexualität	Die Liebe zum eigenen Geschlecht. Homosexuelle sind Männer und Frauen, die sich besonders zu Menschen ihres eigenen Geschlechts hingezogen fühlen. Bei Männern spricht man von schwuler, bei Frauen von lesbischer Orientierung.
Hospiz	Ort (von lat. hospitium: „Gastfreundschaft, Herberge"), an dem Sterbende beim Sterben menschenwürdig begleitet werden. Es gibt ambulante Hospizdienste, die Sterbende in deren Zuhause betreuen, und stationäre Hospize, in die Kranke in den letzten Wochen oder Tagen ihres Lebens aufgenommen werden.

Isaak	Sohn Abrahams und seiner Frau Sara (Gen 21,2 f.); begründet die Verwandtschaft von Juden, Christen und Muslimen durch seinen Vater Abraham.
Ismael	Sohn Abrahams und der Magd Hagar (Gen 16,1–16); begründet die Verwandtschaft von Juden, Christen und Muslimen durch seinen Vater Abraham.
Jesus Christus	Nach ihm ist das Christentum benannt. Dabei bedeutet Jesus „Gott rettet", Christus (hebräisch: Messias) hingegen bedeutet „der Gesalbte". Zusammen mit dem Vornamen Jesus bildet das Attribut ein Glaubensbekenntnis der ersten Christen: „Jesus ist der Gesalbte!" Christen glauben daran, dass er der Sohn Gottes und der in den Schriften des AT verheißene Erlöser ist.
JHWH	(hebräisch) bedeutet „Ich bin der Ich-bin-da". Eng verwandt mit diesem Namen sind die hebräischen Begriffe HWH – hawah = „sein, werden" und HJH – hajah = „geschehen, veranlassen, da sein".
Koran	(arabisch: al-qurān) bedeutet „Lesung, Vortrag". Der Koran ist das Heilige Buch des Islam und für einen Muslim die ranghöchste Quelle seines Glaubens. Er wurde in arabischer Schrift geschrieben, da Muhammad ihn nach muslimischem Glauben von Allah auf Arabisch diktiert bekam. In manchen Kreisen gilt deshalb auch ein Übersetzungsverbot. Der Koran ist in 114 Abschnitte (Suren) eingeteilt, die ihrer Länge nach geordnet sind.
Krankensalbung	Sakrament, bei dem Stirn und Hände mit geweihtem Öl gesalbt werden; dient der Stärkung von sehr kranken oder alten Menschen. Die Krankensalbung wird durch einen Priester gespendet und lässt für den Kranken Gottes Zuwendung und Nähe spürbar werden.
Menschenrechte	Menschenrechte sind persönliche Rechte, die allen Menschen allein aufgrund ihres Menschseins zustehen. Diese Rechte gelten universell, sie sind unteilbar und unverzichtbar. Sie sind niedergelegt in der Allgemeinen Erklärung der Menschenrechte der Vereinten Nationen von 1948.
Menschenwürde	Allein aufgrund seines Menschseins kommt jedem Menschen ohne jede Gegenleistung eine Würde zu, die von niemandem in Frage gestellt werden darf. Die tiefste Begründung findet die Menschenwürde im christlichen Gedanken der Gottebenbildlichkeit des Menschen (Gen 1,27). Die Menschenwürde ist die Grundlage für die Menschenrechte.
Metapher	Bildlicher Ausdruck, der zur Veranschaulichung von abstrakten Begriffen verwendet wird.
Monotheismus	Religion, in der nur ein einziger Gott als Gott anerkannt und verehrt wird.
Mose	Literarische, nicht aber historische Führungsgestalt des Alten Testaments, die nach den Erzählungen der Tora, insbesondere des Buches Exodus, das Volk Israel aus der Knechtschaft Ägyptens führte. Mose gilt als Religionsstifter des Judentums, dem Gott seinen Namen und die Zehn Gebote offenbart hat.

Muhammad	Begründer des Islam; gilt dort als „letzter und Siegel der Propheten", weil er den Koran, die Offenbarung Allahs, empfangen hat. Muslime glauben, dass Gottes Wort durch ihn in endgültiger Weise den Menschen mitgeteilt worden ist. Muhammad lebte von ca. 570 n. Chr. bis 632 n. Chr.
Muslim	Gläubiger Anhänger des Islam. Muslime glauben an einen einzigen Gott, den sie anbeten und verehren: Allah. Wer den Islam lebt, sich also Gott hingibt und unterwirft, gilt als Muslim.
Organspende	Organspende bezeichnet das Zurverfügungstellen von Organen eines lebenden oder verstorbenen Menschen zur Übertragung auf einen anderen Menschen (Transplantation = Verpflanzung). Für beide Formen der Organspende gelten gesetzliche Regelungen. Voraussetzung für die Organspende durch einen Verstorbenen ist die eindeutige Feststellung des Hirntodes.
Pharisäer	Fromme jüdische Gruppe von Laien aus dem einfachen Volk zur Zeit Jesu, die besonderen Wert auf die strenge Einhaltung der in der Tora niedergelegten Gesetze legte. Dabei befolgte sie auch mündlich überlieferte Vorschriften der Gesetzeslehrer.
Riten und Rituale	Als Ritual bezeichnet man eine Handlung, die zu bestimmten Anlässen nach vorgegebenen Regeln vollzogen wird und die immer in der gleichen Form abläuft. Ritus (Plural: Riten) wird die Ordnung genannt, nach der das Ritual vollzogen wird (Reihenfolge, Gesten, Worte ...).
Reichskonkordat	Bezeichnung für einen 1933 geschlossenen Vertrag zwischen dem Heiligen Stuhl in Rom und dem Deutschen Reich, der in zahlreichen Punkten bis heute das Verhältnis zwischen der römisch-katholischen Kirche und Deutschland regelt.
Sadduzäer	Einflussreiche jüdische Gruppe zur Zeit Jesu, die überwiegend aus den höheren Gesellschaftsschichten stammte. Die Sadduzäer erkannten nur die Gesetze der Tora an und waren in starkem Gegensatz zu den Pharisäern der griechisch-römischen Kultur gegenüber sehr aufgeschlossen.
Sakrament	Ein von Christus eingesetztes Zeichen. Es gibt sieben Sakramente: Taufe, Firmung, Eucharistie, Bußsakrament, Krankensalbung, Priesterweihe, Ehe.
Stammvater	Die Sippen der Israeliten wurden von Stammvätern angeführt. Solche Stammväter waren Abraham, Isaak und Jakob.
Sterbehilfe	bezeichnet die Handlungen, die von der Hilfe und Unterstützung im Sterben bis hin zur aktiven Tötung sterbender oder schwerstkranker Menschen reichen. Wichtig ist nach christlicher Auffassung die Unterscheidung von erlaubter, passiver und nicht erlaubter, aktiver Sterbehilfe.
Sterben	Vorgang des Übertritts vom diesseitigen Leben auf der Erde in das himmlische Leben in Gottes Welt.

Stiftung „Weltethos“	Von Prof. Dr. Hans Küng gegründete Stiftung, die sich um den Dialog der Weltreligionen bemüht und daher Gemeinsamkeiten der Religionen herausarbeitet und bewusst macht. Ziel ist der gemeinsame Einsatz für ethische Werte und für Frieden und Verständigung zwischen den Völkern und Religionen. Kritik am Projekt „Weltethos“ wird immer wieder von Kritik an der Person von Hans Küng überlagert. 1979 wurde Küng die kirchliche Lehrerlaubnis entzogen. Er ist bekannt für seine kirchenkritischen Äußerungen und wird von den Medien häufig als Kommentator aktueller kirchlicher Ereignisse angefragt.
Suizid	Die absichtliche Selbsttötung eines Menschen. Suizid basiert auf freiem Entschluss oder krankhaftem Handeln.
Tanach	Bezeichnung der hebräischen Bibel; besteht aus drei Teilen: der Lehre (Tora), den Propheten (Nebiim) und den Schriften (Ketubim).
Tod	Ende des irdischen Lebens; Tatsache, die auf jeden Menschen zukommt, die aber in der heutigen Gesellschaft häufig als bedrückend wahrgenommen und deshalb verdrängt wird.
Tora	wörtl.: „Weisung, Gesetz“; die ersten fünf Bücher der Bibel. Die Tora enthält nach jüdischem Glauben das Wort Gottes, das die Richtschnur für das Leben eines Juden bildet.
Ursakrament	Weil der unsichtbare Gott in Jesus von Nazaret sichtbar und greifbar geworden ist, wird Jesus als Ursakrament, als Ur-Zeichen der Liebe Gottes bezeichnet.
Weisheitsliteratur	Bezeichnet eine Gruppe von biblischen Büchern, welche die Bücher Ijob, Kohelet, Sprüche, das Hohelied, das Buch der Weisheit und einige Psalmen beinhaltet.
Weltreligion	Als Weltreligion bezeichnet werden das Christentum, das Judentum, der Islam, der Buddhismus und der Hinduismus. Diese fünf Religionen sind gemessen an der Zahl ihrer Anhänger unter der Weltbevölkerung am stärksten verbreitet. Sie haben die Entstehung und Weiterentwicklung ganzer Kulturen weitreichend beeinflusst.
Woche für das Leben	Seit mehr als 20 Jahren engagieren sich die Deutsche Bischofskonferenz und die Evangelische Kirche in Deutschland in jedem Frühjahr mit der Woche für das Leben für den Wert und die Würde des menschlichen Lebens und für seinen Schutz in allen Lebensphasen (z. B. für Kinder, Sterbende, Kranke, Schwangere, Menschen mit Behinderung, Familien in Armut).
Zeloten	Die Zeloten waren eine im Jahre 6 n. Chr. gegründete Widerstandsbewegung der Juden gegen die römische Besatzung. Sie standen beim einfachen Volk hoch im Ansehen, weil sie die Tora streng befolgten und bereit waren, für das erwartete Reich des Messias mit Waffengewalt zu kämpfen.

Text- und Liednachweis

6 Ich steh vor dir, T: Pawlowsky, Peter, © Verlag Herder, Freiburg; **7 links oben** Katholischer Erwachsenenkatechismus, Band 1, herausgegeben von der Deutschen Bischofskonferenz, 1985, S. 197; **7 links unten** Anton Rotzetter: Gott, der mich atmen lässt. Gebete, Herder, Freiburg 1993, S. 84; **10** Jörg Zink: Sieh nach den Sternen – gib acht auf die Gassen. Erinnerungen, Kreuz Verlag Stuttgart 1992, S. 395 f.; **11** Karl Rahner: Erfahrungen eines Theologen, in: Karl Lehmann (Hg): Vor dem Geheimnis Gottes den Menschen verstehen, Verlag Schnell & Steiner, München 1984, S. 118 f.; **12 f.** Roland Breitenbach: Ostern der Jugend, Breitenbach; **14** Kurt Marti: Werkauswahl in fünf Bänden, aus: Namenszug mit Mond. Gedichte; Verlag Nagel & Kimche AG, Zürich/Frauenfeld 1996; **15** Apostolisches Glaubensbekenntnis; **17** Carl Zuckmayer, in: Helmut Zwanger (Hg.)/Karl-Josef Kuschel (Hg.): Gottesgedichte. Ein Lesebuch zur deutschen Lyrik nach 1945, Klöpfer & Meyer, Tübingen 2011, S. 196; **19 ff.** Anke Feistle, Jugendmagazin X-mag, April 2001; **22** Jack, Heute morgen um sieben, T: Lindenberg, Udo, © Universal/MCA Music Publishing GmbH, Berlin; **23** Roland Breitenbach: Gott wie könnten wir beten, Breitenbach; **24 links oben** Newsletter Demos, Ausgabe 25, 13. September 2006; **24 rechts oben** Gerd Göckenjan: Aus Politik und Zeitgeschichte, Bd. 58, Bundeszentrale für politische Bildung; **24 oben Mitte** Beitragsnr. Portal: 824984 = Aus der Sterbetafel ... © Statistisches Bundesamt, Wiesbaden, Auszug aus Pressemitteilung Nr. 364 vom 24.09.2009; **24 rechts unten** Beitragsnr. Portal: 824987 = Herz-/Kreislauferkrankungen ... © Statistisches Bundesamt, Wiesbaden, Auszug aus Pressemitteilung Nr. 344 vom 15.09.2009; **24 links unten** Statistisches Bundesamt: www.destatis.de; Gesundheitsberichterstattung des Bundes; **26 links unten** Johann Wolfgang von Goethe: Über allen Gipfeln; **26 rechts** Kurt Marti: Leichenreden, Verlag Nagel & Kimche AG, Zürich/Frauenfeld 2001; **28** Geboren zu leben, Geboren um zu leben, T: Graf, Bernd Heinrich, © Universal Music Publ. GmbH, Berlin, **29** Gebhard Fürst: Für eine bewohnbare Kirche, Schwabenverlag, Ostfildern 2010, S. 99; **32 f.** nach: http://www.hospiz-sterbebegleitung.de/die-funf-sterbephasen-nach-elisabeth-kubler-ross/, letzter Zugriff: 25.06.2012; **34** Red. Trauer-Fundgrube, http://www.trauer-fundgrube.de/Allgemein/Sterbebegleitung/sterbebegleitung.html, letzter Zugriff: 25.06.2012; **36 f.** Interview mit Konrad Gründig vom Hospizverein Weil der Stadt; **40 f.** Herbert Scheuring: Wege der Trauer, Echter Verlag, Würzburg 2001; **42 f.** Kinna Gieth/Peter Pohl: Du fehlst mir, du fehlst mir!, aus dem Schwedischen von Brigitta Kicherer, Carl Hanser Verlag, München 1994; **45 rechts oben** Anselm Grün: Wenn ich noch einen Tag zu leben hätte, Kreuz Verlag, Stuttgart 1999; **45 Mitte** Anselm Grün: Wenn ich noch einen Tag zu leben hätte, Kreuz Verlag, Stuttgart 1999; **48** Virginia Satir: Mein Weg zu dir. Kontakt finden und Vertrauen gewinnen, Übersetzerin: Reinhild Rillig, Kösel, München 2001; **49** Meister Eckhart; **50 f.** Antoine de Saint-Exupéry: Der kleine Prinz, Übersetzer: Grete Leitgeb/Josef Leitgeb, Karl Rauch Verlag, 58. Auflage, Düsseldorf 2002, S. 66 f.; **53** Ingeborg Kiefel: Bunte Scheiben, Kiefel, Wuppertal 1977; **57** Hey Schwester, T: Gray, Don/Pobot, Sebastian/O'Flynn, John/Schneider, Laura, © Schrittmacher Music Bernd Meinunger; **59** Nicht von dieser Welt, T: Naidoo, Xavier, © Hanseatic Musikverlag GmbH & Co. KG, Hamburg; **60** „Noch nicht", in Sigg, Stephan: fragen@gott: Szenen zum Einschalten – Anklicken – Aufladen, Katholisches Bibelwerk, Stuttgart 2006, S. 34–42; **66 f.** Auszüge aus einem Brief der Jugendkommission der Deutschen Bischofskonferenz an die Verantwortlichen in der kirchlichen Jugendarbeit zu einigen Fragen der Sexualität und der Sexualpädagogik, 22.09.1999; **70** Roland Breitenbach: Leben um zu lieben. Worte zur Trauung, Matthias Grünewald, Mainz 1985; **71** Großer Vermählungsspruch, in: Gotteslob. Katholisches Gebet- und Gesangbuch mit dem erweiterten Diözesananteil Augsburg, herausgegeben von den Bischöfen Deutschlands und Österreichs und der Bistümer Bozen-Brixen und Lüttich, Katholische Bibelanstalt GmbH, Stuttgart 1975, S. 163 f.; **73** Antje-Sabine Naegeli: Einen Engel wünsche ich dir, Herder, Freiburg 1998, S. 20; **74** Katholischer Erwachsenenkatechismus, Band 2, herausgegeben von der Deutschen Bischofskonferenz, 1995, S. 239; **81** Giovanni Pico della Mirandola: Über die Würde des Menschen, Übersetzer: Herbert Werner Rüssel; Random House Gruppe; **82** Artikel 1, Deutsches Grundgesetz; **88 f.** http://www.1000fragen.de/projekt/fragen/index.php?sid=808c72c6caafe58c634cd9a7fdabec30, letzter Zugriff: 03.01.2012; **90 links unten** Katholischer Erwachsenenkatechismus, Band 2, herausgegeben von der Deutschen Bischofskonferenz, 1995, S. 98; **90 rechts unten** Katholischer Erwachsenenkatechismus, Band 2, herausgegeben von der Deutschen Bischofskonferenz, 1995, S. 51; **92** Ludwig Hirsch, http://www.ludwighirsch.at/textindex.htm, letzter Zugriff: 05.01.2012; **96** Für das Leben, Pastorales Wort zum Schutz der ungeborenen Kinder, 1986; **98** Martin Reitmeier: Passauer Woche vom 30.04.2008, Nr. 31, S. 5, Wochenblatt Landshut; **103** Prof. Dr. Eckhard Nagel, Leiter des Transplantationszentrums Augsburg; **104** Siegfried Pater/Ashwin Raman: Organhandel, Lamuv TB 87, Göttingen 1991; **105** http://www.netzeitung.de/politik/ausland/1339520.html, letzter Zugriff: 25.06.2012; **106** Katholischer Erwachsenenkatechismus, Band 2, herausgegeben von der Deutschen Bischofskonferenz, 1995, S. 310; **110** Hans Manz, in: Renate Raecke/Monika Blume/Gerda Raidt: Schnick Schnack Schabernack, Gerstenberg Verlag, 3. Auflage, Hildesheim 1. März

2010; **111** Katholischer Erwachsenenkatechismus Band 2, herausgegeben von der Deutschen Bischofskonferenz, 1995, S. 30 f.; **121** http://www.neu-bybarny.de/info/selig.htm, letzter Zugriff: 25.06.2012; **130 ff.** Stefan Andres: Der Reporter Gottes. Eine Hörfolge in 10 Kapiteln, Herder, Freiburg 1959; **143** nach einer Idee von Hans-Dieter Hüsch, http://www.k-l-j.de/Besinn13.htm, letzter Zugriff: 25.06.2012; **146 rechts unten** Daten nach https://www.cia.gov/library/publications/the-world-factbook/geos/xx.html, letzter Zugriff: 25.06.2012; **146 f.** Auswertung von 7000 Online-Fragebögen des Religionsmonitors der Bertelsmann Stiftung; **159** Der Koran. Übersetzung von Adel Theodor Khoury unter Mitwirkung von Muhammad Salim Abdullah mit einem Geleitwort von Inamullah Khan, Gütersloher Verlagshaus, 4. Auflage, Gütersloh 2007, S. 344; **167 f.** Clemens August Kardinal Graf von Galen, in: Michalka, Wolfgang (Hg.): Deutsche Geschichte 1933–1945. Dokumente zur Innen- und Außenpolitik, 2. Auflage, Fischer, Frankfurt am Main 1993, S. 317 ff.; **169** Nostra Aetate, http://www.vatican.va/archive/hist_councils/ii_vatican_council/documents/vat-ii_decl_19651028_nostra-aetate_ge.html, letzter Zugriff: 25.06.2012; **170** Eugen Roth: Mensch und Unmensch. Heitere Verse mit Bildern von Hans Traxler, Carl Hanser, 4. Auflage, München 29. August 1997; **173** Dpa/ddp/dan; **175 links oben** Papst Benedikt XVI.: Caritas in veritate, http://www.vatican.va/holy_father/benedict_xvi/encyclicals/documents/hf_ben-xvi_enc_20090629_caritas-in-veritate_ge.html, letzter Zugriff: 25.06.2012; **175 rechts oben** Papst Benedikt XVI.: Deus caritas est, http://www.vatican.va/holy_father/benedict_xvi/encyclicals/documents/hf_ben-xvi_enc_20051225_deus-caritas-est_ge.html, letzter Zugriff: 25.06.2012; **175 links unten** Sekretariat der Deutschen Bischofskonferenz: Gerechter Friede, 27. September 2000, http://www.justitia-et-pax.de/GerechterFriede.pdf, letzter Zugriff: 25.06.2012; **176 links** Offener Brief von 138 muslimischen Theologen an Papst Benedikt XVI. und die ganze Christenheit, 17. Oktober 2007; **176 rechts** Dieter Graumann, Zentralrat der Juden, http://www.zentralratdjuden.de/de/article/3376.html11.%20Jahrgang%20Nr.%208%20/%2026.%20August%202011%20–%2026.%20Aw%205771, letzter Zugriff: 25.06.2012; **177 links** Dalai Lama, Übersetzer: Red Pfauenhof, http://www.buddhanetz.org/texte/dalai2.htm; **177 rechts** Sri Sri Ravi Shankar/Evelyn Finger, Z: Die Zeit, 30.6.2011, Nr. 27; **180 links** Hans Küng, Rede vor der UN-Vollversammlung 2001; **180 rechts oben** Mahmoud Zakzouk, in: Hans Küng (Hg.): Ja zum Weltethos, ed. Hans Küng, Piper Verlag, München 1995, S. 269; **180 rechts Mitte** Elie Wiesel, in: Hans Küng (Hg.): Ja zum Weltethos, ed. Hans Küng, Piper Verlag, München 1995, S. 145; **180 rechts unten** Hajime Nakamura, in: Hans Küng (Hg.): Ja zum Weltethos, ed. Hans Küng, Piper Verlag, München 1995, S. 255; **181** Meldung von Radio Vatikan am 01.01.2011; **182** mit Zustimmung des Verfassers (johannesheinemann@gmx.de) der Homepage der Fachstelle für Freiwilligendienste im Ausland entnommen: www.fsj.kja-freiburg.de./Shalomdienste/Die Freiwilligen 2010/2011/Johannes; **183** Cornelia Reus

Alle Bibelzitate auf den Seiten **9**, **10**, **26**, **39**, **54**, **65**, **79**, **124**, **129**, **137**, **154**, **159** stammen aus: Die Bibel. Einheitsübersetzung der Heiligen Schrift. Gesamtausgabe. Verlag Katholisches Bibelwerk GmbH, 4. Aufl. 2003, in neuer Rechtschreibung.

Bildquellenverzeichnis

Cover Chistè, Hilde, Absam; **5** Thinkstock (Hemera), München; **6** shutterstock (Pongphan.R), New York, NY; **7** akg-images, Berlin; **8** © Sieger Köder, Maria von Magdala am Grab; **10** Fotolia.com (Kamaga), New York; **11** Artothek (Annette Bartusch-Goger), Weilheim; **13** shutterstock (Yuri Arcurs), New York, NY; **14** Klett-Archiv (Toni Cramer), Stuttgart; **16** Thinkstock (Getty Images/Jupiterimages), München; **18** artothek (Christie's Images Ltd), Weilheim. © VG Bild-Kunst, Bonn 2012 [Rene Magritte: Windstille]; **19** shutterstock (Boudikka), New York, NY; **21** shutterstock (Lisa S.), New York, NY; **23** Fotolia.com (mirpic), New York; **25** Vom Wilderer getroffen.

Xylographie der Leipziger „Illustrierten Zeitung“ nach einem Gemälde von Jacobus Leisten (geb. Düsseldorf 1845), Oktober 1898; **27 links** Interfoto (H. Weidner-Weiden), München; **27 rechts** Artothek (Hans Hinz), Weilheim; **28** Thomas & Thomas, Hamburg; **29** artothek (Christie's Images Ltd), Weilheim. © Salvador Dali, Fundacio Gala-Salvador Dali/VG Bild-Kunst, Bonn 2012 [Salvador Dali: Die weiche Uhr]; **30** Thinkstock (Getty Images/Photos.com), München; **31 oben** shutterstock (Brian Eichhorn), New York, NY; **31 unten** 123rf (Hartmut Lerch), Nidderau; **32** akg-images, Berlin; **33** Artothek (Hans Hinz), Weilheim; **34** shutterstock (Tyler Olson), New York, NY; **35** 224 Der große Weg, 1955 © 2012 Hundertwasser Archiv, Wien; **36** Logo, Stuttgart; **39** KNA-Bild GmbH, Bonn; **42** Peter Pohl und Kinna Gieth, Du fehlst mir, du fehlst mir! Übers. von Birgitta Kicherer, DTV, München 2009; **43 links** shutterstock (Bragin Alexey), New York, NY; **43 Mitte** Fotolia.com (pressmaster), New York; **43 rechts** Thinkstock (Hemera), München; **44** shutterstock (Sergik), New York, NY; **45** laif (Oliver Ruether), Köln; **47** akg-images, Berlin. © VG Bild-Kunst, Bonn 2012 [Marc Chagall: Der Spaziergang]; **49** Bühner, Martin, Hohenroth; **50** Fotolia.com (Kurhan), New York; **51** shutterstock (Krechet), New York, NY; **52.1** Fotolia.com (Franz Pfluegl), New York; **52.2** Fotolia.com (Anne Katrin Figge), New York; **52.3** shutterstock (Hasan Shaheed), New York, NY; **52.4** Fotolia.com (Martina Stumpp), New York; **52.5** Fotolia.com (kiki), New York; **52.6** Fotolia.com (babsi_w), New York; **55.1** Thinkstock (iStockphoto), München; **55.2** Staatsgalerie Stuttgart (Hans Bug), Stuttgart; **55.3** akg-images (De Agostini Picture Lib.), Berlin. © VG Bild-Kunst, Bonn 2012 [Henri Matisse: Blue Nude IV]; **55.4** Fotolia.com (Chlorophylle), New York; **55.5** iStockphoto (Catherine Lane), Calgary, Alberta; **55.6** Thinkstock (Stockbyte), München; **55.7** akg-images (Erich Lessing), Berlin; **56** Fotolia.com (mhz23), New York; **57** Fotolia.com (Dmitry Sunagatov), New York; **59** akg-images, Berlin, © Nam June Paik: One Candle; **60** shutterstock (Monkey Business Images), New York, NY; **61** Fotolia.com (Yuri Arcurs), New York; **62** Interfoto, München. © VG Bild-Kunst, Bonn 2012 [Roy Lichtenstein: Hoffnungslos]; **64** Alt, Ernst, Bruchsal; **66** culture-images (fine art images), Köln. © VG Bild-Kunst, Bonn 2012 [Marc Chagall: Liebende in Blau]; **67** akg-images, Berlin. © Succession Picasso/VG Bild-Kunst, Bonn 2012 [Pablo Picasso: Lovers/Les amoureux, 1923]; **68** Nam June Paik Studios, Inc., New York, NY 10001; **70** KNA-Bild GmbH, Bonn; **71** KNA-Bild GmbH (Harald Oppitz), Bonn; **72** laif (Julia Zimmermann), Köln; **73** Thinkstock (istockphoto), München; **74** Thinkstock (iStockphoto), München; **75** klepacki-gallery.de [Meinrad Dufner: Patchwork family]; **78** laif (GIORGIO LOTTI/CONTRASTO), Köln; **79 links** Bridgeman Art Library Ltd. (Culture and Sport Glasgow), Berlin; **79 rechts** Stirling Maxwell Collection, Pollok House, Glasgow, Scotland/ © Culture and Sport Glasgow (Museums)/Bridgeman Berlin [Blake, William: Eve Naming the Birds, 1810 (tempera on canvas)]; **80** akg-images, Berlin; **81** © 2012 Nachlass Oskar Schlemmer, München; **82** Ausschnitt von akg-images (Erich Lessing), Berlin. © Salvador Dali, Fundacio Gala-Salvador Dali/VG Bild-Kunst, Bonn 2012 [Salvador Dali: Das letzte Abendmahl]; **83 oben** Nahler, Lothar, Gau-Odernheim; **83 unten** Fotolia.com (Marco Birn), New York; **84** © Salvador Dali, Fundacio Gala-Salvador Dali/VG Bild-Kunst, Bonn 2012 [Salvador Dali: Paar, die Köpfe voller Wolken]; **85** PictureNET Africa Ltd. (Ken Oosterbroek), Johannesburg - Parktown; **86.1** Fotolia.com (Melissa Schalke), New York; **86.2** Fotolia.com (ak123), New York; **86.3** Fotolia.com (Klaus Eppele), New York; **86.4** Thinkstock (Hemera), München; **87.1** shutterstock (Subbotina Anna), New York, NY; **87.2** Fotolia.com (Gina Sanders), New York; **87.3** shutterstock (Voronin76), New York, NY; **88 links oben/rechts unten** Thinkstock (iStockphoto), München; **88 links unten** shutterstock (Kabakova Tatyana), New York, NY; **88 rechts oben** iStockphoto (Ron Bailey), Calgary, Alberta; **89 links oben** Helga Lade Fotoagentur (M. Rosenfeld), Frankfurt; **89 links unten** Getty Images, München; **89 rechts** Avenue Images GmbH (Image Source), Hamburg; **90 links Mitte** Fotolia.com (bajabandito), New York; **90 links unten** Diogenes Verlag AG, Zürich; **90 rechts oben** VISUM Foto GmbH (Lionel Derimais), Hamburg; **90 rechts unten** iStockphoto (cajoer), Calgary, Alberta; **91** Fotolia.com (kreefax), New York; **92** Krüerke, Bernd, Berlin. © VG Bild-Kunst, Bonn 2012 [Bernd Krüerke: Kain, 1982]; **93** Tomasz Markowski – Fotolia.com; **94** shutterstock (Sebastian Kaulitzki), New York, NY; **96** shutterstock (Pedro Salaverría), New York, NY; **97** Fotolia.com (poco_bw), New York; **98** iStockphoto (Lumigraphics), Calgary, Alberta; **99 links oben** FOCUS (CNRI/ SPL /), Hamburg; **99 rechts oben** Okapia (Science Source/J. Giannicchi), Frankfurt; **99 links unten** Mauritius Images (Biophoto Associates/Photo Researchers, Inc.), Mittenwald; **99 rechts unten** ImagePoint AG, Zürich; **100 links oben** Okapia (NAS/John Watney), Frankfurt; **100 rechts oben** Okapia (Derek Bromhall/OSF), Frankfurt; **100 links unten** Picture Press (Sergio Tafner Jorge/Tips), Hamburg; **100 rechts unten** Mauritius Images (ACE), Mittenwald; **101** shutterstock (MitarArt), New York, NY; **102** Fotosearch Stock Photography, Waukesha, WI; **103** Bundeszentrale für gesundheitliche Aufklärung, Köln; **104** TheFinalMiracle – Fotolia.com; **105** Picture-Alliance (Arsenal Film), Frankfurt; **106** Imago (Lars Berg), Berlin; **107** shutterstock (Yuri Arcurs), New York, NY; **108** akg-images, Berlin; **110 links** <em>faktor – Die Kommunikationsagentur GmbH, Stuttgart; **110 rechts oben** Fotolia.com (lagom), New York; **110 rechts unten** KNA-Bild GmbH, Bonn; **111 oben** shutterstock (nasirkhan), New York, NY; **111**